JN240391

アルプス少年医を拓く

黒岩卓夫

鹿砦社

若栗峠

「北へ」大糸線

雪の宿り木

雪の道祖神

まんさく

新雪　鹿島槍ヶ岳

槍ヶ岳

モンゲンロート（蓮華岳）

赤いバラ

雪のほうずき

此の花を尋ね看るに枝中風露有りて香し　青洲書

元日本医史学会会長　蒲原宏先生

華岡青洲（1760 ～ 1835）

逢佳節　好傳杯是来遊曽壮哉吻
吟哦蹈青作看郵　外数株梅
春日偶成用蔵頭格

春の佳き日に同志と杯を交わしながら詩を吟じ
ている外には数株の梅が咲いている

森鷗外（1862 ～ 1922）

齋藤清の世界について

版画の版木そのものを作品にするという発想から生まれた齋藤清独自の画法です。

アルミや木の版に下絵を描き彩色をし、上に墨をかけます。その墨を自作の道具などで削りながら作品にしていきます。

版画とは違い一点ごとのオリジナル作品です。

その日本人ならではの研ぎ澄まされた感性の世界は、忘れていた懐かしくて豊かな温もりを呼び覚ます、と絶賛されています。

海外での評価も高く、さらに技法の革新に励む中、今後も製作に邁進いたします。

齋藤清（さいとう　きよし）

1942：長野県大町市に生まれる
1966：大町市で木彫を始める
1977：独自の画法による絵画を始める
1984：シアトル桜まつりに出品、以降毎年全国各地で個展
1989：画文集『季節のないカレンダー』出版
1992：画集『やままゆ』出版。丸善日本橋店他で出版記念展
2000：フランス、アヌシー市ホテルインペリアルパレス展
2001：画集『かざぐるま』出版
2006：長野東急展
2008：丸善丸の内展
2012：南魚沼市医療法人萌気会 20 周年記念展

アルプス少年　医を拓く

はじめに

母校・美麻小中学校の君たちへ

皆さんこんにちは、今日は学校祭ですね。皆さんのとても大切な時間をいただきましてありがとうございます。私は皆さんの大先輩にあたります。皆さんは私からは〝孫〟になるくらいの年令差がある黒岩卓夫と申します。いまから八〇年前にこの美麻（みあさ）小学校高地（こうち）分校に小学三年の三学期に入学しました。

私は、この美麻村（いまは大町市美麻高地地区）の出身です。小学三年に満州から引き揚げてきました。南本校、中学三年までここで勉強しました。

いま八七歳ですが、まだ診療所の医者をやっています。次男が理事長を継いでいます。子は七人、孫は一八人、計三四人の大家族です。いまは在宅医療といって、家で療養しているお年寄りへの訪問診療が中心です。私の特別な往診は「安心往診」とよんでいます。時間をとって家族とも話し合えるようにしています。

さて皆さんの学校は、美麻小中一貫校ですね。生徒さんは百人とうかがっています。一クラス一〇人くらいですね。私も小規模学校には慣れています。小学校は満州の開拓団で一年生は一クラス一〇人でした。また高地分校も一学年一〇人くらいでした。

私は育った美麻小中学校に一度行ってみたいと思っていました。うわさによると小さい故にユニークな学校になっていると聞いたからです。

ユニークとは何か？ 私がまだお話ができるうちにその機会がほしいという気持ちになっていました。美麻小中学校と地域を連携するコーディネーターの前川浩一さんに相談に乗っていただきました。

そもそも生徒構成が十分〝異常〟でした。生徒の出身の多様性、一年生から九年生一〇〇人。そのうち移住者の子が四〇人、大町市の市街地からの生徒は三〇人、山村留学生は一五人、地元は一〇人くらいですね。大町市の市街地からの三〇人、ふつうの山間部の特認校とは逆の関係になっています。これにはびっくりしました。

私の住む南魚沼市（人口五万六千人）には特認小学校が二つありますが、どちらも全生徒は一五人くらいで地元からは五、六人です。美麻村は、人口約九〇〇人。昔私が中学生の頃（一九五一年〜一九五三年）は本校二、分校二がありました。村の人口は約三五〇〇人で生徒は二校とも一学年一学級で五〇人弱でした。そしてこの美麻村の一部であった私の「ふるさと」高地地区（九〇世帯五〇〇人）は、一九七九年には挙家離村で人口ゼロになりました。

今回この美麻小中学校の七・八・九年生約三〇人と村民の皆さんに講演をすることになりました。

講演の要旨

また講演で私の人生をたどりながら、節目を改めて説明させていただきます。

第一が満州の開拓団から、棄民（きみん）、戦争、難民となり、妹と弟の餓死、卓夫も発疹チフスで四日間意識がなかった。要するに「死ななかった」時期。

第二が父・二一（にいち）の「ふるさと」長野県北安曇（あずみ）郡美麻村高地に引き揚げました。小三から中三まで「山猿ランプ少年」として「自然の中で思い切り遊んだ」時期。

第三が高校から大学医学部へ。引き揚げ者には後がなく前へと進む以外ありませんでした。蛍雪の時代でもあり、一人で目標を探しながら「ひとりぼっちで勉強した」時期。

第四が医学生になって、自分の人生を考えることができました。しかし情況は大きく変わりました。また、日本の将来が戦争になるのを憂いて、学生運動に参加して六〇年安保闘争を闘いました。同志として北大路秩子（ちづこ）という「異界」から来た女性と出会いました。さらにマルクス思想に魅かれ、私の考え方の方向が見えてきました。「変わる・変えられる」を信じた時期です。

この四期のキーワードを並べてみると、「死ななかった」「自然と遊ぶ」「ひとりぼっち」そして「変わる・変えられる」となります。

第五が新潟の豪雪の魚沼で大和町診療所から「ゆきぐに大和総合病院」となる、「地域医療」「在宅医療」の場をつくってきました。

特に「山猿ランプ少年」の自然との遊びによって、高校・大学医学部へと登りつめるエネルギーを培ったと思います。そのエッセンスは自由ではなかったか。ハルビンでのストリートチルドレンの時も、高地分校では敗戦で教師が何も教えようとしない時でも、自由は子どもの心の中に芽生えてきたと思います。

一人ひとりの新しいふるさとを

私は先日皆さんの授業中の様子などを見学させていただき、先生方や関係者の話を聞き、学校と地域が〝自由〟を一番大事にしており、私の「山猿ランプ」時代と同様に〝自由〟を最大の養分として学んでいるのではと思いました。

学校での姿は、音楽でも理科でも先生と一緒に進み、二、三人で先生を囲み楽しそうに話をしていましたね。

また山村留学の皆さん、移住永住の皆さん、大町の街から通っている皆さん、日本は将来の社会を共生社会と呼んでいますが、美麻はそれを試みる場だと思います。

その多様な一人ひとりの「ふるさと」をつくることは日本という国への視野を拡大し、新しい社会と「ふるさと」をつくっていくことだと思いました。

また私から美麻小中学校へのメッセージは、廃村の高地を教訓とし、この美麻小中学校を日本の共生社会への試行として「学校が変われば社会が変わる」と皆さん自身がアッピールしてほしい。

過去は過去なのか

私が記憶に頼って自分の生涯を再現しようという試みは、自分は何者かと問い返すだけでなく、自分の記憶の源泉を発見することでもあり、予期しなかった事実や物語にたどり着くこともあることがわかりました。

しかしそうした複雑な記憶の再現、再生とはいえ、自己を受け入れ、同時に主張していることがわかってきました。自叙伝的な発想にとらわれず、記憶から自由に自分を見つめ物語をつくる形で、自分の思想や情愛を発信することができたのではと思っています。そうした面白味も味わっていただければと思います。したがって、過去・現在・未来と連結して時系列に一つの物語ができるだけではありません。

単純な例から眺めてみますと、ウクライナ戦争は、大戦でソ連が〝満州国〟に侵略したものに酷似しています。野蛮なロシア（ソ連）兵が重戦車と戦闘機で怒濤（どとう）のごとく攻め込みました。しかも無責任な日本の関東軍が防衛をすでに放棄した敵地へです。両者のちがいはスターリンがプーチンへ、ミサイルがあるかないかで、まったく同じことが繰り広げられています。

ついでアメリカとの関係です。いまから六四年前、私たち全学連（全国学生自治会連合）は、六〇年日米安保闘争を、革命をおこすくらいの幻想的な、しかし生命をかけた闘いに全力を注いでいました。首相岸信介にしても政治生命をかけてのことでしたが、全学連は闘いに敗れて、「日米安全保障条約」は、日本が米国に寄り添って、戦争もできる改訂が成立しました。東大文学部の樺（かんば）美智子さんは殺され、私は重傷を負いました。

ところが二〇二三年（令和五年）一月、ワシントンで「岸田・バイデン会談」が行われ、この日米安保条約（軍事同盟）を確認すると同時に自衛隊がミサイルを撃てるまで条約の運用が可能となり、そのための軍事費を倍増することまで約束がなされました。条約の一条の一項の変更もなく解釈と条件付きで戦争放棄も平和憲法も骨抜きにしてしまいました。これが過去と現在であり未来でもあるということだと思います。

しかし、廃村になり地上から消滅した高地は、単に自然に還ってしまったのか、せめて伝説として残ればよいのか。そうではないと思います。ということは、高地の過去の生活から学ぶものが沢山あることがわかってきました。その根拠は黒岩正彦さんが高地の生活を紹介しているなかにもひそんでいます。

田んぼがないので米はとれない。おまけに高地内の一集落若栗（わかくり）には電気がない。読者の皆さん、米のまったくとれない、電気もない村と聞けば何を連想しますか。縄文の村が想起されると思います。しかし縄文人の土器は日本人のアートの心となり、農耕社会前とはいえ、私有財産のない戦争のない社会で、人間相互でも争いはなかったとも言われています。

医師からパイオニアへ

この一冊は私の生涯から生まれたものですが、書きあげるのに一〇年余を要しました。

しかし書き始めてから、自分は医者ではなくなったのではの自問がはじまり、家族会で、変革、革命というより「開拓者・パイオニア」ではないのかの提言を受け、そうだな、そのほうが良いということになりました。

そのうえ公私とも予期せぬことにぶつかり、〝もの言う家族〟の妻や七人の子たちから意見をもらい、考え直すことも発生し、時間がかかってしまいました。

この一冊を通して皆様の心に響くものが一つでもあればと願っています。

また私とふるさとの絆を維持してくれた大町の自称「黒岩出張所」の所長を務めていただいた従兄弟にあたる武内元雄さんと仲間たち。また黒岩の家系にあり、高地の歴史的実情をありありと再現してくれた郷土史家の黒岩正彦さんに心から感謝します。

また何かと心を配っていただいた同級生の小林勝則、吉沢峯夫、大塚誠、松下寿美子さん本当にありがとう。

ここで郷土アーティスト斎藤清画伯を紹介させていただきたいと思います。単なるご紹介であれば、私にとっては友人で尊敬するユニークな画法を秘めている画家です。しかしこのたびは、特別なお願いをする関係になっています。この本のグラビアを単にお願いするものではなく、私の自叙伝的な物語「ふるさと」を求める〝初心〟と、この「ふるさと」の風土から生まれた画家の心が交差する場にしていただきました。本書が、一見画家のギャラリーになると同時に、お互いの共生の場になればと期待しています。

そして出版にあたって、前向きにていねいに関わっていただいた鹿砦社（ろくさいしゃ）代表の松岡利康さん、同社刊行『季節』誌編集長である小島卓さん、風塵社の小松尚志さんに心から感謝します。

最後にPC音痴で悪文悪筆の原稿を苦情も言わずに打ち込んでいただいた秘書の笠原縁里さんに感謝します。

コラム

漂わせている〝透明感〟とは？

先生に初めてお会いしたときから、先生が漂わせている〝透明感〟はいったい何だろうと不思議に思っていました。先生が実行されてきた地域医療は、わが国のモデルと誰しも認めているところです。

やはり、六〇年安保闘争の猛者という先入観が大きかったと思います。日本を変えていきたいの思いは、それは政治革命ではなく、自己革命にあるのだと思いました。

魚沼基幹病院初代院長　内山聖

アルプス少年　医を拓く　目次

コラム

序章　若栗峰

一片の白い紙

峰から東へ深く落ちこんでいる傾斜地のそば畑の片隅で、父と母が一片の白い紙切れを唖然と見つめていた。

母たかは畑を耕す手を休め、腰を伸ばしたところへ父二一が足早に近づいてきた。父は棒立ちになったままで白い紙片を握った右手は震えていた。震える唇からひと言「受かった」と押し出すように言葉が出た。母は父が何か唸ったのかと思った。

白い紙片は父の医師国家試験の合格通知だった。父二一はこの時五八歳だった。医者にしたいと遺言して母かつのが死んだのは、二一が六歳の時だ。

父は一八九五年（明治二八年）一一月五日生まれ、屋敷平の竹村家の次男として生まれた。父二一の母かつのは三男を生み、第四子を懐胎した時、村の因習でもある〝堕胎する薬〟を飲み、それが原因で生命をおとした。水銀が入っている〝くすり〟だった。その死を覚悟してか六歳の二一に「医者になれ」と遺言した。

若栗峰は長野県北安曇郡美麻村大字高地小字若栗にあり、茅葺（かやぶき）の家はかつて四軒あったが、一九四七年その頃は二軒になり、その一軒に満洲から引き揚げてきた黒岩家四人が二間を借りて生活していた。

若栗峰は海抜九〇〇メートル余で、西方を眺めれば北は白馬岳から南は槍ヶ岳近くまでの一望にあり、真西には鋭い二峰を擁する鹿島槍岳がそびえている。

東方にはどっしりした長者山が構え、北へ曲りくねった急坂を下れば屋敷平を経て高地地区の中心地となり、美麻南小学校の高地分校があった。父の養家、黒岩家はこの中心地の保屋集落にあった。

南へ峠を下り大塩地区を通過してもう一つの峠、うまのやま峰（馬頭観世音の峠）を越せば、信濃大町の平野に至る。そのまま南下すれば、松本市まで高瀬川と共に安

若栗集落４軒のうち１軒だけあり、人は住んでいない。標高 900 メートル余

曇野が広がっていた。

若栗峰には大きな梨の老樹があった。根元は大きくえぐられて空洞になっていたが、老樹は夏になればまだ小さな硬い実を無数につけた。それで梨の木峰とも呼ばれた。

梨の木と並び目立つのは〝筆塚〟と刻字された大きな石碑だった。これは父の祖父でぼくの曾祖父、竹村新次郎翁が村の寺子屋の塾長だったので、その功績を称えてのものだった。裏には筆塚建立の世話役、種山官吾の名が刻まれている。この若栗集落の主だった。他にも小型の石像は並び、二十三夜塔、風化し刻字も不明の地蔵や観音も祀られていた。

また梨の木の裏山には山の神の祠（ほこら）があり、中には丸い自然石が一つあった。

山の神

中三の春休み、すでに卒業式も終わっていた。ぼくはふと思いついたように長靴をはいて一人で外に出た。良い天気の朝だった。なぜか峠の裏山に山の神が祀ってあるのを思い出した。三月末ともなれば残雪も固まって長靴で自由に山を歩けるはずだった。すぐ家の裏は一段と高くなっており、細い獣道を登るとその辺は昔、若栗峰にあった小堂の跡地で、薬師如来が祀られていた。

朝の九時頃だったろうか、東には日が昇り、うっすらと積もった新雪であたりは白一色になっていた。若栗峰の大きな梨の木と筆塚の間をすり抜けて裏山へとなだらかな斜面にたどりついた。歩けば足跡がきれいに刻印された。右手東方、長者山に朝日が昇り、雑木林の水楢は新雪が付着した細い枝を空いっぱいに伸ばして、輝いていた。そこへコガラの群が現れた。黒い頭にのどには黒いネクタイを締めて多様な声でさえずりながら機敏な動きを影絵のように雪面に映していた。

ぼくは木と木の間を縫うようにゆっくり登っていった。雑木林から唐松林へ抜けるウサギの足跡を横切って数歩進むと、イタチの小さな足跡が山の神の方へとはっきり几帳面に足跡を残して上へと登っていった。イタチの足跡を消さないように気をつけながら足跡を追った。イタチは中腹にある山の神の前で一休みしたように見えた。しかし足跡はそのまま山の頂上へ向けて続いていた。

山の神は六〇センチくらいの石の祠で、祠は苔むしていたのか雪化粧では透けて見えた。ぼくは静かに手を合わせた。一五歳になっていた。山の神といっても具体的には何の神かよくわからなかった。

自分のことを考えれば、山猿と自称しているように遊び相手が山というほど山には遊ばせてもらった。

また山菜やキノコ、小鳥や虫も杉林に落ちる枯れ枝も山の恵だった。遊び道具にしてしまったカエルや蛇には罪滅ぼしをしなければならなかった。みな山の神の許しを乞うものだった。

ぼくは「山猿ランプ少年」として、心からの感謝を伝えたかった。そして大きな息を胸いっぱいに吸い込んで息を吐きながら唐松林をめがけて山を下り始めた。

林の半ばまで来ると林の向こうに通学路が垣間見えた。ぼくはふと足を止めた。聞きなれた女の子のざわめきだった。いつもの小学生のグループだが、ぼくの気を引

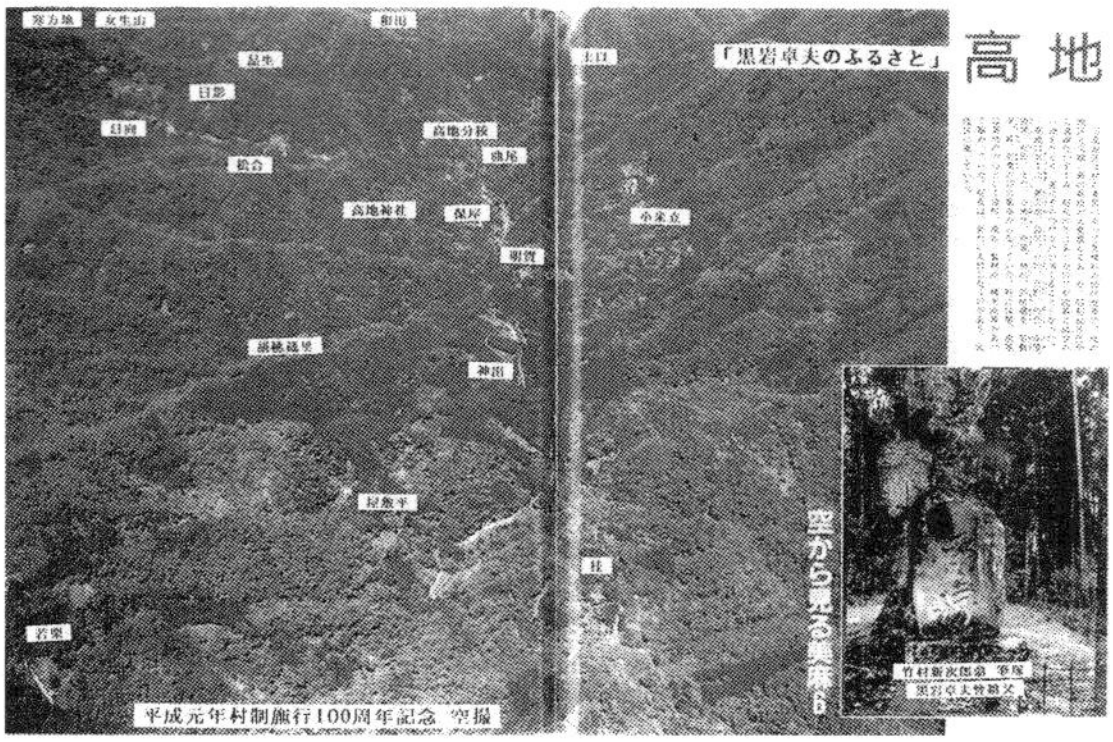

美麻村村立100周年に美麻村高地地区の空撮。
高地はすでに1979年4月には廃村

いていた黄色いセーターの子は小六だった。あの子は中学生になるんだなと思い出した。

林の木と木の隙間から女の子たちの動きはよくみえた。やはり黄色いセーターに黒いスラックスで、快活に早足で近づいてきた。ぼくは接近するのを止めて息を殺して耳を澄ます姿勢で立っていた。

ぼくは自分が松本深志高校へ行けば今日限りでもう姿をみることも声を聞くこともないんだと思うと胸が締め付けられた。

そしてあの子を囲むように女の子たちは峠から学校へ向けて麦刈坂を消えていった。

ああこれが一五の春なのか。でも楽しかった。思う存分自由に遊ぶことができたと改めて自分は幸せだったんだと言い聞かせた。

第一章　満洲開拓団・棄民

一家で満州へ

一九四二年（昭和一七年）三月三一日、父が満州帝国の医師資格をとった。父の母かつのが「三一を医者にしたい」の遺言を果たしたと考えてよい。たとえ死を迎えた母親であれ、医師になれの遺言は何の裏付けもなく、両親共に三一を小学校卒しか教育できなかった以上、その逆境の中に満州国の医師になったことは、その労をねぎらい資格を称賛するべきものだった。

この時点で三一は母親の願いを叶えたのだ。

しかしぼくはこの話を親から知らされたとの記憶はない。この翌年黒岩一家は渡満し開拓団に移住したが、その理由の説明もなかった。

母からの話だけでも聞けば覚えていたし、満州というところへ行くことも六歳なりに理解していたのではないか。

さらにいまになって思えば故郷に養父母を残して、実家の竹村家や黒岩の新宅や分家には頼んでの出発であれば、それなりの村の反応はあったと思うが、母から何も聞かされなかった。

こうして卓夫一家は両親と兄と妹・弟、六人の挙家離村に近い形になった。ただ一九四三年（昭和一八年）となれば、渡満する、ましてや開拓団へとなれば単純に祝うとか、壮行会をする空気にならなくても不思議ではない。しかし父にとっては、やっと手にした医師の資格を一日でも早く使ってみたい。医師としての生活をしてみたい。それには満州でしかできない以上、静かに故郷を発つことは自然だったかもしれない。

開拓団はどうしてか佐渡開拓団だった。佐渡開拓団の名は、敗戦後満州開拓団の三大悲劇の一つだった。しかし父が家族六人で入団した頃は、まさに日本の将来が賭けられた日本帝国のアキレス腱ともいえる大事業であり、

開拓団は生気があり、活気ある開拓団だった。
　父はこの開拓団の診療所の医師となった。母は看護師的な雑用と家事に携わった。

佐渡開拓団

　そして次の場面は佐渡開拓団に着いてからである。列車は奉天（瀋陽）、長春、哈爾浜、牡丹江そして林口、勃利で下車。ここからは丸一日かけて馬車で着いた。着いたところは「佐渡開拓団」である。

前列左から兄嘉文、卓夫、葉子、満州男。後列左から次女信子、長女和子、母たか、和子の夫。父は満州出張中で不在

　なぜか開拓団の記憶はかなりあるのだ。まず開拓団の構造、佇まいに驚いた。村の周囲は円形に土塀で囲まれていた。土塀の外側には深い堀があり、その外側に鉄条網が張ってあった。土塀の銃窓については親に教えてもらったと思うが、鉄砲を撃つ時に役に立つものとわかった。六歳でも戦争の陣地だということはわかったように思う。中には管理棟、学校、診療所、共同炊事場、倉庫、仕事場、畜舎などそろっていた。

　生活様式も共同性が強かった。主食はセンターでつくり配達された。副食は各家庭がつくることになっていた。入浴も共同だった。まさに戦闘用の屯田兵方式だった。

　ぼくは未就学年であったが、こども園はなかったし、仕事の手伝いもなかった。遊び相手も妹と弟しかなかった。他の家にも児童はいたと思うが遊んだ記憶はなかった。公園も遊園地もお店も玩具もおやつもなかった。

　ある日、一人でブラブラと土塀の近くを通った時、土塀から頭だけ出してこちらを見ている狼に気付いた。絵本では狼はおなじみなので顔はよくわかった。大きな口を半ば開け、舌は口から下に垂れていた。こわくなった

と思うのだが、しばらくして遠ざかった。

狼がいることはわかった。夕方になると広い荒野は大きな赤い夕日で輝いてくる。東西の地の果てには低い山が連なり、両方から狼の吠える声が湧き上がってくる。群をつくってのことだが、両者でエール交換しているようだった。また夕暮れ時のお寺の鐘の響きに似ていた。満州の一日はそうやって夜を迎える。

また豚は、昼は内部で放し飼いになっており、残りものなどの飯場があり、時間がくると勢いよくブーブー唸りながらどっと走ってきた。けたたましく喰らいついていた。狼は豚を狙っていた。夜は豚舎に入れられた。それでも土を掘り、そこからもぐり込むと聞き、狼の恐怖心は消えなかった。

毎朝大人たちは日の丸の掲揚場のある広場に集まり、皆で「イヤサカー、イヤサカー」と唱和してその日の仕事がはじまった。

いつかの夜間、ちょうど父が出張で不在の時、部屋の床が落ちて火が燃えあがり悲鳴があがった。しかし火が燃え広がる心配はなかった。要するに壁はペチカで床はオンドルとなっており、かまどで木材や石炭を焚いて土の壁や床を火の熱と煙がめぐるようになっており、火事になることはなかった。

佐渡開拓団を離れて翌三月はじめに別の開拓団に移ることになった。佐渡開拓団は後に有名になった。その一つは佐渡開拓民がソ連侵攻から避難後、さらに奥から避難中の人たちが佐渡開拓団跡地に三千人ほど結集した。そこへ侵略中のソ連兵の飛行機が不時着した。結集した日本人は日本がすでに降伏したことも知らず、戦争中と思っていたので、不時着したソ連兵を殺害した。その後トラックで女狩りにやってきたソ連兵とも戦いとなり、二十人余を殺害した、中には高級将兵もいた。ここでソ連は怒って開拓民を全滅する残虐な事件に発展した。三千人中約二千人が殺され、約五〇〇人が自決したといわれている。

要するに敗戦の情報が戦いの最先端に届かず、敗戦を知らずに戦い続けていたことから二千人余の生命を悲惨に喪われたのだ。これも関東軍の責任だ。おそまつと思わない人はいない。

『大地の子』・陸一心（ルーイーシン）

その二つは山崎豊子さんの長編小説『大地の子』の主人公陸一心は、この佐渡開拓団にさらに奥地から結集した人たちの一人だった。たまたま妹と二人が生き残って、その後親切な満州人に養育された。有名な佐渡開拓団跡地殲滅事件の生き残りだった。

　ぼくとはまったく異なる人生にはなったが、佐渡開拓団が出発点であり、それぞれがんばって成長した。一心は技術者に、ぼくは医者になった。共通点は二人とも日本国に〝棄民〟とされ、敗戦後は難民になった。そして生死をかけて紙一重で死ななかった二人だった。

　この陸一心は年齢も一歳ちがいだった。ぼくはこの趣旨を活かして若月賞受賞の記念講演では「大地の子と地域医療」として自分の生涯を語ることになった。

　山崎豊子の『大地の子』の大きな流れを辿れば、妹と二人が生き残り、母と祖父は死亡、父はすでに軍に召集されて不在だった。一心は運よく実に慈悲深い満州人夫妻に巡り合った。妹は別の満州人に養育されたが一心にめぐり会った時は瀕死に近い病人になっていた。

　一心は学才があり、大学の理工系の優秀な青年になった。しかし文化大革命で日本人であることの理由だけで迫害を受け下放される。一心は懸命に生きるが、下放の地（内モンゴル）へ巡廻診療にやってきた医療団の看護師と恋におちる。彼女は一心が日本人であっても心から許してくれた。そして結婚し中国人として復権して北京に帰る。

　一方召集され、日本兵としてシベリアから生きて帰国した父は、日本の大きな鉄鋼企業に就いており、中国での製鉄会社をつくる大任をもって中国にやってきた。そこで我が子陸一心の生存を知り、二人はまみえる。父子は揚子江の船上で父の帰国の要望に悩んだあげく、父に「お父さん、私は日本の子でも中国の子でもありません。私は『大地の子』です」と訴える。父もその言葉を深く受け止めて別れることに同意する。『大地の子』の物語はそこで終了する。しかしぼくの記憶ではその後、NHKで放映した内容では、一心は北京を捨てて、「本当に自分が救われいまに至ったのは、下放先の内モンゴルの地だった。ぼくは大地の子として仲間や友人のいるところへ帰る」と宣言し、妻子と共に内モンゴルへと向かい、北京にも別れを告げる。

　そこでぼくが感動したのは、ぼくが安保闘争に敗れて、身につけたものを脱ぎ捨て、一本の聴診器とかんじきで新たな使命をおびて新しい仕事を創る人生に身を投じたことと、陸一心の内モンゴルの本当の仲間と共に心に通ずるものがあると確信した立場とは同じだったことだ。

そしてぼくは「大地の子」と共鳴できる言葉はないかと思案した。たとえば「雪国の子」「地域医療の子」「在宅の子」など。そしてこの「大地の子」には人間の変革と社会の変革が内在している。そして若月賞受賞の記念講演の演題は「大地の子と地域医療」となった。

　国境を否定した「心のふるさと」を求める二人の青年の姿を表している。同時に「大地の子」は〝いのちを捨てる祖国はない〟と、ぼくと共通する心情をもち、祖国となるべき新しい社会をつくる決意表明でもあるのだ。

鹿島台・耕野開拓団

　一九四三年三月に父は職場を異動した。新しい開拓団は宮城県からの鹿島台と耕野(こうや)開拓団の共同診療所だった。建物は赤レンガ二階建ての立派なものでできたばかりであった。看護職員が一人いた。佐渡開拓団のように文字通り農兵両用の屯田制と同じ構造ではなく現地人とはオープンな関係で、患者の対象でもあった。医者としてはやる気のでる条件を備えていた。父の立場からすれば、赤レンガ二階建てで入院も可となれば、立派な有床診療所だった。夢見た自分の医療の場に迎えられたのである。

　さて一家は雪の中を馬橇(ばそり)に乗り、荷物を積んで引っ越した。道中敵は二つあると聞き、子どもながら緊張したのを覚えている。駆者が大きな草刈鎌を持っていた。その鎌で狼を追い返すとのこと。もう一つは眠ってはいけない。寒さが厳しく、眠ってしまうと生命にかかわるということだった。

　そもそも防寒服は服の中には綿に加えて紙が縫い込んである。風による体温消耗を防ぐためだ。また帽子も頭をカバーするだけでなく眉間も保温帯がカバーするようになっていた。眉間を冷やしすぎるとボーとなってしまうらしい。

　馬車は平坦な山地、灌木(かんぼく)の間をぬって、道なき道を上手に走った。そしてこの二つの災難を突破して新しい開拓団についた。佐渡開拓団より勃利に近い位置にあり、後になってソ連侵略で逃げ出す時、勃利に近いことが命を助けることになった。耕野は宮城県丸森町の一部で、鹿島台は村の名を分村としてもらっているのだ。

　周辺は広々としており、満州人との住域ははっきりした区別もなかった。満州人も診ることができた。父はこんな地の果てまで佐渡開拓団より立派な有床診療所に赴任したことに、家族を連れてきた責任や誇りも懐いていたにちがいない。

兄嘉文（よしふみ）との冒険

ある日、墓場であることを知らずに、兄と二人で裏山へ遊びに出かけた。

ぼくたちの住まいでもあったこの診療所は、小高い山を背にポツンと建っていた。レンガづくりの二階建てで、開拓団の建物としてはしゃれたものだった。二階には少し病室もあった。このレンガ建ての診療所を右下方に眺めるように、裏山へ登る道が続いていた。その道をたどっていくと、山のむこう側の満州人部落の上手に出るようになっていた。

そのあたりは平坦になっていて、小さな雑木の散在する草原だった。小さな茂みをぬけて草地に出たところで、二人とも足を止めた。まず人間の足の骨をみつけたのだ。なかば草に覆われていたが、近づいてみると、それは人間の骨に間違いなかった。あおむきに寝ている姿のまま、手も足も肋骨も、そして頭蓋骨もあった。頭蓋骨はカッと目を見開いて虚空をにらんでいる。さらにおどろいたのは、その白い頭蓋骨には一メートルもながながと伸びた髪の毛が残っていたことだった。

ぼくは立ちすくんだが、兄と二人だったのでなんとか、忍び足でその場を逃げるように遠ざかった。足音をたてれば、逃げ出すのがわかって、その骨ばかりになった人があとを追ってくるのではないかと思ったのだ。

母がよく話してくれる怪談に登場する、髪を長くたらして足のない幽霊を思い出したが、この幽霊ならぬ骸骨はちゃんと足はあったし、髪は下にたれるのではなく、頭からつきあげるように上方に伸びていたのだ。

ぼくはのちに満州人の風習をきいた。彼らは人が死ぬと柩（ひつぎ）に入れて埋葬するが、それは土中に埋めるのではなく、山中の墓地においておくのだ。だから時間がたつと柩の木が腐って死体が現れるが、そのころには人の肉も腐って白骨となっている。そのあいだに、髪だけは頭皮の養分を吸って成長するのだ。柩に入っているから狼に死肉を喰われることはない。

また別の墓地に遊びにいった時、いくつかの甕（かめ）をみた。このころにはすっかり度胸がついていて、甕を足で蹴とばした。中から小さな骨がパラパラとこぼれてきた。それは子どもの甕棺だった。

小学校入学

一九四四年（昭和一九年）四月小学校に入学した。学校の名は「長興青葉在満国民学校」で児童数も後に一〇〇名までになったという。歩いて一〇分くらいのところにあった。

学校のまわりや校長さんの庭には花がたくさんあった。信州に帰ってきても同じ花だから覚えている。夏になれば百日草、千日草、ホウセン花、グラジオラス、えぞ菊、松葉ボタン、ひまわりなどだった。短い暑い乾いた満州の夏には適した花だった。特に水気のない地面を這う松葉ボタンは印象的だった。

入学した時は一年生一〇名ほどで複式授業。担任の先生は「私は皆さんの大好きなお砂糖のサトウです」との自己紹介をした。このひと言はよく覚えている。また先生にはまだ二歳の男の子がいた。

六月の遠足では岩がゴツゴツ露出している山でツツジが色とりどりに咲いていた。岩場を上手に跳び歩いて遊んだのを覚えている。友達は誰も思い出せない。お弁当も思い出せない。運動会は徒競走だけ一番になった記憶がある。その頃は足が速かったのかと考えてしまう。

住宅の前は広々とした野原になっており、そこから真直ぐに小道を進むと小川があった。その途中に沼が三つほどあった。どうも湿地だったと思う。

学校は診療所の前方、小川を越えたところにあった。沼では一回だけ泳いだことがある。兄が一緒でないと無理だった。小川ではハヤを釣った覚えがある。

冬は裏山から橇（そり）で滑ることができた。誰がつくってくれたかは覚えていないが、橇は箱付きのものまであった。妹や弟はこれには乗れたので、とてもうれしそうだった。しかしこれ以外に楽しく妹と弟と遊んだ記憶はない。遊ばないはずはないのだが、同じおやつやお菓子を食べたり、同じおもちゃで遊んだ記憶もないのだ。共通のものは野原や沼、小川とソリで楽しんだ低い山だけだったのだ。そうだったら何もしてあげられない兄だったたなと後悔している。でも楽しい時もあったのではと思いたい。

またその地区内では満州人の家はあった。一、二回遊びにいった。普通に迎え入れてもらったが、愛想などよくなかった。学校は原地人とは別だった。日本人は薪をたく、満州人は草をたくとも言われており、子どもながら差別ということはわかった。五族協和などみじんもなさそうだった。

父はある時、「父ちゃんも往診なんかで山の近くに行く時はこれを持っていくんだ。まだ撃ったことはないが」と所持している短銃を自慢そうにみせてくれた。さらにピストル所持は護身用ではあったが、山での狼と八路軍ゲリラへの対応でもあった。表向きは山賊などと呼んでいたが。

そして二年生の八月がやってきた。八月九日その日の夕食までは何ごともなく、その日もいつものように終わりだと思うふつうの日だった。

開拓団をのがれて

小学二年生、夏休み中の一九四五年（昭和二〇年）八月九日の夜、鹿島台開拓団、耕野開拓団全員に非常召集令がかかった。月もない、まっ暗な八月の満州の夜は、昼の焼けるような暑さとうってかわって、肌寒さを覚えるような冷気が流れていた。

大人はいざ知らず、子どもには何が起きたか文字通りまったくわからず、戦争だという言葉だけはわかった。暗闇の地底からはい出すように、団員が息を殺して自分の家から本部へ集まってきた。たくさんの人が群がっているにしては、うす気味悪いほど静かだった。全員が異常なまでの緊張感におしつぶされていたのか、予期した事態を肌で感知したのか、希望のない旅立ちを前に、皆おし黙っていた。一九四五年（昭和二〇年）八月九日〇時に、ソ連が参戦した。

ぼくの家族は、父と母、小五の兄、六歳の妹と四歳の弟との六人だった。弟の満州男（ますお）は母の背で寝息をたてていた。妹の葉子（ようこ）は神経質そうに母の手につかまっていた。ぼくは小さなリュックサック一つを背負っていたが、親とて、わが身一つで持てるものしか身につけていなかった。

ぼくも、そして団員の誰もが、この夜、東北の地平に遠雷とも見まごう仄（ほの）かな光の点滅と、それを包むかのようなかすかな地響きに気づいていた。それは、すでにソ満国境をこえて、一路南へと怒濤のごとくおし寄せてくるソ連軍の戦車部隊であったが、それとて予知する術（すべ）はなかった。

開拓団から鉄道のある町勃利までは、馬車でもまる一日かかった。夜明けとともに、ぼくたちの一行は勃利へと出発した。この集団は、すでに兵役にとられて男手のない、老人、女、子どもの寄り合い所帯だった。父は団員の世話人になって家族とは別行動になっていた。

この事実は公然たるものだった。そもそも開拓民は戦陣を守る農民兵だった。国は開拓民を増やすために、決して男の団員は召集しないと約束していた。しかし七月一五日に一六歳以上の男は全員引き抜いてしまったのだ。嘘をつく権力ほど怖いものはない。

そしてはげしい雨をついて夕方、勃利に着いた時には、一夜にしてぬれねずみのような逃避行の難民の姿に変わっていた。勃利の街は、周辺の開拓団から逃げ出してきた日本人でごったがえしていた。宿舎で一泊したぼくたち一行は、運よく南下する列車に乗ることができた。列車は客車ならぬ無蓋貨車だったが、ぼくたちは列車に乗れた最後のグループだった。

昨日来の雨模様が朝になっても続いていた。まさに無蓋車内はむれかえす木箱に入っているようなもので、屋根代わりにキャンペラをかぶれば、いっそう熱暑地獄になった。

列車はひたすら南下し、昼ころには林口の駅に到着した。雨も上がり、青空がのぞいてきた。無蓋車の一行は、やっと勃利を逃げ出したことと、雨もやんで南へ逃げのびたといった安堵感から緊張もゆるみ、わずかな希望になごやかな雰囲気になってきた。

一九四五年八月一一日の昼、ぼくたちを乗せた引き揚げ列車は林口駅に停車していた。林口はソ満国境から最短距離で七〇キロの地点だった。

七月二六日、アメリカ、イギリス、中国の三国は、日本に無条件降伏を求める「ポツダム宣言」を発表。「米・英・中華民国宣言」ともいわれ、ソビエト連邦は後から加わった。

八月六日、広島に原子爆弾投下。

八月九日、ソ連、日本に宣戦布告。同午前一一時、長崎に原子爆弾投下。同深夜、御前会議で「ポツダム宣言」受諾を決定。

八月一〇日、受諾の電報を、スウェーデン、スイスを通じてアメリカ、イギリス、中国、ソ連に通告。

八月一五日正午、全国民に無条件降伏の「玉音放送」。したがって八月一一日の昼には、ソ連は当然のことながら日本の「ポツダム宣言」の受諾を知っていた。しかし日本政府は、国民と軍に敗戦を告げるのに、さらに五日を要したのである。この五日間も勝利なき戦いが続くことによって、どれだけの尊い命が奪われたことか。そして満州では、無防備で荒野を追われる日本人を、ソ連軍戦車の蹂躙にまかせることになったのである。

ソ連機来襲

林口駅での安堵は長くは続かなかった。ふと、だれが見つけたのか、北のほうから二機の飛行機がこちらへ飛来するのに気づいた。一瞬、貨車の一行はざわめいた。だれともなく、大きな声で「日本の飛行機だ」と叫んだ。

ぼくも目を皿のようにして天の一角をにらんだ。たしかに飛行機が二機とんでくる。日本の飛行機だ。夢にまでみた日本の飛行機がとんでくる。しかし翼に赤い日の丸を見たのは、ぼくの期待からくる幻影にすぎなかった。

飛行機はあっというまに頭上へ低くまい降りてきた。次の瞬間、飛行機から黒い円錐形の物体が一つずつ吐きだされた。飛行機はやにわに急上昇しながら彼方へととび去った。その黒い物体がなんなのか、天を仰いでいるぼくたちが思いつく間もなかった。

いきなり、列車の先頭にある機関車のあたりにものすごい轟音がひびき、ズドンという地鳴りとともに火柱が噴出した。

「爆弾だ！」

「逃げろ！」

悲鳴がわきあがった。無蓋車は蜂の巣をつついたようなさわぎになった。まず外へとびおりた父が、抱きとるように子どもたちを下へ降ろした。ぼくたちは本能的に貨車の下へもぐりこんだ。飛び去ったかのようなソ連機はさらに機数を増やして二回目、三回目の攻撃をしかけてきた。

林口駅周辺は、西に河原が広がり、東は丘陵から小高い山へゆるやかに伸びる高粱（コーリャン）畑になっていた。その頂上には日本軍の小型の高射砲が二基置いてあった。この避難場所が安全なわけがない。敵機の攻撃目標の下にひそんでいるわけだから。ぼくたち家族も爆撃のすきをみて貨車の下から這いだし、近くの高粱畑のなかへかけこんだ。

爆弾は畑のなかにまでは投下されなかったが、そのかわり直径五センチもある機関砲の弾が打ちこまれた。その弾はまるで生きもののように、ヒューンという鋭いうなり声をあげて飛んでくるのがよくわかった。そのたびに、ぼくは首をちぢめて土にへばりついた。恐怖で口はカラカラになり、家族の様子をチラッと見るのが精いっぱいだった。

夕闇のせまるころ、やっと攻撃の危険が去った。ぼくたちの家族はみな無事だった。小さな葉子や満州男は、何時間も泣き声も出さずにがまんしていたのだ。

しかしこの林口猛爆で、ぼくたちの団は大きな被害を受けた。同じ団員の四分の一が死んだ。爆弾で手足がバラバラになった人もあれば、どこに傷があるのかと思える人も静かに横たわっていた。

夜がまた訪れた。家をあとにして二日目の夜だ。この夜も暗く深かった。ぼくたち一家は手をつないで駅のほうへと向かった。爆弾の落下した穴は、人間がすっぽりはまりこんでしまうほど大きく深かった。誤ってこの穴に落ち込む者もいたが、中から「助けてくれ」と叫んでも、助けだそうとする人はいなかったのではないか。皆この爆撃のショックで茫然としていたし、自分と家族のことで頭がいっぱいだったのだ。列車は、夜半になってふたたび動き出すことになった。

忘れられない恐怖

その林口での夜、恐ろしい体験をした。

本当の怖さとは、小さな子どもにとっては爆撃や機関砲の弾でもないし、親や先生から受ける体罰のような肉体的痛みでもない。暗闇を右往左往する人ごみのなかで、どうしたことかぼくは迷子になってしまったのだ。気がついた時は、もはや家族をさがしようもない群衆の小さな一人になっていた。

「お母ちゃん……」と声を出してよんでみたが応答はない。黒い影をみて、もしやと右へ走れば人ちがい、左へ人をかきわけてさがすも姿はない。あわてて元へもどってみるがこれもだめ。頭が混乱してなにがなんだかわからなくなる。親をよんでいるのにどんな声を発しているのか、自分でもよくわからなくなる。のどがカラカラに乾いてくる。かわいそうな子がいる、と声をかける人は一人もいない。ついに泣き声にのどをひきつらせて声も出ず、涙も出ず、ものにとりつかれたようにウロウロと歩きまわるだけになった。

一人ぼっちになってしまった。どうしよう。もう家族には会えないのだ。絶望と恐怖。ただもくもくと、群衆が同じ方向へ動いている。その流れからも一人だけはじき出されてしまう。人はたくさんいるのに、自分は一人きりであがいている。地獄だ！

「神さま、たすけて」

神さまにすがりついたまさにその時、ぼくはばったりと父に行き会ったのだ。体中から力がぬけるような気持になった。父がどう言ったか覚えていない。父はぼくを捜していたのではない。団のリーダーとして家族とは別行動をしていたのだから。これこそ神さまの仕業か。

列車はふたたび南下して、八月一二日夜には牡丹江に着いた。

その夜、ぼくたちは牡丹江駅のプラットホームにいた。そこでも異様な光景をみた。それは闇が真紅に燃えている画のようでもあったし、幼い記憶のいたずらなのかもしれない。牡丹江の街はプラットホームから眼下に広がっていた。

「空爆で燃えているのか」

「いや、逃げた関東軍が放火していったんだ。敵に資材を与えないようにする常套手段だよ」

大人たちの声はぼくの耳にも届いてきた。爆撃との話もあり。追うソ連軍より一足早く希望の街に着いたのに、その街はなぜ燃えているのか。廃墟の街をだれにプレゼントしようというのだろうか。ソ連軍にか。それとも関東軍の仕業か。

雑踏のホームで、もう一つの忘れられない光景が演じられていた。

これも無蓋車で、南ではなく北へ向かう一団がいたのだ。少年義勇軍といわれる一隊であった。軍服を着た若者がこんなにたくさんいることに、まずおどろいた。

少年たちを満載した貨車の長い列が、北へ向けてホームを滑り出した。プラットホームからは湧きあがるように万歳の声をうずまいていた。

八歳のぼくには、この大人たちの万歳を素直に受け止めることはできなかった。自分たちが逃げてきた北の地は、日本軍のひとかけらも残っていない。逃げまどう日本人を助けにいくならまだしも、戦いになど信じられなかったのだ。

しかし若い少年義勇兵は何人かが自分のポケットにあった、あめ玉のようなものをプラットホームの日本の子たちに投げ与えてくれた。もう自分たちはどうなるかわからない。自分の妹弟にあめの一つもなめてほしいという心と、もう自分の家族にも会えないといった悲しみからだった。

万歳の歓声が闇の彼方へ吸いこまれるころ、北へ向かう列車の赤い尾灯もまた闇のなかに消えていったが、それは残像となってぼくの網膜から消えようとしなかった。

街はいつまでも火の海となって燃えつづけ、闇にうごめく人びとの熱気に身をちぢめながら、ぼくは不思議なほど、家族はいるのに自分は、気持ちは一人ぼっちだ、だけど生きているのだ、という感慨におそわれていた。

第二章　ソ連（ロシア）侵略と難民

敗戦、八月一五日

ぼくたち一行は一三日には吉林省の小城子（しょうじょうし）というところで、岐阜県郡上郡の開拓団に宿を借り分宿することになった。日本が敗戦を宣言してからハルビンへ移行するまでの束の間の夏のひとときであった。皮肉にもまだ幸運だったのか、日本が負けずに戦っている二日間だった。

ソ連が参戦し、満州に侵攻してからちょうど一週間。この七日間に、ソ連軍は満州の主要都市のすべてを占領してしまった。その兵一五七万といわれている。

こうした事態を日本政府が認識しえなかったわけではない。しかし大日本帝国は、この期に及んでも敗北した日本の植民地へ与える深刻さを認識していたわけではなかった。

日本は本土決戦を主張する陸軍の強硬路線に押されて、広島に原爆が投下されてもなお無条件降伏を受け入れることができず、まったくその気のないソ連に停戦の仲介を期待するといった、おそろしいほど間の抜けた状況認識の甘さのなかにいた。

しかも関東軍は、ソ連侵入の際は満州の四分の三を捨て、七月中旬には新京と大連、新京と図們（ともん）を結ぶ線まで防衛線を後退させることにし、すでに極秘で関東軍を南下させてしまっていた。何の事前説明もなく開拓地に残されたのは、女、子ども、それに老人だけだった。国家がその民を敵地に捨ててしまったことになる。

これが、日本帝国主義による「棄民」といわれるゆえんである。一方、軍隊の防衛線を南下させると同時にその敗北を十二分察知している関東軍は、まず軍関係の家族を、次いで満鉄などエリート軍属を素早く帰国させたのだ。ソ満国境に配された開拓民などは、ソ連参戦の日、九日に知らされた。

日本の首脳は、最後まで天皇中心の国体の護持に執着していた。それ以外は無条件降伏をしてもよいと考えていた。

八月一五日正午、日本はポツダム宣言を受け入れたことを〝玉音放送〟として全国民に知らせた。無条件降伏した。現地では昼に学校の体育館に大人たちが集まり、皆正座して頭を下げていた。ぼくはこの情景をみて、日本が負けたことはわかった。しかし自分は何を考えたかというと何も思いだせない。

しかしこのようなばかばかしい甘い判断は、現地における事態の急展開によっていやというほど思い知らされる。日本敗戦の報で、まず満州人の日本人への暴動が発生する。逃げおくれた開拓団には、この暴動で皆殺しにされたところもある。命こそ奪われなくても、全財産、着ているものまでむしりとられている。

ぼくたちの寄留する村でも、満州人の暴動が発生した。日本人はその開拓団の小学校に避難した。そして妙なかたちでぼくたちの生命が守られることになった。

それはソ連軍がいちはやくこの地域を占領し、小学校に集まった日本人を保護することになったからである。

しかし保護とは、ソ連軍の都合のよい状態に日本人をおいたにすぎない。小学校に収容してものと女を略奪するに都合のよい状態に。そしてそのかぎりで、皮肉にも満州人の暴行、満州人による略奪を防げたのである。

ソ連軍は、まずぼくたちから金目のものを奪った。時計、万年筆、眼鏡という順だった。

ぼくに強い印象で残っているのは、けがで苦しんでいた少女のことだ。たしか、背中のけがを父が毎日手当していた。林口の爆撃によるものだった。ある夜、この少女が鋭い悲鳴をあげた。けがで苦しむまだあどけない少女を、ソ連兵がひきずるように連れ出していった。少女の泣き叫ぶ声が、いつまでも遠くからきこえていた。日本人のだれもが、少女を救い出すことができなかった。

弟満州男の死

秋の気配も濃くなる九月下旬、ぼくたちはハルビンの収容所へ歩行で移動することになった。約一カ月の逃避行のなかで、小さな子どもたちは、食料不足や病気で急速に体力が衰えていた。

ぼくたち一行がハルビンに着いた時、ぼくは弟、満州男の死を知った。

ぼくにとって、この逃避行のなかでの妹や弟の記憶は、はなはだ貧しいのだ。ぼくの記憶の世界からすれば、弟の死は突然訪れた。

九月の下旬といっても満州の日中は暑かった。大陸性気候なのだ。

その時弟は他人の六年生のお兄ちゃんの背中にいた。手も頭もぐったりとたれさがり、寝込んでいるようにも見えた。つぎの記憶のコマは、母に抱かれていた。そして、泣いている母をみて、弟は死んだということがわかった。

あとで母は話してくれた。満州男は小学校六年生の男の子に頼んでおんぶしてもらっていた。死ぬ直前まで「みず、みず」と小さな声でつぶやいていた。そして貨車がハルビンに着いて男の子が地面にとびおりた時に、息が絶えたという。満州男は他人の子の背中で死に、死んでから母の胸に抱かれたのだ。

満州男はその名が語るように、父が一家を挙げて渡満することを決意してから生まれた子なのだ。ぼくの長姉和子の長男と同じ年に生まれており、姉が実家にやってくると、同じような赤ん坊が二人になったのを覚えている。満州男は色白のぽっちゃりした丸顔で、おとなしい子だった。母が自分の子と長姉の子と比べて、満州男のほうがおとなしくていい子だとほめていたのを思い出す。

満州男は四歳だった。母親に抱かれることもなく、家族に見守られることもなく、水も飲めずに他人の男の子の背で死んだ。おとなしい子で、ぼくの記憶では泣いたり、一緒に遊んだ記憶がないのだ。無関心な兄だったのかよくわからない。母親は何かできなかったのかと思ってしまう。甘いお菓子や小さな玩具もなく、一緒に友達と遊ぶこともなく満州の炎天下で亡くなった。ごめん。本当に何もできなかった。

満州男は、八月一〇日逃避行に入ってから四七日目に死んだことになる。その日は九月二七日だった。実はこの時、ぼくの父は家族と一緒にいなかった。後でわかったことだが、父はすでに発疹チフスにかかって陸軍病院に収容されていたのだ。したがって母にとっては、女手一つで四歳、六歳、八歳、一一歳の四人の子どもを連れての逃避行だった。

母は、満州男に水をのませてやりたかった。命は救えなくても一口の水をのませてやりたかった。ぼくはその時、そのような母の悲しみを理解することができなかったかもしれない。おそらく、激しい環境の変化のなかで、ぼくが全身で受け止めていた運命と同じように、弟の死を受容してしまったのであろう。ぼくは死んだ弟の手を握ったり、抱きしめることもしなかったと思う。兄でありながら何もできなかったのだ。最近二人の石仏をつくった時、初めて涙が止まらなかった。いまの孫たちの〝ゼイタク〟をみて、また涙がでた。

ぼくたち一行は、ハルビン市内の中央寺院に結集した。この寺院はロシア正教の建物で、その荘厳で壮大な姿に圧倒されて、まばゆい思いで見上げたことを覚えている。満州男はこの寺院に到着してから、どこかに葬られた。どこへ葬られたか母も知らない。風聞によれば、松花江の流れに、その長大にして豊かな水に葬られたという。

妹葉子と小さい赤い靴

中央寺院に集合した日本人は、いくつかの収容所に分散させられた。ぼくたち一家は桃山国民小学校だった。それはロシア人が造った洋風のりっぱな建物で、開拓団の小さな小学校しか知らないぼくにとっては、絵本でみる宮殿のようにもみえた。しかし子どもたちにとっては勉強のための学校ではなく、なんとか生きのびるためというより死を迎える建物だった。

収容所となった桃山小学校での食事は、一日に高粱のおにぎり一つとみそ汁一杯だった。高粱というのはきびの実とかそばの実に似ているが、ボソボソして甘みやねばりがない。おにぎりにしてもすぐ崩れてしまう。よくかまなければのどを通らない。病人や衰弱している子どもには食べものにならなかった。

みそ汁といってもほとんど実がない。汁の器はひろってきた空き缶だったし、使っても洗う水がなかったからおそろしく不衛生だった。しかたがって伝染病が蔓延(まんえん)しないはずがなかった。

それから、悲惨なのはトイレだ。平和な文化国家に生活していれば、トイレに困ることはない。ところが収容所のトイレこそ大問題なのだ。数が少ない、遠くにある、戸外に仮設したものだから外気をまともに受ける。おまけに、たれ流しのように下痢症にかかっている人が多いのだ。あっというまに赤痢やチフスの温床になった。

トイレはいつも長い行列だった。がまんできずもらしてしまう者。ところかまわずしてしまう者。トイレ周辺は、下痢便で足の踏み場もなくなってくる。地獄絵を地でいくものだった。こうしたトイレの現実は、日本でも難民を報じてもマスコミには無視されてきた。

桃山国民小学校での何日かがすぎた。妹の葉子は、収容所に入った時から寝たきりだった。広い教室の一隅に薄い布団が一枚敷いてあり、そこに妹はあおむきに寝ていた。その布団のまわりに、母、兄、ぼくが身をよせあうように生きていたのだ。妹はそのころは、すでに何も食べる気力がなかった。ましてや高粱のおにぎりを食べられるはずもなく、みそ汁も口をぬらす程度で、ときどき水をほしがった。ときには、思い出したように「かんづめが食べたい」とか「リンゴ、リンゴ」とうわごとのようにつぶやいた。

寝てから数日で床ずれができた。あっというまに、からだの骨のでっぱっているところすべてにできた。肩甲骨、背骨、腰の腸骨、仙骨、そしてかかとにもできた。その痛みで、「いたい、いたい」と泣いたが、適切な処置もできなかった。生きながら体が腐っていく。医師である頼みの父の消息もわからなかった。

母も神経衰弱になっていた。母はときどき、目を手の甲でこする仕草（しぐさ）をするようになった。「目がチカチカしてものがよく見えないよ」と子どもたちに言うようになった。そのうち、耳も鳴ってよく聞こえないともこぼした。そうこうするうちに、ぼくと兄も、母はおかしいと気づくようになった。物事の判断がうまくできず、受け答えも見当ちがいになり、ときにはわけのわからないことを口走った。母は、この時四二歳だった。

一〇月に入ると、ハルビンの朝夕の冷えこみがきつくなった。ぼくの家族は、いまや音もなく滅びようとしていた。父は消息不明。母は神経に異常をきたし、兄はまだ元気はあったが、すでに弟はなく、妹は瀕死の病床にあった。そしてぼくも、からだの異常がはじまっていた。お互いに頼るものは血のつながりしかないというのに、それすら確かめあう余裕もなく、心しかけあうことができないのに、それすらつかみどころのないものになっていた。死ぬとか息を引き取るなどどうにもならず、ただ消えてなくなるだけだった。

妹はときどき、桃の缶詰がほしいとねだった。すでにぼくたちは売り食いする何ものももっていなかったが、妹があんなに大切にしていたかわいい赤い靴を手放して桃の缶詰を買った。しかしそれもほんの一口食べただけで、今度はリンゴがほしいと言いだした。母は妹の小さな赤い靴を、もう履くことはないと思い、売って桃の缶詰を求めたのだ。妹が大事にしていたのは赤い靴だけなのに、それを売って何を買ったらよいのか。

「リンゴ、リンゴ」と言いながら、一〇月八日早朝、妹は死んだ。

妹の死ぬ前の日、兄と一緒に暮らしていた少年たちが、妹のためにリンゴを一つ市場から盗んでもってきてくれた。この少年たちの一人は満州男を背負ってくれた子だった。しかしあれだけほしがったリンゴを、妹は一口も食べる元気はなかった。静かに消えていったのだ。

　年が明ければ学校へ入るのだ。どんなに可愛い一年生の女の子になるのか。いままで妹を抱きしめたりして遊んだことや、妹が人形を抱きしめていることなどまったく記憶になかった。兄としてやれること沢山あったのに！

　いまこの文面に手を加えながら涙で字は見えなくなっていた。

　一〇月八日の早朝、ぼくは母に起こされて妹の死を告げられた。ぼくは、やはり満州男の時と同じように、その時自分がどう思ったか、どのように悲しんだのかを思い出すことができない。母がどうしていたか、兄がどうしたかも記憶にはない。自分は泣いたかどうかも覚えていない。

　ただ、ぼくが覚えているのは朝になってからのことだ。収容所で朝までに死んだ遺体は、遺体置き場に並べられていた。そして裏庭からトラックでどこかへ運び出されていた。その日もぼくは一人でだまってその仕事を見ていた。おそらく、毎朝それを見るのが習慣になっていたのかもしれない。しかし、トラックに積み込まれるたくさんの遺体のなかに、あのやせ細った妹の小さな亡骸（なきがら）を見とどけることはできなかった。ぼくは投げこまれている部屋から丸太棒のように無造作にトラックで運ばれていく光景をだまってみていた。

　ハルビンの一〇月の朝の寒さがからだの芯までしみこみ、かじかむ手を白く吐く息で温めながら、今日がまたはじまる、とぼんやりたたずんでいた。

「難民」とはどういうことか？

　「難民とはどういうことか」を改めて考えてみたい。世情からは〝難民〟という言葉があふれている。

　実は自分や家族が難民であったので、マスコミなどが〝難民〟を安易に使いすぎることを残念に思う。

　例えば介護難民とは特養待機者をいう。実際、現状は特別な死もないし、登録しただけで〝難民〟とは情けない。実際は家庭や病院などで立派に生きている。故小山剛さんは、特養の難民に対しては、難民はゼロだと断言していた。

　そして小山さんは言葉の遊びは嫌って、自分の経営する特養を解体して、それぞれの地域へ、小多機やグループホームをつくり、そこへ分散移住させた。見事な仕事だった。

ウクライナとか世界中で発生している民族や宗教をめぐる戦争であっても、戦争という大きな舞台があり、お互いに自分が正義であると主張し合い、敵味方がある。しかしそれに対して本当の難民は敵味方なくただ惨めさと悲しみと死があるだけだ。悲しみには抱き合うこともできる。悲しみも小さな生命も分かち合えることができる。

一方、ぼくの四男揺光が故スージンと共に国連の仕事として支援した、アフリカのケニアにあるソマリア難民の〝まち〟ダダーブは、世界でも最大の四〇万人だ。すぐ死にはしないが、ここにたどり着くまでにたくさんの命をおとした。そして若者には希望がない、絶望の生活だ。これも難民にはちがいない。

ぼくの担任だった佐藤あつこ先生には二歳の男の子がいた。先生は満州開拓への大波のなか、半ばボランティアとして開拓団での先生をやろうと決意してやってきた。夫にあたる人もすでに開拓団にいた。リーダーだったが招集され、避難時にはいなかった。小さな子は厳しいストレスで、ぼくの妹や弟と同様に、飢え死にの姿になっていく。母親は自分も飢えながら小さな体と心をただただ抱きしめている以外には何もできなかった。

坊やは段々冷たくなっていく。冷たくなり切った時、母が坊やは死んだと確信した時が死なのだ。しかし母は抱きしめ続けた。一番愛する者しか〝死〟を認めることはできない。医者が枕もとで亡くなったと告げても、愛する者が〝生きていると思います〟と言えば、死を認められない。日本社会の通念といっても間違いないと思う。

後に日本に帰って夫との間に女の子が二人生まれたにもかかわらず、坊やの母親は自分が死ぬまで心の中で坊やを抱きしめていた。母が死ぬまで坊やも死ななかったのだ。小さい我が子が冷たくなり切ったと同じように、母親もそのような心を抱き続けて生涯を終えた。

唯一の愛情ある母が認めなければ、坊やの死はなかった。そして自分の身体も心も冷え切って、ようやく本当に母と子になれたのだ。母と幼子の難民とは、こうした無数の死んで生きている人たちが綴られた、悲しみの主人公だった。また戦争はそのようなものとして、難民をつくり出し、単なる死でも生でもない死んで生きている物語だった。

生きていた四人家族

ハルビンの収容所・桃山国民小学校に、弟と妹が死んで三人の家族が生き残ったとはいえ、母は精神に異常をきたし、ぼくは発疹チフスになりかけていた。すでに発疹チフスで入院していた父の生死は不明だった。兄は一人元気だったが、これも時間の問題だった。

収容所での生活でいちばん印象に残っているのは、しらみとのつきあいだった。なぜなら朝から晩までしらみをとるのが自分の仕事だったから。

どうしたことかぼくは、セーラー服を着ていた。このセーラー服のネクタイが、しらみをとり出すための釣り糸の役目をしていた。ネクタイが外でヒラヒラするのはじゃまなので、服の下におしこんであったのだが、これを時をみてひきずり出すと、そこに何匹かのしらみがついていた。このしらみを、一匹ずつ爪でプツンとつぶすのだ。血を吸っていれば爪も赤く染まった。この時のプツンという音に快感を覚えるようになっていた。そのうちに、爪ではなく歯でも上手に咬みつぶすようになった。

しかし順番は確実に訪れた。ぼくはつぶしたしらみの祟(たた)りのせいか、発疹チフスにかかってしまった。熱がでたことは覚えているが、気付くまでのことはまったくわからない。四〇度からの熱が続いて、うなされていたこと、熱を冷ますことしかできなかった。四、五日してよくなり、体に紅斑がでた。運がよかった。

ところが、ぼくの家族にも思いがけない幸運がやってきた。父が医者であったときの一時金が支給されるというニュースが、佐渡開拓団のリーダーだった渡辺頼一さんからもたらされた。彼もまた敗戦直前に召集されて、南へ後退した防衛線に配属されていた。敗戦の報ののち、万難を覚悟で敗軍から思い切って逃げだして、北へと妻子をさがしにやってきたのだ。ぼくたち家族は彼のアドバイスで一時金を手にすることができた。まさに地獄に投げられた蜘蛛の糸だった。

こうして、ぼくたち一家は収容所を出て借家に住むことができた。食糧も買い入れることができた。石炭で暖をとることもできた。ぼくもそこで養生することができた。そして、父も生きて帰ってきたのである。

父がひょっこり帰ってきた時、父はすぐ母に「葉子は？」ときいた。母がなんと答えたかは覚えていない。

父はなにも言わずにすっと後ろを向いて、そのままトイレに行ったようにみえた。

　そしてしばらくして、目を赤くして戻ってきた。父は、トイレで一人泣いていたのだ。父のこんな姿を見るのは初めてだった。父はハルビンの中央寺院で死んだ末子の満州男の死にも居合わせなかったし、一人娘の葉子の死も知らなかった。医師でありながら、死んだ子に何一つやってやれなかった父は、どれだけ無念に思ったことか。父は母と再婚して初めて子をもうけたが、女の子は葉子一人だったから、葉子を思う気持ちは格別だったと思う。

　ところでぼくは、発疹チフスからなんとか回復した。一時は栄養失調も加わって危険な状態になったが、いくばくかのお金が入ったことによって、収容所から住宅に移れたこと、食事も改善され、栄養も補給されたことが幸いした。

　実はこの病気は、新潟の地方にいまでもみられる恙虫（つつがむし）病に似ている。病原菌も同じ仲間のリケッチアだ。恙虫病の場合は野ねずみを介してダニから人に感染する。

彷徨（さまよ）う生きて死んでいる人たち

まもなく、家賃を払う金がなくなったのか、日本人が住むにはふさわしくないとしてアパートを追い出されたのか、ぼくの一家は最初に赴任した佐渡開拓団の、父の後任になった田中医師の家にころがりこんだ。田中先生は、敗戦前にハルビンに出て開業していた。

　多少でも余裕のある家は、親戚や知人が救いを求めて戸をたたくのはやむをえないことだった。ぼくの記憶でも、田中家をめぐる人たちの動きは日々新たといえるものだった。

　ある日突然、身を寄せていた若い女性が死んだ。なぜかぼくはそのひとの顔をよく覚えていた。色白でふっくらした頬の、やさしそうな娘さんだった。

　母が小さい声で教えてくれた。クレゾールをのんで死んだことを。ひとむかし前は病院のシンボルであった特有の臭いのする消毒液、あれをのんで死んだのだ。うすめない原液を一気にゴクゴクとのんでしまったとのこと。どうしてあのひとがクレゾールをのんだのか。ぼくは、その女の人が死んだというより、クレゾールをゴクゴクとのみこむ光景の恐ろしさを想像した。戦争に負けた満州で、日本人の若い女がみずから死を選ぶ理由はいくらでもあったのだ。

　記憶にあるもう一人は男だった。四〇歳くらいだったろうか。いつやってきたのかわからないが、最初はその男は口がきけないのかと思った。男はもの思いに沈んでいるようで、庭の片隅などに一人で腰を下ろしていた。いつも手を額のあたりにあてていた。のちにその男のことを思い出して、ロダンの「考える人」に似ていると思った。男はいつのまにか黙って街へ出ていった。そしてふたたび田中家には戻らなかった。これも母が教えてくれたのだが、その男は自分の妻や子どもたちを殺してきたという。

開拓団のなかには、残ったわずかの男が、麻山(まさん)事件のように、自分の家族だけでなく団員全員を殺し集団自決したのもあった。田中家に現れた男も、そうした男たちの一人だったのだろう。死ぬはずのその男は、生きのびてここにやってきて、去っていった。ぼくはその男を二度と見ることはなかった。ただそれだけだった。

ぼくたちも、いつまでも田中家に世話になっているわけにはいかなかった。父は家と自分の職さがしに毎日出歩いているようだった。ハルビンの秋も終わり、冬の気配がせまっていた。

ア・オ・ヒミクスという白系ロシア人がこの洋風アパートの家主だった。ぼくは、この見慣れぬ老人ともみえるロシア人が嫌いだった。

毎朝六時になると、ヒミクスがぼくの住んでいる半地下の部屋にズカズカと入ってきた。地下水を屋上のタンクへ上げるモーターのスイッチを入れるために、やってくるのだ。部屋の奥がボイラー室になっていた。一室に住んでいるというのは正確ではなく、その部屋にはしごでのぼる中二階があり、その広さ四畳くらいのところが、ぼくたち一家の寝室であった。

ヒミクスはひと言も声を出さない。要するに「おはよう」などと挨拶はしないのだ。配電盤のところに行き、スイッチをグッと入れるや、そのまま同じ姿勢で、後ろを見せて部屋を出ていく。同時にグーンとモーターのまわる響きが、ぼくのからだに伝わってくる。

父は、このヒミクスのアパートのボイラーマンだった。この職も、佐渡開拓団の渡辺さんの紹介でやっとありついたものだった。ハルビンの招かれざる市民として放浪の民の生活は、まさに、無法地帯のなかでいかに生きのびるかの日々だった。

日本人を保護する法律や制度はなかった。日本人を取り巻くソ連、中国、モンゴル、朝鮮族、満州族のすべてが敵で戦勝国だった。

「弟と妹」卓夫の作文　中一学年一組

僕には、きょうだいが六人あるけども弟と妹は死んでしまった。一番上の姉さんも朝鮮にいるし家にいるのは兄と二人きりだ。僕は死んだかわいそうな弟と妹について書こう。

ハルビンの日本人収容所は町の一番ごみごみしたまん中にあった。もとは小学校だった。

その一室に僕たちがいたのだ。へやの中はいっぱい人がいる。皆なぼろぼろの服をきて青いかおをしている。へやのすみに僕と母と兄とそれから病気の妹がいた。弟はハルビンのえきにつく時に死んでしまった。かい拓団の家を出てから、落ちついてねむることもできなかった。無がい車にぶたのようにおしこまれ雨にぬれ、かぜにさらされ食べるものもなく何日もいたのだ。あるときは空しゅうにあい、一家ばらばらになったこともあった。その途中弟ははしかにやられ妹は、栄養不良で二人とも病気になってしまい薬一つなく日ごとによわっていくばかりだった。もう弟のほうは声もでなくなり、たまあに「水、水」とよぶ声も、ほとんどわからず、母が一しょうけんめい看護してもだめだった。そして汽車にのりハルビンへ行くという時に父もチフスとなりどうしても二人の病人と僕と兄とを母の手でつれていくことができず弟をよその子どもにおぶってもらったのだ。それでハルビンのえきへおりる時にその子どもが、貨車からとびおりたしょっくで弟はついに死んでしまった。その子どもは、貨車の中で少しあばれたがしらずにおぶっていたので息がきれくるしまぎれにあばれたのだろう。そしてとびおりる時に死んでしまった。母は泣いた。僕もかなしくてしょうがなかった。母が又おぶって口の中へ水を入れてやったがのまなかった。

ものもいえずのみたい水さえのめずに他人のせ中で死んでいったかわいそうな弟の姿が目に浮かぶ。いがいは小さな寺院の一とこにうめてやった。僕も急なことの変わりに頭がおかしくなっていたのだろういま思うほどその時はかなしくなくあまり感じなかったような気がする。

弟は死んだ。妹もたすかるみこみはなかった。

もう骨と皮ばかりで立つこともできずただねているばかりだ。父も発疹チフスで陸軍病院へ行き死んでいるのか生きているのかまったくわからなかった。妹は毎日かんずめの空きかんに、ゆるいおかゆを少し特別にもらったがほとんどたべなかった。そして「おかあちゃん」とたまあによぶのだった。又「リンゴをたべたい。リンゴをたべたい」とうわごとのようにいったりかんずめをたべたいといったが、そんなものを買うお金など見たこともなかった。それでも日本人の行く病院がありそこの看護婦がかわいそうだといって二〇円くれた。それでかんずめがいいというので買ってやると少しもたべず「リンゴ、リンゴ」と言った。けれども買ってやれなかった。最後には、母をよぶ元気もなく「リンゴ」と言うこともできず泣きそうな顔をして水というだけ。水をのませてやると又ねむるのかなにをしているのか知らないが身動き一つしなかった。ある日の朝、母におこされておきてみるともう妹は死んでつめたくなっていたのだ。ただ妹の死をあわれむものは母と兄と僕だけだ。父もいればどんなに悲しかったことだろう。

　死体は二日ばかり他の死体といっしょに一台のトラックに、木か石でもなげるようにつみこまれどこともなくつれさられた。ああなんというむごいことだろう。これも皆ないやな戦争のしわざなのだ。

　一九四五年八月から一年半の難民生活をして三分の一はぼくはチフスにかかりねていたのだった。けれどもどんなつらい生活だったとはいえ学校もなく満人やロシア人にばかにされ毎日こうりゃんをたべてよくいきていたものだ。僕はたまには少しずつ父母におさ（そわ）って勉強をした。

　そしてなつかしい日本へかえる日をまちあこがれていたのだった。妹や弟のために心のなかでいのっている。

をわり

評（国語の松田先生　中学年）

　よく実感が出ています。文章もまとまっていてなかなかよい。なくなっていった妹さん弟さんの、めいふくを心から祈り、その分まで一生懸命勉強して下さい。

第三章　ハルビンから帰国

子どもの生きる力

ぼくは兄と一緒に仲間たちと街角にたむろしていた。みな、それぞれズタ袋をぶらさげていた。獲物を入れるための袋だ。街の大通りは交差点から上り坂になっており、ここをトラックが頻繁に上り下りしていた。

ガキ大将の大柄な少年が、「来たぞ！」と大声をあげた。ぼくたちはソレッとやってくるトラックを待ちかまえた。トラックが上り坂にかかるや、みな一斉に駆け出してそのトラックを追った。

トラックは石炭を満載していた。ぼくたちは、追いかけながら「石炭おとして！」と口々に叫んだ。うず高く積まれた荷台にはたいがい、男が一人後方を向いて座っていた。大魚のあとを必死に追ってくる小魚を、おもしろく眺めているふうにもみえた。

子どもたちの叫びにほだされたのか、男は自分の足元にあった大きな石炭の塊を一つ投げおとした。それは子どもの頭二つぶんくらいあった。巨大な石炭の塊は街路に落ちてパッと砕けて飛び散った。子どもたちが我先に飛びつく。ぼくのようなチビにも、とび散る石炭を拾うチャンスは十分あるのだ。手頃な塊をいくつか拾ってズタ袋へほうりこむ。そしてまた次のトラックを待つのだ。

ぼくたちにとっては、それは仕事でもあり、またスリルのある遊びで冒険だった。

どのトラックも石炭を恵んでくれるわけではない。石炭の山に腰をおろしている男がいないこともあった。そこで年上の子どもたちは、トラックが坂でゆっくりになったところに追いついて、トラックにはいあがって石炭の塊を奪取することも試みた。またトラックは、石炭だけでなく薪も積んでいた。なかには鉄道の枕木ほどのものもあって、そういうのを一本でもせしめれば、使用価値は高いものだった。

ハルビン市内を流れる川の岸辺に倒れている男は、日本人にまちがいなかった。見慣れた軍服をきていたし、ゲートルを足にまいていた。ゲートルとはすねに包帯のように巻きつけて歩きやすくする厚い布のことで、脚絆(きゃはん)ともいう。軍人はかならずこれを巻いていた。

はじめは遠くから恐る恐る眺めていたのだが、だんだん近くまで行ってみるようになった。近づいてみると、右の大腿が切れたズボンからはみ出し、肉が腐って膿が流れ出していた。まわりには犬の足跡が入り乱れていた。

ぼくはそれからほとんど毎日のようにこの死体を見にいった。ふしぎに犬の姿は一度も見なかったが、犬の足跡は死体のまわりに日ごと密になっていた。

学校がない

ぼくの学校生活は満州開拓団の小学校一年生から二年の夏休みの四学期だけだった。その後二年生の八月九日から急に避難逃亡生活になったので〝学校〟、あるいは〝学校へ行く〟など考えに及ばなかったと思う。子どもであっても生きていくことしか考えなかったと思う。

しかしどうなれば死ぬのかもわかっているわけではなかった。空腹や恐怖や不安の毎日は学校をまったく思い出せない気持ちになっていったと思う。大人や子どもの間にも、学校の話題はまったくなかった。

またハルビンの日本人収容所は、ロシア革命で共産主義政権をきらって亡命した白系露人といわれるロシア人がつくった洋風の立派な学校だった。当然〝生徒〟や〝先生〟たる者はいなかった。だから学校というものは日常生活上必需物でないことも確かだった。皮肉にも、日本人収容所になっている立派な学校であった建物は、日本人、とりわけ小さな子どもたちにとってはストレスと飢餓で悲惨な冷たい単なる建物だった。そして葉子もここで死んでいった。

したがってハルビンの街角に子どもたちが集まり、屯(たむろ)していることは学校がないからかもしれない。しかし、屯して皆で勉強しようということではなかった。一人では淋しいとか、集まっているほうが安心できるが出発点ではなかったか。

集団は機能集団になってきた。もらう、ひろう、盗むを使命とする集団だった。

知的欲求はどうなってしまったのか。

ヒミクスのアパートには物置の別棟があった。前住民が置いていくか忘れていったものがまだ残っていた。兄とぼくは冒険心から仕事や遊びを探していた。おそらく貪欲でもあった。二人で物置の中の探検を始めた。どうも食べるものは見つからなかった。

ところが本を二冊発見した。「冒険は発見だ！」の通りだった。パッとみると二冊とも読めそうなのだ！　二人とも「ウワー」と叫んで踊り上った。

一冊は『細菌の話』で、もう一冊は『地球の歴史』だった。ぼくは「発疹チフス」から生き返ったこともあり、伝染病の本がわかる気がした。『地球の歴史』となると、おそらく当時小二のぼくに「地球」はまったく知らなかったと思う。

満州は荒野でほこりっぽいせいか〝赤い夕日〟で有名だったが、そこに地球の話は出てこなかった。

たしか細菌の本は病原菌の姿形の画があり、説明もわかりやすかった。細菌、スピロヘータ、リケッチア、ウィールスと続いた。

ぼくにとって病原菌とは理解できたが、顕微鏡の世界があるということは、初めてだった。発疹チフスはリケッチアという菌をシラミが媒介して伝染発症することもわかった。かといってシラミとの共生や、口の中で歯でつぶすなどはもってのほかだったが、そこまで本から読み取ることはできなかった。

『地球の歴史』こそ驚きの話だった。書物も少し難しかった。地球の寿命は四六億年と書いてあっても、どういうことなのか想像できなかった。有名だった恐竜三畳紀といわれ二億から三億年前が最盛期だった。その変わった姿や大きさにびっくりしたが、不思議に地質時代があることなど記憶に残っていた。有名なアンモナイトの姿も憶えていた。いや実際にはもっと詳しく頭に入っていたことも事実だった。

この二冊の本がいかに面白かったか。こうした本を自然に暗記するほど面白く読み込めることもわかった。知識への関心、科学からつくられた宇宙規模の世界から、顕微鏡世界があることだけで、全身が震えるほど興奮したことは、知への欲求そして学校に繋がるものだとの理解はできたのではないか。

ハルビンでの生活

父はボイラーマンとして朝から真っ黒になって働いていた。つい三カ月前までは満州帝国の正規の医者として働いていたことなどすっかり忘れたかのようだった。父はもともと百姓の次男坊だから、どんな仕事をしてもできないわけではなく、おまけに器用だった。しかし父の収入がどれほどあったかわからないが、一家四人が生活できる額ではなかった。

母はもの売りを始めた。最初はせっけん売りだった。せっけんは原料さえあれば簡単につくれたから、だれか日本人がつくったのだろう。そのせっけんを売りに街へでかけた。売り子がよくやるように首からひもで板を下げ、せっけんを入れて、街角の人通りの多いところに立つのだ。

冬の寒い街角に母と二人で立って、朝から夕暮れまで「せっけんはいかがですか」と大声でよびかける。ぼくの役割は街行く人たちの同情をかうことであった。しかし子連れで飢えている日本人はたくさんいたから、簡単に同情をかうわけにはいかなかった。要するになかなか売れないのだ。まる一日で三つか四つということもあった。足は棒になって、からだは芯まで冷え切り、声は嗄(か)れてくる。それでも思うように売れれば我慢もできるが、そうでなかったから、母と二人で帰る道は気持ちも暗かった。

母と兄はよく市場へ買いものにでかけた。その市場はショートル市場とよばれていた。ショートルとは「盗む」という意味だ。

母はよく、どうやって南瓜(かぼちゃ)を一つただで買ってきたのかの自慢話をしたものだ。その日は野菜売り場での作戦だった。人がよさそうでおしゃべりな店員に目をつける。その店員に母が話しかけ、自分に関心を集中させて、イモや大根の論評をしながら、値切りのやりとりに夢中にさせる。その様子を見ながら兄が店先の南瓜をさりげなく足で転がすのだ。それが気付かれないとみるとさらに転がして、隣りの店の前へと持っていく。そこで南瓜をだきあげ、隣りの店で買ったかのようにしてそくさと逃げだす。

それはまじめそのもの、緊張の連続だったにちがいないが、母の自慢話になると、家中が笑いころげるほどの面白い話になった。母は明るい性格で、ひょうきんな面もあり、手ぶり身ぶりでその南瓜を転がすところを再現してみせた。

ア・オ・ヒミクスのアパートには、四、五世帯の日本人と満州人世帯が一つあった。とにかくみんな生きており、元気に暮らしているのが不思議なくらいだった。

Iさんには二歳の女の子がいた。将校であった夫は行方不明。Ｉさんはロシア兵向けのキャバレーの売れっ子だった。二歳の子をぼくのところへ預けて出勤する日が多かった。可愛い女の子でよくしゃべるおませだった。ぼくは死んだ葉子はとてもおとなしくてきれいな子だったことを思い出していた。そのうちに若い日本人の男が用心棒のようにＩさんの家に住みついた。

Ｓさん夫妻はほとんど顔を見せることはなかった。静かに静かに暮らしていたのだろうか。ある日の朝、Ｓさんの奥さんが亡くなったことを母から聞いた。母は子どもを怖がらせるのが好きだったのか、その日の夜中、ガラガラと不気味な音を残して煙突をぬける気配がしたと真顔で話した。Ｓさんの奥さんは結核だった。

Ｕさん姉妹は明るいお嬢さんで、どういうわけかお金持ちだった。たしか妹さんに小さな女の子がいた。いつだったか、兄と二人で馬車に乗せて松花江に連れていってくれたことがあった。ぼくには、松花江は海よりも大きな河だった。しかしその時は冬で一面氷になっており、人間も馬車もその上を自由に往来していた。

Ｋさん夫妻には産まれたばかりの女の子がいた。赤ん坊や幼児がどんどん死んでいくなかで、新しい生命が育っているのだ。ぼくや兄はその赤ん坊がかわいくて、Ｋさんのところへよく遊びに出かけた。時には荷物のように横抱きにして、母親をハラハラさせた。Ｋさんは大工だったが、腕は良いのか仕事に不足はないようだった。

ただ一軒の満州人の家族も、悠々自適に過ごしているようにみえた。ある日のこと、彼らが鶏を殺すのを見にいった。足を縄でしばって逆さづりにし、クックッと啼いているその首を無雑作にナイフでチョン切った。一瞬羽をばたつかせそのままぐったりしてしまったが、切られた首からは赤い血がほとばしり出た。それを大どんぶりに大事そうに受けていたが、彼らはその生血をそのまま飲むとのことだった。

そんな風景のアパートのなかにぼくたち一家も暮らしていたし、子どもであった兄やぼくも精いっぱい生きていたのだ。

敗戦の年も暮れていった、ぼくの家族は四人でひっそりと大晦日（おおみそか）を迎えた。八月九日夜半開拓団の家を出てから、五カ月の時間が流れていた。

四人はヒミクスのアパートの半地下室の中二階で、小さなテーブルを囲んだ。天井からランプが一つポツンとぶら下がっていた。大晦日のごちそうは豚肉のすき焼きだった。それに高粱の混じらない白米だった。食べるのに夢中だったが、ふと気がつくと、もくもくと食べている四人の影法師（かげぼうし）が壁に大きく映って、ランプとともにゆらゆらと揺れていた。だれも八月からの思い出を語ろうとしなかった。言葉にすれば幼い弟や妹のことになったからであろう。

しかもこの中二階には電気はなくランプ生活だった。信州の山村に帰っても、ランプ生活とは思っていなかったが。

八路軍

ハルビンの春は足早に過ぎていった。六月の声をきくころ、ヒミクス邸内に住む満州人が、「八路軍がくる」と教えてくれた。彼らは意味深長な表情で、右手の親指と人差し指を八の字に広げてみせた。その表情からは、喜んでいるのか恐れているのかわからなかった。

八路軍、正しくは日中戦争期（一九三七―四五年）の中国国民革命軍第八路軍のことだ。しかし現実には、同時期に華北地区に所在していた正規軍、非正規軍、遊撃軍、民兵を含む中国共産党系部隊を総称した。そして戦争終結時にはその数六〇万に達し、その正・副総司令官は朱徳（しゅとく）と彭徳懐（ほうとくかい）だった。

その八路軍がハルビンにやってきた。ぼくはアパートの板塀の節穴から通りをのぞいていた。

八路軍とは何者か。黙ったまま指で教えてくれた満州人にとって何者か。日本人にとっては敵か味方か。いつか父が、「共産党は悪いやつだ」と言ったことが耳に残っていた。とすれば、やはり八路軍は日本人にとって悪者なのか。小さなぼくの頭はこうした混乱よりも、早くこの目でその八路軍を確かめたいと思っていた。

開拓団を逃げ出してから、軍隊というものには何種類も遭った。現にみた敗走する日本兵、特に逃亡中、牡丹江のプラットホームで北に向かう少年義勇兵のあふれる列車。なかにはアメをホームにいる子どもに渡している少年兵もあり、忘れることができない。乱暴をきわめたソ連兵、士気のない蔣介石（しょうかいせき）の兵と、ぼくはたくさん兵隊をみてきた。

ところが、奇妙な光景が現れた。ぼくがのぞいている街路の右手から、兵士の小隊がやってきた。みな軍服を着て、銃をかついだり手に持っている。そして兵士は楽しそうに、語り合うようにしてこちらにやってくる。それは、まるでピクニックに出かけた小学生のようにもみえた。目の前にきてみると、まだ一五、六歳と思われる少年兵もいる。帽子に赤い線が入っていたり、赤い旗をかついでいる。ああ、これが八路軍だなと子どもながら納得できた。もっとも蒋介石の軍はすでに南へ撤退していたのだ。

ぼくが拍子抜けの気分でこれを見送ったが、彼らの楽しそうな光景をみてホッとした。戦争は終わったんだと思ったと思う。そしてむやみに親しみを覚えたのだ。少なくともソ連兵とは雲泥の差であった。ハルビンの街角でも、ソ連兵は得意そうに、円形の弾倉のついたマンドリンという自動小銃で鳩の群に向かって発砲して、何羽か撃ち落としているのを何度もみていた。

ぼくは、板塀の節穴からのぞきみたこの時から毛沢東（もうたくとう）の軍隊に好意をいだいたし、文化大革命までは毛沢東のファンであったし、偉大な中国革命の賛美者であった。こうした心情が、大学生になってから日本の変革を求めて学生運動に加わった下地にもなっていた。

引き揚げはじまる

八月に入ると、うれしいニュースが入ってきた。日本への引き揚げが始まるというのだ。ヒミクスアパートの日本人はみな興奮した。やっと日本へ帰れるんだ。それだけが望みで生きてきたのだから。

その時、ハルビンは中国共産党軍の支配下にあったから、そのために引き揚げが遅れたのだという話もきかされた。そして引き揚げるとなれば、どこかで国民党政府下の中国に入り、そこから日本へ向けて上船することになるわけだ。

この時、ハルビン残留日本人はどのくらいいたのだろうか。一九四六年（昭和二一年）六月二四日の長春ＡＰＩ共同によると、「満州民主軍総司令林彪（りんぴょう）将軍との会見のため、二一日空路ハルビンにおもむいた停戦執行班の米軍将校の語るところによると、ハルビンにはなお八万人の日本人が住んでいる」とのことであった。

満州からの引き揚げは、四六年の四月から開始され、五月一〇日、引揚船第一号が佐世保に入港している。そして満州が国民党政府と中国共産党政府に二分されていたため、共産党地区からの引き揚げが遅れていた。四六年七月には、共産党地区の残留日本人は九〇万余と発表されている。

そして八月一五日、満州の共産党地区からの引き揚げについて、軍事調処代表と林彪将軍とのあいだで協定が結ばれた。この時引き揚げの難点は、共産党地区から国民党政府地区との境界をこえる方法と、病人の送還であったという。要するに伝染病を持ち込んでは困るということであった。

日本人の引き揚げがどのような組織や指揮下によって実施されたかは、ぼくは知らない。それでも四人は、背負えるだけの財産を身に着けて日本へと旅立った、ハルビン駅からは、今度は無蓋車ではなく客車であった。日本治政下の引き揚げより待遇がいいことになる。

ヒミクスのアパートのグループは、それぞれの思いを残してハルビンをあとにしたが、希望に満ちた出発であった。とくに、金回りのいいIさんは、持参できる紙幣に制限があったため、お金をものに換えた。いままで眺めることしかできなかったハムや腸詰めなどが同朋にバラまかれた。夢に見たようなごちそうがぼくたちの口へ入ったのだ。長春へ向けて南下する列車のなかは、みなご機嫌だった。

満鉄は広軌で、客車も堂々としていた。もう空襲の心配もないだろうと、安心して乗っていることができた。列車はただただ広い平野を走り続けた。

大きな落とし穴は、ぼくだけでなく日本人全体に関わることであった。先にも触れたように、中国共産党地区から国民党政府地区へ越境しなければならなかった。一九四六年八月下旬、この時の両者の境界は、ハルビンと長春の中間にある第二松花江を挟んでいた。列車は第二松花江の手前の駅で停車した。

満州の八月下旬はまだ暑い。この炎天下を鉄道つたいに第二松花江を目指しての徒歩行がはじまった。このような事情があらかじめ知らされていたわけではなかった。皆一斉に、南へ南へと線路上を歩きはじめた。そして丸一日歩かされて、夕方になって川の岸に到着した。この徒歩行が予想以上にきつかった。老人、子を背負う母、そして病人がいた。歩いているうちに脱落者がでた。まず病人、そして老人だった。肉親同士でも、場合によっては病人を置いていかねばならなかった。暑さに水を求めても、水筒などの手持ちがなかったから、なかなか得られなかった。小さい子どもも脱水症状で倒れた。それでも、行列は南へとひたすら歩き続けた。

川の水はなぜか茶色に濁っていた。子どももおそるおそる川岸から水際に行き、川水を手ですくって飲んだ。水の味は覚えていない。おいしい水という記憶は残っていない。飲まなければ死んでしまうといった感覚はあった。

そして木の小舟が何回も両岸を往復してくれた。おそらく中共側の中国人が自主的にやってくれたのではと思った。ハルビンの街で中共軍に親しみを覚えたことをぼくは大切にしていたように思う。

博多港へ帰国する

ぼくたちは新京をたち、一路列車で南下し、奉天から錦州を経て胡芦島に着いた。ここから帰還船に乗り博多港へと出航した。船は二泊三日で日本に着いた。

その日の朝、ぼくも家族もみんな船の進む前方に目をこらしていた。朝もやを破って青黒い陸地が現れた。誰とも言わず「日本だ！」「着いたぞ！」という叫びがあがった。ぼくは黙って陸地をにらんでいた。それは博多の岬であったか島であったかわからないが、夢にまで見た日本であることは確かだった。

船はまもなく博多港に錨を下した。

ぼくにとっての日本は、見知らぬ祖国ではなかった。三年半前までは信州の田舎町で、ごく普通の子どもとして暮らしていたのだから。ぼくはその記憶にあるような日本に帰るとも思っていなかったし、かといって、いま自分の目で見、肌で感ずる日本を予想していたわけでもなかった。

ところが、はい上陸とはいかなかった。伝染病菌を身体に入れたまま入国できないのだ。検便だった。その時の記憶ではチフス菌だったと思う。週一回の検便でゼロにならなければ上陸できない。

港から日赤の船で検診班がやってきた。一斉放送ですぐ甲板に集まった。歩ける子ども以上だった。一列にしゃがんだ格好でお尻をまくって待つ。看護師がガラス棒を肛門に入れるだけだが、ガラス棒に付着した大便を検査するわけだ。

まる一カ月足止めされてしまった。

博多からの旅は、まず満員列車からはじまった。そしてぼくたちは、日本に着いた日から正式に「引き揚げ者」という名前をちょうだいした。たしかに満州での生活をすてて、日本へ引き揚げてきたことは間違いないが、好きこのんで引き揚げてきたわけではない。また好きこのんで満州へ渡り、荒野で開拓に汗したわけでもない。国策の先兵として、ソ満国境の屯田兵的な軍事的使命をもって移民したのだ。

しかし一方では、昭和初めの大恐慌と農村のかぎりなき疲弊、そして出口のない絶望から、バラ色の夢に将来をかけての渡満でもあった。また悪くいえば、日本で食いつぶして満州へ逃げ出したともいえるのだ。そんな輩が、舞台が大きくまわったとはいえ、着の身着のままで、これまた戦争で昔よりももっと疲弊した村へ、家族ぐるみ転がり込んでくるのだから、厄介者扱いされるのもやむを得なかった。「引き揚げ者」というレッテルは、こうした歴史の色濃い烙印でもあった。

引き揚げ者が故郷に帰る時どうやって列車に乗り込んだか覚えていないが、列車は窓からの出入りが普通だったし、狭い通路はいっぱいで、これでは満州の引き揚げ列車よりはるかに酷かった。ただ、殺されるようなことはなかろうという安心感だけがちがっていた。

第四章　山猿ランプ少年

「山猿ランプ少年」への道

一九四六年（昭和二一年）一二月二七日、ぼくと生き残り四人の一家は、父の生まれた実家のある美麻村高地の屋敷平、長男の竹村静男家に引き揚げてきた。

この年は全国的に大雪だった。北信濃の美麻村はすっぽりと雪に埋もれて、どの家もまだ茅葺屋根だった。一行は荷駄に馬一頭を連れてやってきた静男おじさんと一緒だった。若栗峰に着いた時、日は暮れて黒い森と寂まった雪の白色の山だけが識別できた。おじさんは「さあこれから尾根を下れば到着だよ。よく頑張ったね」と労ってくれた。

ここが一年四カ月の避難行の終点だった。ぼくの小さい胸がいっぱいになり、心臓は早なっていた。兄を先頭にしばらく下ると、遙か下方にほんのりと一つの灯がみえた。兄が「見えたぞ、走って下ろう」と新雪を蹴散らして走った。葉子や満州男のいないこともすっかり忘れて。

伯父さんの家は、妻と子三人と父二一の母の死後継母になってくれた祖母がいた。計六人のところへぼくたち四人が文字通り転がり込んだ。大変な事態になるのだ。とりわけ食糧難はどうするのか、ずっと飢えてきたぼくにはそのことは予想できた。子どもは旧制中学一人、小学生二人だった。長男は戦死し、長女は病死で次女は結婚していた。またぼくの長姉は北朝鮮で音信不通、次姉は看護師になって働いていた。祖母は奥の年寄部屋にいて、両目はいつも手ぬぐいでぬぐっており、目ヤニでふさがっているような素振りだった。後で目は逆さまつ毛ということがわかった。ぼくにとってはこんな老女、おばあちゃんを近くにみることは初めてだった。

静男おじさんの家は、本人が警察畑に入っていたので、農業も手薄になっており、食糧難だった。夜の一食が大鍋で大根を塩で煮ただけのものが出されびっくりしたこともあった。塩そのものが貴重だったのだ。

静男おじさんは警察署長まで出世していた。故に戦後は公職追放となり、職も奪われていた。

ぼくは一九四七年一月から美麻村南小学校高地分校の三年生に転入した。一学年一クラスで三年生は一一人で、授業は二、三年の複式だった。

校舎は古いもので、一階の板の広間の真ん中に鉄の丸い柱があり、遊び相手は大黒柱だった。新しい校舎はできていて、来年度から移転することになっていた。

担任は男の下條先生で五〇歳代だった。まだ全国どこでも教科書がなかった。あっても質の悪い紙に新聞の印刷みたいに折り畳み式で配給された。先生はそんな教科書は使わず毎日が絵描きか作文だった。先生自身もあまりしゃべりたくなかったと思う。ぼくは作文が好きだったのでほっとした。書く話題に不足はなかった。

若栗の生活

一九四七年四月に引っ越した若栗集落は、峠に茅葺の家二軒だけだった。間借りした種山家は父親と長女長男の家族だが、長女はすでに家を離れて生活していた。母親は亡くなったとのこと。お父さんは変わり者で生活もらくではなかった。長男の昭治さんは兄と同年代だった。三人は仲良しになった。

ぼくの家のように土地、畑も家も職もない家族はこの村、高地にはなかった。「引き揚げ者」と説明するとわかりやすかった。

父はやっと手にした満州帝国の医師資格も敗戦とともに傀儡(かいらい)満州帝国と共に無になってしまった。しかしその医師の資格を日本では使えないのは〝当たり前〟ではなかったはずだ。日本という国は残っており、日本国が養成した医師だった。しかし医師免許証は一片の紙片になってしまった。

空いている土地、道端の小さな空地、家の庭の空地は畑になった。南瓜などは土手を這わしておく。屋敷の中には、きゅうりや、蔓(つる)のいんげんのように棚で栽培できるものをつくった。蔓いんげんはよくなるので「なりっくらくいっくら」と呼ばれていた。少し離れたところに茄子とトマトが植えられた。少し広いところでじゃがいもが栽培できた。他にはお菜の類が。トマトの害虫はテントウ虫で、つぶして取るのが子どもの仕事だった。出る黄色い汁が臭くて嫌だった。また杉の森で小枝や落ち葉を拾って燃料にするのも大事な仕事だった。

父の手は〝猿手〟といわれる手相で器用なので、山菜や茸をよく採ってきてくれた。しかしこれでは現金収入ゼロだ。そこで父ができる術としては医業もあったので、ボツボツと医業もできた。要するに「半農半医」ということになる。生まれたところの村民が認めてくれたのだ。しかしいつも米や現金がもらえたわけではない。

父の発案で高地地区の新聞配達をやった。やったといってもアイデアを認めてもらってのことだ。

新聞は路線バスで午前一〇時頃に学校の近くまで運んでもらう。それを母が受け取って、高地地区内の一七の集落に適当に分けて束ねて、それを学校の兄とぼくに持ってくる。それをあらかじめお願いしておいた村の子に手渡して持って帰ることをお願いする。新聞が夕方には届くという仕掛けだった。そして日曜日は高地を二分して二人で新聞配達だった。半日かかった。この仕事がきょうだいの仕事で現金収入になったが、どのくらいか聞かずに終わってしまった。しかしかなり大きな収入ではなかったか。

それでも現金が足りなくなると、姉信子に頼ることになっていた。こうした家政が中三まで続いた。その期間が「山猿ランプ少年」だったし、父の半農半医の期間にもなった。

本校の友達と

小学校四年生が始まった。一学年一クラスだった。目立ったのは女子で、体格能力とも優れた三人組がいた。男子は小粒で目立たなかった。級長も女子の一人だと思っていたのがよくわからないままぼくになった。六年までは男の先生が担任でおとなしいタイプだったが一方生徒は活気があった。

戦争中の名残はあった。これまで「いじめる」方のわんぱくは誰だったかすぐわかった。しかし学校全体の反省ムードから、これまでのいじめっ子は目立たないようにおとなしくしていた。しかし戦中は、暴力をふるうのは教師も生徒間でも当たり前だったらしく、その傷は両者にあった。やはり不幸だったのだ。

まわりの子たちの触れずさわらずの態度もわかった。そこへいくと、ぼくにそうした前科はなかったし、頭がよいなどのおまけがついて、新しい中心になっていた。

教科書などが揃ってきたので、先生も授業をするようになった。ぼくは学校のことは満州開拓団の二年の一学期（一学年一〇人くらいで複式）までしか経験がなかったので、学校とかクラスはどうなっているのかよくわからなかった。

ただアメリカは日本の民主国家づくり、教育の民主化を柱としていたせいか、クラス運営という言葉をつかえば、クラスを五組くらいにグループ化して、円テーブル方式で、話し合いを主とした〝自主〟〝民主化〟教育となっていた。教師の影は薄くしていたと思う。

たとえば国語なら指定された文章をテーマに、クラスごとに読んで、その結果、何を主張しているかなどを、グループごとに代表がまとめ、全体で話し合うといったパターンだった。よくわからず困っている子には友達が教えてやるといった雰囲気だった。

そして中学生になった。ここで担任が替わり、クラスの空気は一変した。

先生が自然に中心になるような人物だった。学卒したての熱血漢だったので、おしゃべりをしたり、居眠りをしている子に教壇から白墨がビューと飛んできた。ワーとなったが、生徒も先生を恨むことはなく、白墨を投げ返すぐらいだった。

ぼくと特に仲の良い数名もできた。当時は遊び道具や体育道具もなく、小さいものをつくる工作になるのだが、初めから〝ものづくり〟が子どもたちの遊びになった。大工さんや職人さんの子どもたちは皆、ものづくりが得意だった。こうしたクラスの仲間や雰囲気が〝山猿〟づくりの原点になったと思う。

麦刈坂と道草

学校へは峠から西へ、真下へ蛇行しながら下る細い道、〝麦刈坂〟だったが、子どもたちにとっては何の問題もなく、急坂を時には裸足で駆け下りる姿は、山猿そっくりだったと思う。普段はゴム草履だったが手持ちがなかったり、わら草履をはいても切れてしまった時は裸足だった。この道は赤土で粘度も高く裸足は余計にツルツル滑った。そこはベテランだった。滑りへの対策として、足も半開きにした前傾した格好でバランスをとりながら、両肩をやや挙上した姿にするのだ。下って学校までは三〇分はかからなかった。そして帰り道になると、道の役割はまったくちがっていた。行く時は滑り台を滑り下りるくらい素早く、我先にと前進する。四年生以上となれば全員が走る選手のようなものだった。帰り道は文字通り道草の楽しい時間だ。この麦刈り坂での毎日のトレーニングで、山猿の基本を身につけた。

　学校からの家路は、学校生活の中で最も楽しく遊べる時間帯だった。子どもたちにとっては、なるべく遅く家に帰るということが無言の合言葉だった。なぜなら家で待っているのは可愛い子や孫の顔を見たい、おまけにおやつがあるといった話ではなく、家業・家事・子守りを少しでも手伝わせるため、子どもの労働力を待っていた。

　帰り道、男は男同士、女は女同士で大小の群をつくって歩いた。男の子はまず生きものをおもちゃにした。運の悪い蛇はこのガキどもに見つかったら最後だった。蛇のきらいな男の子もいたが、誰かがすぐ尻尾をつかみ、空中でぐるぐる回す。これで蛇が目をまわしたかどうかわからないが、動きが鈍くなる。やにわに首根っこを捕まえて、首のところから皮をむく。皮は尾の急に細くなるところまですぐはげる。そこでまた今度は剥いだ皮を手にもって空中に振り回す。遠心力を使ってねらいはおっかなびっくり眺めている女の子の群に蛇を投げ込むことだ。空中に大きく輪を描いて女の子の群に襲いかかる。「キャー」っと甲高い悲鳴の中に蛇は消えていく。

　次はカエルだ。捕まえるや麦ガラを肛門に突っ込んで息でふくらます。あっという間にカエルの腹は風船のように膨らむ。これを池や水が溜まっている田んぼに投げ入れる。身動きとれず手足をバタつかせている姿を見て面白がる。

　道草も実りの秋は実利を伴って豊かなものになる。もっとも夏から見れば食べるものは多様だ。スイコ、野イチゴ、朝顔や昼顔の花の蜜を吸う。ハシバミの実は皮をむいてカリカリと美味しく食べられた。けっこう油気もある。グミや桑の実、そして王様はアケビの実だ。山ぶどうは酸っぱすぎる。

　アケビも二種類あるのだが、手が届くところ、木に登ってとれるもの。そしてさらに木の枝やアケビの蔓が生い茂っている高いところに登っていき、枝や蔓が絡まってできた〝猿の揺りかご〟に乗って、そこから下へぶら下がっているアケビの蔓を引き上げるようにして取ることだ。下から見れば猿やゴリラの巣に座ってアケビの実を引き上げるように見える。しかしそのクッションも意外に崖にはみ出したものもあり、結構スリリングな冒険だった。

　そうこうしているうちに若栗峰にたどり着く。子どもたちはまだまだエネルギーが残っている。若栗峰は別名梨の木（峰）ともいわれ、大きな梨の木があった。前述したように幹の直径一メートル余、樹皮はコブがあってゴツゴツし、中は空洞になっていた。枝は広く四方に伸び、木登りの腕だめしの木でもあった。ただ小さな実は酸っぱくて食べられなかった。

そしてこの峠はせまいが平地があり、なんとか草野球の場にもなった。バットは丸いこん棒。ボールは特製だった。ゼンマイの綿を芯にして、まわりに藤蔓を細く裂いたものを糸のようにグルグルと巻き付けてつくる。手まりの技法だ。とことん手づくりの野球だ。うす暗くなる頃、子どもたちはやっと峠を下りて家路につく。遠いところは高地の底まで下りて、そこからまた四〇分くらい登るのだ。

ある日ぼくは、暗くなってから空腹感を覚え、桑の実をとって食べていた。良くみえないから手探りで取っては口へ放り込んでいた。と瞬間、実をかみしめた時、口の中が鋭い酸味であふれた。ヒャーと口を開けて、中のものを吐き出した。それでも口の中は燃えるような辛味が残った。何が起きたかすぐわからなかった。甘い桑の実を好むカメムシ（信州ではへっぴり虫・くさいから）をかんでしまったのだ。要するに蟻酸が口の中に広がったのだ。失敗もやむを得ないものだった。こうして、したたかな山猿が生まれる。

渡り鳥・ひわをとる

晩の空が青く澄み、寒い朝が訪れる頃、若栗峰には渡り鳥の群が飛来する。毎年確実に訪れるのは「まひわ」の群だ。当地では単にひわと呼んでいた。雀より少し小さな一見黄色い小鳥だ。

夜明けの霜が降りる頃、西の空にひわの群が姿を現わす。西方の遠景に突然黒い点が現れあっという間に黒くふくらんで大きな塊となって、天空に昇るや大きな群れになって峰に近づいてくる。近づくや「チュイーン、チュイーン」といったひわの合唱の群が塊となって接近してくる。

そこで兄と隣りの昭治さんと三人で鳥もちでひわを捕らえようということになった。たまたま鳥もちが手に入ったことから話ははじまる。

まず、飛来するひわの群を呼び寄せ引きつける。それには「オトリ」を用意する。「オトリ」の入った鳥籠を松の木のてっぺんを切り落して残った枝の下に隠れるようにぶら下げる。もちを巻き付けた二叉の枝を鳥が止まりやすいようにてっぺんを切りとった松の枝の上に長い竹の棒の先につけて目立つように立てかける。そこに群が降りて来て止まることが手順のすべてだった。

さあ小道具は揃った。三人は初めてのチャレンジに緊張と期待でいっぱいだった。

そこで三人はその松の木の選定から始めた。若栗峰から南へ延びる尾根は、その頂きに〝八丁路〟という伝承不明の墓地へ連なっていた。その尾根道を少し登ったところに、枝張りの良い松の木が目に入った。

「よし、これだ」と早速昭治さんが木に登り、持ってきた鋸で木のてっぺんを切り落とした。竿をほどよく立てかけるように邪魔な小枝も切り落とした。

一一月の決起の朝は霜が降り、山は白い朝だった。早起き鳥に負けないようにまだ薄暗い朝、八丁路尾根に向かった。地面は霜柱で埋まり、歩けばサクサクと音がした。昭治さんが鳥籠を持ち、兄がもち竿を担ぎ、ぼくは獲物を入れる袋を持った。吐く息は真白で手はかじかんで全身が震える寒さだった。松の木の下に着いた頃は、西に連なる北アルプスが白馬三山から大町市の西南にそびえる蓮華岳（れんげだけ）まで朝の光にパノラマのように浮かびあがってきた。

まず囮の入った鳥籠を松の枝の下に固定した。そして二本の角のようにとび出るもち棒を取り付けた竿を上手に立てかけた。三人は三〇メートルくらい離れた木の陰に身を隠した。

用意万端、後はひわの群が旋回しながら上空に来れば相呼応して囮が「チュイーン、チュイーン」と鳴き、群を呼び寄せることになっていた。これを、おろしをかけるという。

三〇分も経たないうちに、早くも西の空の一角にひわの一群が黒点として現れ、黒点が大きくなるや峠に向かってやってきた。鳴き声からひわであることがわかった。案の定囮も仲間の飛来を歓んでか、透き通る良い声で鳴き始めた。

ひわの群は間違いなく囮に反応して上空を二、三回周りながら松の木を目指して降りてきた。三人とも緊張して寒さそこのけ、手に汗して見守った。その瞬間、群はスーと舞い降りた。先に降りた何匹かは目立つもち棒に止まった。一群は二、三〇匹いたと思うので大多数は周辺の枝に降りた。

二本の又状のもち棒には五、六匹が止まり、バタついていた。三人はそれっと飛び出した。昭治さんが立てかけてあった竿を、もち棒の数羽のひわと共に下へ倒した。

ここまでは順調であり大成功だった。しかしすぐ予期せぬ困難にぶつかった。もち棒から逃れようとするひわがバタつき、羽がもちにベタベタとくっつき、鳥をもち棒から剥がすのに困惑した。羽が抜けたり満足な姿にならないのだ。商売として売れるなどとはまったく考えていなかったが、他人にプレゼントもできかねることもわかった。

それでも六羽がかかり二羽は羽根の損傷も軽微で済んだ。とりあえず持ってきた袋に収めて家へ凱旋することができた。

イナゴ

信州は食生活で虫との関係は強いかもしれない。当時、イナゴはどこでも当たり前で必需品だった。ところがイナゴが集まる田んぼが少なかったのでぼくは学校の近くの田んぼで捕まえていた。用意した紙袋に入れてくる。元気なうちは紙袋の中を、カサカサと動いている音がしていた。

イナゴへの思い出は深い。親に言われて田んぼへ採りにいく。紙袋を自分でつくって素手でイナゴを捕らえると、黄色い汁を吐き出すので手が黄色くなり、良い匂いではなかった。

親は原則として脚をとって、甘じょっぱく煮しめる。そうすれば保存食にもなるのだ。当時学校給食はなく、弁当を持っていった。冬は寒いので、教室では薪ストーブが教室の真ん中にあった。そのすぐ側に弁当を並べられるように段状になっている箱棚をストーブに向けて置く。それぞれ自分の弁当をその箱棚に入れておく。級友四七人だったから、四七のそれぞれの手弁当がずらりと並ぶという壮観なものだった。

ところが話はこれからだ。午前中の授業も終わるころになると、弁当は煮え立つほど熱くなる。箱棚は全体が蒸気を吹き出す器のようになり、弁当箱と蓋の隙間から湯気が噴き出す。中にはシューと音までする。一番鼻をつくのは野沢菜の匂いだ。腹も空いてくるので匂いのいかんを問わず、子どもたちの腹も鳴ってくる。

ぼくは、虫は嫌いではないが、足の目立つ虫は好きになれなかった。だから蜘蛛は嫌いだった。その反面毛虫など足が短いので気にならなかったし、虫ではないが蛇もなんともなかった。

昼食がはじまる。皆思い思いの気持ちを抱いて弁当に飛びつく。ぼくの弁当でときどき手の動きを止めたのは、弁当の蓋の隙間からとび出しているイナゴの足だ。先のギザギザまで見える。無念にも殺されたのを恨んでいるかのように見えるのだ。親は時間がない時には、手足をもがずに煮しめてしまうのだ。

蜂の子

次は蜂の子だ。足長蜂などは巣が小さいから巣一つ採っても子は一〇匹くらいだ。それに比べて赤ん蜂やクマン蜂、雀蜂は大きいから何十倍にもなった。しかしこれは子どもの力量で親蜂の抵抗を抑えて採ることは不可能だった。

そこで食用として最も高く評価されているのは信州人がスガリと呼んでいるクロスズメ蜂だ。大きさも二センチくらいで地中に営巣する。高いところではないので子どもの手にも負えるのだ。土手の土の中から出てくるので〝地蜂〟とよんでいる。

巣は偶然発見する場合が多いのだが、仕掛けをつくって見つけることも可能だった。まずカエルを捕まえる。太ももの肉をとって小片化する。これに真綿の玉を縛りつける。これを蜂の飛来する場所に二つ三つ置いておく。蜂がこのおとりを発見すると、カエルの肉を咥えて帰巣する。

というように簡単にできるわけではない。成功したのは一回だけだった。蜂がうまくカエルの肉を咥えて飛んでいくのを追跡しても、見失ってしまえばそれで失敗する。うまくいったのは比較的近くの土手の草むらの中にあった。

そこで巣を採りにいくのは暗くなってからだ。夜は蜂の目はよく見えないらしく、混乱する状態を利用しての実行だった。さらに蜂を眠らせようと、それにはセルロイドに火をつけて巣穴に吹きこむと良いと教わっていた。セルロイドは歯ブラシの柄だった。

服装も、衣類の隙間から蜂が潜り込まないように仰々しい武装をして、珍妙な三人組ができあがった。

まずセルロイドに火をつけて、白い煙を吐き始めたところで、蜂の巣穴に差し込んだ。そして穴をふさいで中にいる蜂が酔った状態になるのを見計らって持参したスコップで巣を掘り出した。蜂もウワーと舞いあがってきたが、人間に襲いかかる集団性は喪失していた。

巣は何層にもなっていて、一層ごとに蜂の子が詰まっていた。その皿一枚ずつを取り出した。

誠に冒険を満足させる仕事になった。素晴らしい経験になった。

三人のこうむる被害は、ぼくはゼロで、兄と昭治さんは二カ所ほど刺されたと言っていたが、その程度の痛みは忘れるほど興奮していたと思う。

ところで蜂の子の最高の食べ方は、蜂の子の炊き込みごはんだ。香ばしく脂ののった甘さは他に求めることはできない。子どもながらよく覚えている。

美麻村には川らしい川もなかったけど、新潟県では有名で信州でも食べていたざざ虫もある。川の石にへばりつくように住んでいる小さな虫で、これも佃煮のようにして酒の肴に小皿に盛られるものだった。黒い小さく丸まったものに仕上がるが、その後料理店での経験しかない。

また人の血を吸う虻だ。大きさ三センチくらいあるだろうか。これを捕まえて胸と腹を引っ張って分離すると胸の側に白い綿のようなものがぶら下がってくる。これをなめると甘いのだ。甘さに飢えている子どもならではの虫談議になる。またこの話はポピュラーではない。

蜂の子は美味でも、いつでも手に入るものではなかった。また生木の中に住んでいたり、麻の太い茎にもぐっているオムシ（カミキリ虫の幼虫で麻虫といった）は、イモ虫を大きくした姿で、焼いてそのまま食べるとおいしいという。実はこの虫は友達の話でぼくは後になって経験した。たとえば薪で風呂を沸かす。その仕事をしていると生木も燃えだすと熱くなって中にもぐっていたコロ虫が這い出してくる。コロっと飛び出るのでコロ虫（テッポウ虫）というが、それを改めて焼いて食べる。甘くて美味しいのだ。それだけが目的で風呂沸かしを買ってでる子どももあるという。

こう書いてくると、信州人は虫ばかり食べているのではとの印象を与えるが、この程度にすぎない。東南アジアに比べれば子どもだましの程度ではないかと思う。

余談だが、カンボジアでは虫専用のレストランがあった。旅行ベテランの長女萌実でも食べたことがないという。話の種に食べてみようということになった。一行四人全員が賛同したわけではない。店主はフランス人の男で十分研究していることはわかった。径五センチもあるクモの天ぷらもあった。蟻はパンに練り込まれていた。四人とも〝それっ〟と注文する好奇心はなかった。やっと一種くらいを毒味するくらいだったが、話の種には十分だった。

帰国して職場で話したら、看護師の一人は「ああ日本人に生まれてよかった」と本音をはいた。

ワラビ売りの冒険

春は山菜採りからはじまった。昭治さん発案だと思うが、兄と三人で山菜を大町へ売りにいこうということになった。子どもにとっては重いテーマだった。

前の日に採ったワラビを主商品にした。大きさをそろえて藁で束ねた、一把といっても重さで決めたわけではなく、適当にして、売価をひと握りで一把二〇円にした。蕗の束も少しつくった。

翌朝日曜日、三人で分担して背負い、緊張と不安と期待で胸がいっぱいになっていた。馬頭観音の峠を越えて三日町の石碑の関所をくぐり大町の街へと入ってくる。三人ともずっと黙っていた。ぼくの心臓はドキドキして顔は紅潮してきた。ぼくは中学一年だった。

三人ともどうやって売ったらよいのか、一軒一軒訪ねて買ってもらう行商をする以外にないとは思っていた。しかし最初にどの家を訪ねたらいいのか。つれなく断られたらどうしよう。一瞬にして三人の夢が消えてしまうのではないか。

たしか二軒ほどためらって前を通り過ぎた。そして昭治さんが一軒の戸を叩いたのだと思う。トントン「ごめんください。ワラビを買ってください」。このひと言にどれだけ勇気が必要だったのか。このひと言に三人とも口が渇く思いがした。出て来たおばさんは、にこやかな表情で「おまえさんたちどこから？ 美麻かい」と言いながら二把も買ってくれたのだ。慈悲深い女神さまと思った。「四〇円だ。四〇円だ」と口の中で繰り返し、ふるえるほどうれしかった。しかもこのおばさんは、隣りの家にも声をかけてくれたのだ。「私がお隣りにも聞いてあげるわ」と。この頃の物価はアンパンが一〇円だっ

コラム

幼馴染の昭治さん

不幸な子、既に母亡く、赤貧の家、ひとにバカにされながら一人前の子として東京へ。その生家若栗の家の二間を借りて卓夫一家は生きてきた。

兄とぼくとは大の仲良し。わらびの行商にも出かけた。この小さな村を含め、今は〝埴生の宿〟もない。昭治さんが「おばさん」と親しんだ黒岩たかもいない。

昭和五九年六月二七日

昭治さんから母たかの死への手紙を契機に

た。四〇円とはアンパンが四つも買えるのだ。夢のようだった。三人ともこの一件で自信がついた。街路は真直ぐ信濃大町駅へと伸びていた。駅までの半ばで完売した。

この話に長女の萌実は涙が出たと言ってくれた。本当にいま思い出しても涙が出る。

三人にとって、特にぼくにとってこれは革命的な事件だった。三人は勢いづいて大町駅についたところで、誰ともなく松本へ行こう、そして映画を見よう。新たな方針が決まった。当時は国鉄の電車賃は安かった。大町から松本まで約六〇分、確か片道一五円くらいだった。電車に乗るのも満州から引き揚げてきてから二回目だった。一回目は小六の修学旅行で大町から直江津だった。

松本へ着いて映画館を探して観たのは、中味はすっかり忘れたが、喜劇のエノケン物だった。面白いかどうかもはっきりしないが、映画を観ることだけで興奮していた。三人は夕方までに意気揚々と家に帰った。松本までの旅行をし、昼食もたべて、実に三〇〇円ほど親に渡したと思う。あらゆる点からみても三人にとって、ぼくにとって、大事件で大変な冒険になった。

自分で採取した。他人に買ってもらう不安と歓びと自信。買ってもらったこと、売れたことのうれしさはいまでも覚えており、一生忘れない体験だった。

飛んでくる石礫（いしつぶて）

美麻村高地という山村に小学校三年の三学期から中三まで暮らしただけで〝山猿〟の資格は十分だった。

ではランプ少年とは何か。これも文字通り電気のないランプ生活をしてきたということだ。開拓団と若栗には電気がなかったのだ。

そう考えてみればもの心のつく六歳から満州の開拓団に行き、敗戦で避難民となり、小三の暮れに日本へ引き揚げてきた。そして高校へ行くために大町市で間借り生活をするまで、開拓団での約三年と小四から中三までの六年、計九年間がランプ生活だった。

そしてこの山猿ランプ少年は、この間を少しも不便で困ったとか自らを卑下するようなこともなかった。

そして何かあれば大町市に行くことはあった。大町に入るところに関所があり、ここを通過することで本当の山猿になれるのだ。若栗峰を下り、大塩を通ってウマのアヤ峰（馬頭観音の峠）にたどり着く。誰でも一休みしながら下方を眺める。大町市に入るには、三日町という集落を通り抜けねばならなかった。

　下方に大町平の北端が目に入る。初めての人は誰でも「日本は広いな」と感嘆の声をあげた。さらに先輩に湖周六キロメートルくらいの木崎湖に連れていってもらうと、湖と海を勘違いして「海って大きいな」と驚く。先輩は「バカ言え、海はこの倍もあらあ」と教えた。

　そして文字通りここ三日町が関所だった。関守は誰か、他でもない仲間であるはずの子どもたちだった。村の中央を細い道がついていた。ここをどうしても通るのだ。

　足早に小さくなって歩いても、「山猿だ！」という喚声と共に石礫がパラパラと飛んでくる。数人の仲間と一緒でもこれでは多勢に無勢、逃げる以外にはなかった。

　街のはずれの子たちに〝山猿〟とからかわれることは、面白くはなかったが、それで人格が傷つけられたなどと思うことはなかった。恨んだり仕返しをと思ったことはなかった。

　ぼくはこの高地や若栗が好きだった。後に高校や大学での社会や歴史の勉強のなかで、この農村共同体は封建的で個人のあらゆる自由や意思を押し潰すもの、女や被差別民をさらに一段低いところに押しこんでいる解体すべき社会であると学んだものとは、まったくちがった農村共同体を体感していた。いまになって思い出しても、この山村は実に明るく力強く、平和や自由、働けば仕合せになれるといった安心感があふれていた。

　それはおそらく、暗い軍国主義・天皇制による抑圧、最も人間を否定する戦争、こうした枠がはずされた喜びが一人ひとりの心にうずいていたからではないだろうか。

第五章　松本深志高校から東大合格（理Ⅱ）

入学説明会

深志高校への入学も決まり、春休みもあとわずかになったある日、一枚のハガキが舞い込んだ。ハガキには「合格おめでとう」とあり、ついで三月二七日午前一〇時から「入学説明会」があるので登校するようにといった案内のハガキだった。ぼくは「アレっ、二七日とは今日のことだ。どうすればよいのか」と慌てた。要するに郵便配達が遅れたのだ。というより、遅れてくる土地だったのだ。それ以外には考えられない。仕方なく中学校へ行き、日直の先生に頼んで電話してもらった。深志側も美麻村などいままで取り扱ったこともないし、どんな不便なところかもわからなかったのだ。なんとか明日午後一時に学校に行くことが決まった。いままで一人も美麻南中学校から入学した者はいなかった。学校側は事務的な取り扱いにすぎなかったと思う。

深志高校に行くのは初めてだった。受験した学校とはちがうのだ。校舎をみるのも初めてだった。松本城からみれば北方にゆるやかに登る城山へとたどると学校はその麓にあった。学校から城は下方に見え、東に目を移すと美ヶ原の山塊がどっかり座って、西方には遠景の山がかすんでいた。

建物もどうなっているかわからないので、確か正門から玄関に入り、職員室らしき部屋をノックした。するとすぐ人が出てきた。この人が小原先生で一年の担任に決まっていた先生だった。廊下に立っているぼくに近づいて、顔半分を覆っている前髪を右手でかき上げるようにしながら「私が小原です」と言って中に招き入れた。他には数名の先生がいた。

説明は簡単で明瞭だった。ぼくは名乗ってからハガキが遅れてきた旨を伝えた。そのことは中学の先生から伝えてあった。

説明の細かいことは別として、大事なクラス編成を説明した。「黒岩君は遅れてきたのでクラスは決まっている。クラスは理科の選択で決まった。生物・化学・物理だが地学は希望が少ないのでなかった。君は物理で二組だ」とのことだった。

理科の選択の理由もはっきりしなかった。ここで考えて選ぶ必要もなかったし、物理だとすればどうなるかもわからなかったので「わかりました」と返事した。そして教科書をもらった。

あとでわかったことだが、解析などの数学を勉強する前に物理をとっても、受験科目にはならないということ、やっと一クラスできたくらいで女子はゼロということだった。ぼくは物理の意味はどうでもいいと思った。しかし女子学生ゼロは良いことではないなと思った程度だった。四〇〇人中女子は二五名とのこと。希少価値だとは思った。美麻南中の女子三人組は目立ったので女子のいないクラスのイメージは湧かなかった。

また立派な赤レンガ風の建物は〝登録有形文化財〟に指定されているものであることがわかった。入学式の日程も知らされた。

松本深志高校入学式

入学式は四月六日に挙行された。ぼくは姉の信子と出席した。姉に学帽とカバンを買ってもらった。ぼくは深志高校が話題になった頃から、なぜかトンボの姿をアレンジした図案が気に入って、早く身につけたいと思っていた。その徽章（きしょう）をつけると改めて歓びがわいてきた。この学帽をかぶるとこれで「山猿ランプ少年」を卒業したのかと思ったが、そうではないことがのちほどわかってくる。その年、一九五〇年（昭和二五年）入学は八回生になる。

深志高校の深志は地名だった。かつては松本城の近くに松本中学校（現深志高校）があった。そこから深志の名となり、松本城も深志城と呼ばれている。オウム真理教事件のサリン殺害が発生した深志という地名もこの近くだったということになる。

入試は一〇〇〇点満点で、噂では深志のトップは九二八点、下限は八二〇点くらいとのこと。ぼくは音楽や保健がよくなかったので八七〇点くらいしかとれなかった。

入学式は大きな講堂で執り行われ、校長は岡田甫先生だった。県でも立派な先生と目されているが、頭は禿げており、威厳のある校長と感じ取った。

美麻南小、中学校では六年間一クラス四七名で学校生活を送ってきた。

さらに遡行すれば、開拓団の学校は一年生一〇人、複式で一、二年生一クラス。また高地分校は小三、一一人だった。開拓団から高地分校三年の一年半は難民で、学校はなかった。ハルビンの街では二〇人くらいがストリートチルドレンの、学年を問わない一群だった。

いまや深志高校では五〇人、八学級、全校一二〇〇人となると、その物量的差異は大きかった。また一人ぼっちということは全身で受け止めたと思う。

そしてカルチャーギャップは当然だったし、そこからくる圧迫感と同時に誇りもあった。具体的に考えれば生活のちがい、言葉遣いの相違があった。先生はといえば、自信ありそうで人格者としての深みが感じとれた。

先生方の多くは戦中派だった。大戦の兵士の生き残りでもあった。口には出さなかったが、天皇制の下で圧迫をじっと我慢して、いまは晴れて教壇に立ち、自由と平和を味わっている世代だった。意欲あり、気力もあった。

後になってわかった安住敦さんの俳句「てんとむし一兵われの死なざりし」の意味が、ああ深志高校の先生たちのことだったのかと思った。

カルチャーショック

制服があったかどうかよく覚えていない。ぼくにとっては制服があるほうが経済的で暮らしやすかった。大学に入って友人に深志高校一年生時の写真を見せた。学校の登龍門（生徒通用門）で部の三、四人で並んでいるものだった。同級生斎藤君は、ぱっと見るや「黒岩これどうしたの？」と聞いてきた。見てみるとなるほど、ぼくだけ裸足であることがわかった。山猿を頭隠して尻隠さずになってしまった。

後の大学は医学部も含めて制服はなかったし、学帽もなくなっていた。ぼくは医学部を卒業するまで黒い学生服だった。クラスで四人くらいはそうだったと思う。経済的にも安上がりで下着が見えない利点もあった。

深志へはまず借間から駅まで一五分、大糸線の電車で松本から一つ手前の北松本へ約五〇分。下車してダラダラ坂を登って登龍門へ一五分。結局片道一時間半余を要

深志高校登竜門前にて、部の仲間と。卓夫素足（１年生）。山猿生活がまだ抜けていない

した。兄と一緒で自炊だった。兄が炊事をほとんどやってくれた。小さな円形のテーブルで食べた。鍋二つとコンロが一つ。燃料は炭を使った。後になって気付いたが五合庵の良寛さんのようだった。

大町から電車に乗る同校生は大町中学校からは五人でぼくを加えて六人だった。五人とて一人も顔見知りはいなかった。

ただぼくが中学三年の時か郡の英語スピーチ大会があり、ロビンソン・クルーソーの紙芝居を読んだことがある。その場で深志の仲間の誰かが見ていて覚えてくれていた。

大町のそのうちの一人は、黒っぽい丸顔で黒い額縁の眼鏡をかけ、歩いていても電車に乗っても、一時たりとも勉強を休むことはなかった。近づきがたい存在感があった。皆、一目も二目も置いていた。彼はそのまま東大の理Ⅰに合格した。もう一人は歌もおどりもできそうで、明るく語りかける身振りの大きい人だった。案の定学生会でも活躍した。

二カ月、三カ月と経つと、お互いに慣れてくる。誰しも勉強するという動かしがたい荷物を背負っているので同じ方向を向いていた。

六月に入るや深志の伝統的なコンパが開催された。誰ともなくムードメーカーやリーダーが現れてくるのだ。ぼくはこうしたコンパは初めてだった。深志のコンパは馬風飯（バフウメシ）が人気だった。馬風飯を皆で炊いて、屋上でバンカラ風にさわぐことだった。ぼくは自炊の経験者ということで、馬風飯を買ってでた。

　松本はいまでも馬刺しが有名だが、昔から馬肉には縁が深いらしい。山猿ランプ少年には動物性蛋白は魚を除けばウサギだった。ウサギは家で飼っていたのだが、春に子を数匹産む。これが本当に可愛いのだ。三匹くらいを選んで飼育するのだが、草をとって餌を与えるのは子どもの仕事だった。すくすくと大きくなって暮れには一貫目（三七五〇グラム）になった。一匹をわが家の食用に残してあとは売りさばき現金を稼ぐ。これが年取りのご馳走になった。しかし馬肉を食べた記憶はなかった。

　馬風飯は、馬肉を甘じょっぱく煮て炊いた米飯にまぶせばできあがる。これがうまいのって夢のようだった。日常が粗食であるが故になおさらのことだった。そして皆で肩を組んでうたったりおどりになる。一高の寮歌『嗚呼玉杯に花うけて』もうたった。

　馬風飯コンパが盛り上がってきた頃、一人の男子生徒がすっと立ち上がって歌をうたいはじめた。たしかうたう直前に、こうした歌こそみんなでうたいたいとの発言があった。高野英介君であることがわかった。

　〝命短し恋せよ乙女〟の一節で有名な『ゴンドラの唄』だった。ぼくは初めて聞いたが一瞬にして自分も心がゆさぶられた。

　〝朱き唇　褪せぬ間に
　熱き血潮の　冷えぬ間に
　明日の月日の　ないものを〟

こんな歌があったのか。ぼくらはいまからうたっていいのだろうか。いやうたっていいんだ。うたう権利があるんだと胸が高鳴った。そして、美麻村の黒のスラックスに黄色いセーターの少女を思い出した。三番の後半は、素晴らしい声が流れていった。二番、三番と

　〝君が柔手を　我が肩に
　ここに人目は　ないものを〟

彼の声は屋上から暗闇の夜へと消えていった。
下宿へ戻ったその夜は、興奮して眠れなかった。
『ゴンドラの唄』のショックは大きかった。
この歌で「山猿ランプ少年」は吹き飛ばされてしまったのか。こんなはずはなかった！　むしろ山猿も新しい世界へ飛び込む時がきたと覚醒させられた。
松本にはこんな生徒がいるんだと、山猿ランプ少年にとっては別世界に育った自分とは別の生きものにぶつかったような気持ちにもなった。

授業の新鮮さ

カルチャーはちがっても、授業は同じ教科書を使ってのことだった。共有する勉強の対象があった。

例えば国語は藤村の『夜明け前』の一部が教材になった。藤村の名は知っていたが、彼の作品の一部でも読んでいなかった。『夜明け前』は「木曽路はすべて山の中である」から始まる藤村の父をモデルにしたものだった。

ぼくがびっくりしたのは、美麻村はすべてが山の中で、その中心は滝壺で、滝壺を取り囲んだ深い山村だった。『夜明け前』はその主人公がその村にいて、日本という社会、風習や日常を思想的に語っているものだった。ものを考えるということが少しわかった。

ところでぼくが最も興味を懐いたのは日本史の小原元亨先生の授業だった。ぼくが入学説明に遅れてきた時に対応してくれた先生だった。小柄でいつも前髪が顔半分を覆うような恰好で、ときどき髪を振り上げてその瞬間に視線をチラッと教室の生徒になげかけるのはよくわかった。

戦後だから日本史には神話の時代はなかったし、明治以降はタブーだったのだろう。先生はいつもこだわりが強く話は進まなかった。教科書の頁の下の欄外にあることがテーマになった。例えば〝土一揆〟とか〝百姓一揆〟だった。ぼくは興味があってよく聞いていたが、小原先生の思想はよくわかる気がした。試験はたいてい「〇〇〇について書け」というものだったので、頭にあることを全部書くようになってしまい、六、七割で時間切れになった。しかし思ったより点数はもらっていた。権力に反抗する歴史を知って、ぼくのように国に棄てられて悲惨な目にあったことと同様ではないかと考えることができた。

小原先生も文学部で、学徒出陣の南方戦線から生きて還り、一九四六年に松本中学に就職した。一九四九年から深志高校になった。先生も日本という国は何たるかが身に浸みており、いまは自由の精神で教壇に立てる幸せを、日本史での民衆を語るのには、心中から発するものがあった。当時の一九五三年前後には、同じ立場で生き抜いてきた先生方が何人もいることがわかった。その後小原先生は校長になり、深志に在任中、六〇年安保反対の生徒のデモを支援していた。いまにして思えば在校中、小原先生と話をする機会をつくればよかったのに、できなかった自分を残念に思わざるをえない。ぼく自身が闘う当事者にならなければ不可能なことだった。

日々の勉強をしながら気持ちも落ち着いてくると、授業の先に受験といった得体のしれない巨大なものがあることもわかってきた。

クラスに竹内崇君という質問魔がいた。いつも最前列に座ってよく筆記しながら、ここぞの思うところを次々と質問してくれた。ぼくは新しい環境に慣れるまで大助かりだった。親友になっていまでも付き合っている。

ドイツ語の選択

ぼくは二年生になってからようやく「ひとりぼっち」から同級生にも馴染むことができるようになり、地学会の部活を通して友人ができてきた。一方、大町から自炊での通学はかなりのハンディキャップになっていたと思う。

深志高校は英語を第一外国語としたうえで、第二外国語にドイツ語とフランス語のどちらかをとることができた。これは大変ありがたく、意欲ある学生にとっては他の高校ではえがたい恩恵だった。

不勉強の英語より独語をやってみようと思った。この頃の中学生は、三年は英語は選択だった。選択しないと「農業」となり、やることは学校にたまった〝こやし〟を汲みとる仕事になっていた。

この件については刺激的なエピソードが生まれた。ドイツ語の先生は国井金熊先生といい、名も恐ろしいが、顔貌や声も厳めしく、上級生がビクビクしていたことも聞き及んでいた。

さて、最初の時間がやってきた。皆緊張して堅くなっていた。先生はツカツカと大股に教壇に登った。

机の前に立ったままクラス全員の様子を睨むようにグルっと見回してから、大きな声で最初の挨拶が終わった。その瞬間、最前列、先生からは首を伸ばして下を見下ろす席にいた日浦君が、こともあろうにドイツ語で語りかけたのだ。

全員は驚くやら、唖然として先生を見た。先生のほうがもっと驚いたかもしれない。先生は息をのみ込むや壇上の机から身を乗り出すように日浦君にやさしく話しかけた。ぼくにはどういうやりとりかもわからなかった。

これからドイツ語のアルファベット、ア、ヴェー、ツェーが始まるはずだった。教科書のドイツ文字は古いヒゲ文字だった。ぼくが深志にきて受けた最大のショックかもしれない。

しかしぼくはここで挫けはしなかった。「よし、ぼくも日浦君に負けずにやるぞ。やる気が出てくればすごくプラスになるな」と思い巡らした。

金熊先生は暗記させる主義だった。日本流教育は寺子屋といわれる塾で皆、漢籍を暗記させられた。ぼくは二週間に一回土日と家に帰った。大町から片道一時間半あるので、ドイツ語の教科書を手に持ちながら暗記の覚え込みは山道の時間に相応しかった。

当時は現代のように塾もなかったしITを使っての学習機器やプログラムもなかった。深志高校での浪人生はその気になれば学校の図書室が使えたし、先生を捕まえて質問もできた。

蛍雪（けいせつ）の時代

受験向け雑誌では『螢雪時代』への関心はあった。これも友人からちらっと見せてもらったくらいだった。しかし、ぼくにとっては蛍雪という世界が愛おしく思えた。自称「山猿ランプ少年」もそれに近い表現だ。

実際に雪あかりや螢の光で本を読めるわけではないが、信州の山村のランプ生活は冬も夏もそれに近かった。蛍雪のイメージはぼくにピッタリだった。

また睡眠時間が四時間なら合格、五時間以上はダメという「四当五落」という合言葉があったが、勉強の当落がその時間で単純に示されることは本質をついているのかもしれない。しかしぼくも他人と同じ方法で成功は難しい。何かアイデアがないか。そこで勉強する時間帯を変えてみようと思った。

人並の勉強ではダメではないかと考え、夜中にしてみた。夕食後八時に寝て、午前二時から朝までやってみようと思った。冬は寒い。こたつに入っているだけで毛布を被っていた。しかし万年筆（当時ボールペンはなかった）のインクが凍ってしまう。〝ハー〟と息をかけ溶けると書くということで、頭の働きも夜中には向いていない。あとでわかったが、大脳生理学でも夜中の勉強は無理とのことだった。

結局ふつうの時間帯になった。とすれば正攻法でいこう。受験科目はどうだろう。国、数（解析IとII）、独、理科は化学と地学、社会は日本史と世界史の八科目とした。ぼくはせっかちでいい加減なところがあるので、それは是正しよう。まずどの科も、とくに不得手な科目は基礎をしっかりやっておこう。五〇点とれればよいということにした。逆に得意な科目は、社会、理科も地学、化学はとれそうだ。すると四科目はなんとかなる。ドイツ語も噂によれば英語より点が取りやすい。国語は結構難しいが好きな科目。そして数学は解析ⅠとⅡが苦手となれば、基礎的なところで点を最大限拾わせてもらうことを戦略とした。

なんとか六〇〇点をとることが戦略として確定した。あとはコツコツやる。だから教科書中心で問題集一冊ずつあれば十分。また受験にも熱心な先生が多く、独自のプリントをつくってくれたし、受験用の特別講義もしてくれたので、これにはしっかりやろうと決心した。

将来何をしたいのか。医のほうが学としても文学や社会にも直結しており、人間性そのものをも対象化できる幅広い仕事になるから、やはり医学にしようと気持ちは大きく傾いてきた。

校内実力テスト（浪人希望者も受験）が二学期はじめにあった。だが結果がまだ思わしくなく、順位も一〇〇番以下で忘れてしまった。そして最後の実力テストが一一月にあった。まさにこれが決め手になる。いや、決め手になってしまうのだ。

ところが戦略の功があったのか、順位は一〇位内に入っていた。目をこすって確かめて〝やれやれ〟本当になんとかなりそうだと胸をなでおろした。残るはおまけみたいに二カ月の時間があるのだ。

しかしぼくは親との相談もできないままこの道しかないと覚悟した。

父や母への想いは相談する相手でもなかった。しかし父には相談すべきだったといまでは反省している。

自分は大学へ行く。そして自分で生きていく職を持つ。できれば家族や故郷の人たちに恩返しができる。〝卓夫くん頑張ってよかった〟のひと言がもらえるようになりたい。ここでは大きな志でもなかったのだ。

東大になぜこだわったのか

これには自然にそうなったといえる環境があった。と同時にぼくの意識、あるいは潜在的に心中に育っていたものが自分を駆り立てる大きな力になっていたのではと考えたい。

日本が一九四五年に敗北し、一五年を経て一九六〇年には戦後復興の時代になっていた。教育界も受験競争が大きな波になりつつあった。

信州もその風潮に襲われ、深志高校が県下一の受験成績を挙げており、東大一辺倒の気風がはっきりしていた。東大・東北大・信州大といった順列も決まっていた。全国的な学力テストは未熟だったが校内の実力テストで先を占えるものになっていた。一年生六月の実力テストでは二五番となり、上位にランクされた。しかし諸般の事情で高二では一〇〇番に下がっていた。

言い訳がないわけではない。兄と共同借間自炊で、往復三時間の電車通学だった。食糧事情は貧しく、栄養不足ではなかったか。それがやっと高三から松本市内に下宿し、三食付という食生活の顕著な改善があった。腹いっぱいになって勉強する時間が増やせた。この単純なことが力になったと思う。

またぼくの勉強法が的を射ていたと思う。一見性格とはちがうように見えるが、基礎をあせらず固めてきた。苦手はやむを得ないが得意な教科は確実に点がとれるようにやってきた。

高三の一一月の実力テストの成績で受験校を決めることになっていた。自然にそうなったと思う。その一一月のテストで校内一〇番以内であれば東大受験可というのが暗黙の風習だった。

この風潮は強力な表の流れに則したものだった。そこで東大にこだわった心情を改めて考えてみたい。同時に自分の人生は何を目標に何をするかが最も大切であることはわかっていた。

もう一つ、ぼくの心底に小学校二年、満州から避難して棄民、難民となり、死なないで帰国した。そして中三まで「山猿ランプ少年」だった。

また父も母の遺言で小学校卒業のまま満州帝国の医師になりながら敗戦によってその資格は無になり、帰国して家も土地も職もなく山村共同体に放置されたままになったが、五八歳で資格をとった。

ぼくには、こうした負の遺産ともいえる重い使命があった。

東大を目指し、学歴による力も武器にして、国の権力に負けない力を持ちたいとの気持ちもあった。この使命に挑戦せざるを得ない心情になっていたと思う。「医師になればよい」では小さすぎる志になってしまう。しかし使命は青春であり人生は賭けでもあった。そこから東大にこだわり、さらに医学部にこだわるようになったと思う。ぼくはいまになってそう思えるようになってきた。

そして高校・大学は真直ぐ登りつめた。このエネルギーはどこから出たのか、これは東大だからエネルギーが出たのではない。山猿少年の生活から自然との共生によって育まれたものだ。

この量的なエネルギーは医学生になってから質的変化に転化した。それは学生運動への自覚と、異界の女性北大路秩子との遭遇によってぼくは自己革命を促された。打ち上げ花火に似て、真直ぐに夜空に火の玉となって打ち上げられ天空に花を咲かせるイメージを描いたのかもしれない。東大に入ればなんとかなるの考えはほとんど意味がないこともわかってきた。

理科Ⅱ類をめざして

志望校を正式に決めた。第一志望は東京大学教養学部理科二類（一期校）、第二志望は東京医科歯科大学医学部（二期校）となった。

当時公立の医学部は、東京では東大と医科歯科大しかなく、関東圏に広げても千葉大医学部と横浜市立大医学部だけだった。東大と医科歯科大二校といってもⅠ期Ⅱ期として両方を受けることができるので、二期校の競争率が減るわけではない。

さらに医科歯科は当時、公募も四〇人だったので倍率は三〇～五〇倍になっていた。

東大は一次と二次があり、一次は六倍で足切りするので、これも加えると三回の試験をパスしなければならない。この時点でぼくははっきり認識していなかったが、医学部は教養課程理Ⅱから二年後の医学部進学試験（全国公募）をパスしなければならないことが後にわかった。

さて、東京というところへの受験であれ出掛けることは、大きな生活改革がつきものだった。まず一〇月頃に床屋に行く。丸坊主を長髪に格上げする。腕時計は兄から借りた。革靴もそろえた。頭のてっぺんから足まで変身するのだ。これまでの丸刈りは家に帰った時母にやってもらった。バリカンの切れ味も悪く、痛さをこらえているが涙が出るほどだった。足はゴム草履、長靴、そして運動靴と称する布製の靴。それに通学には下駄もはいた。黒に金ボタンの外套（がいとう）もあった。昔の高校生らしい服装はあったのだ。貧乏生徒でもこう身なりをそろえると、試験がダメだったといってしょんぼり帰ってくるわけにもいかないのだ。大変なことになったと思わざるをえなかった。

二次（本試験）は本郷だった。試験場の教室に入った。四〇人くらいの受験生がいた。全体を見まわした。四〇人とすれば、そのうちの六分の一、六、七人が合格すると思うと、他人が皆優秀に見えて緊張した。二日間で終了した。苦手の数学がメチャクチャに難しかった。それ以外は意外に手応えがあった。学校へ帰ると皆数学が難しかったと言う。天才的に数学ができたM君も難しかったとのこと、へんなところで少し肩が楽になった。

東京医科歯科大学

意地悪いことに東大の合格発表の日が、医科歯科大受験の第一日目だった。わざわざ結果を見にいくわけにもならないので、二日目も市川（東京医科歯科大国府台分校）まで出かけた。午前の部が終わって教室の外に出たら、同じく東大を受けた深志の葦沢君にばったりぶつかった。おとなしい人柄でふだん話をしたこともなかった。その葦沢君が何ごともなかったかのように、ぼくに「黒岩君も受かっていたよ」と教えてくれた。ぼくはカーと血が頭にのぼる気がしたが、懸命に心を鎮めながら「本当！誰かに見てもらったの？」「うん、友達に」葦沢君はからかったり、嘘を言うことはない。「ありがとう」とひと言して、そそくさとその場を離れた。人生の使命の結果をこんなふうに知らされるとは思ってもいなかった。

気が落ち着くまで建物の裏の木陰に隠れるようにして立っていた。全身がふるえていた。手もふるえている。かつても若栗峰での父とまったく同じ衝撃に全身で受け止めていることがわかった。どうしたらいいのか！そうだ、午後の受験は放棄してもよいのだ。しかし医師になることを優先すれば、もし受かれば医科歯科を選べば良い。やっぱりちゃんと受けようと気を取り直して夕方に終わった。

その足で発表のある駒場へ出かけた。発表は受験番号だった。番号だけでなく発表名のある東大新聞を一部買い、夜行列車で松本へ向かった。家族へは一次試験合格時に前払いしておいた「サクラサク」の電報が着いているはずだった。

また長野の信子姉のところでは、夜間に短波放送を聞いてわかったという。夜行列車は早朝に松本駅に着いた。列車の中では通路の床に座ったり寝転んだり、しかし発表の新聞で自分の名前を何度も確かめて感慨にふけって、眠れたかどうか覚えていない。当時は夜行列車の隙間を埋めるように寝転がるのは、当たり前だった。

父母は美麻村の隣りの八坂村にいたので、昼前には到着した。兄も帰っていて、皆で祝ってくれた。

翌日の昼間、父はぼくのためにお祝いの宴会を八坂村の医師住宅でやってくれた。父の実家、父の兄静男さんの後継者次男の竹村昭人さんも招待しての宴になった。

酒もでた。こんな宴会そのものがぼくにとっては初めてだった。

父は初めて祝い歌をうたってくれた。それがどんな歌かは覚えていないのだ。親孝行にはなった。この時父が正式に日本の医者になった（ぼくが高校一年の秋）ことも祝うべきだった。しかし誰も気付く者はいなかった。本当に父に申し訳なかった。

結局この年に深志から東大に合格したのは現役一一名だった。全体では二五～三〇人の間だったと思う。ぼくはこの一一名の一人になれた。自分に運がよかったと言い聞かせつつも歓びは抑えがたいものだった。理Ⅰ三人、理Ⅱが三人、文Ⅰが五人、文Ⅱが〇で一一名になる。

あれっと思ったのは、理Ⅱ三人はぼくが美麻村、井口君社村（やしろ）（現大町市）、芹沢君麻積村（おみ）と、三人とも辺地山村出身だった。松本市からはゼロだった。このうち二人が医学部へ進んだ。

受験劇のフィナーレにもう一つの山があった。二期校の東京医科歯科大学だった。

ところで結果はどうだったのか。不思議に合格したのだ。合格はまったく予想していなかった。勝手に合格してしまったと思った。たしかに苦手の数学が、幾何学で解けば簡単であることがわかり、ほっとしていた。他の科も難しかったとは思えなかったので、その結果が出たということになる。

理Ⅱは医学部にそのまま進学できるものではない。一方、医科歯科大に入学すれば医学コースが確定できる。このことはよくわかっていた。

結局ぼくは東大を選び、医科歯科大を捨て、この時点での医学部は断念することになった。しかし人生上は危険な判断だった。今後の、医師になれない可能性のほうがはるかに大きかったからだ。

第六章　Z旗を掲げて覚悟の医学部へ

駒場学生寮への失望

四月一二日が入学式だった。ぼくには母が来てくれた。式場は本郷の時計台の安田講堂だった。学長は矢内原忠雄先生だった。どんな式辞をしてくれたかはまったく覚えていない。噂に聞く立派な先生、日本の軍国主義を批判して教職を辞したこと、クリスチャンであることぐらいしか予備知識はなかった。

式が終わって母とキャンパス内を歩いた。人また人は華やかにみえた。母は角帽を買ってくれた。東大のマーク、イチョウの葉二枚でデザインされた徽章を買って帽子につけた。頭にかぶってみたが座りが悪かった。角帽はすでに過去のものになっていたのだが、母は喜んでくれた。考えてみれば「山猿ランプ少年」から三年が経っていたが、この三年間が、まるでマジックボックスで何が飛び出すかわからないそんな気分で、勉強にかける能力といえば集中力あたりではなかったか。

母と二人でキャンパスの反対側、不忍池をめざした参道には出店も二、三軒あった。池を抜けると上野の山で、当時は桜が満開だった。桜のトンネルのような気分になったが、上を見ると青い空に桜の花がいっぱいに広がり、花に埋め込まれているように思えた。

一年と二年生は教養学部と称しキャンパスは駒場（目黒区）だった。目黒区になるが渋谷から井の頭線で二つ目の駅、「東大前」に直結していた。雨露をしのぐのは有名な駒場寮に入ることができ、新生活の体制はできた。

しかし駒場のキャンパスは、樹木がまだ小さく全体が明るかった。いまとは大きくちがう。この明るさは、ぼくにとってはつかみどころがなく、寄るすべもなく、居場所としての安定性はなく、不安の象徴でもあった。

昼休みになると、三々五々学生がたむろして芝生に腰をおろして昼食をとる者や、ただ井戸端会議みたいに立話をしている者たちがのどかにみえた。特に目立ったのは、手づくりの壇上に二、三人が立って、アコーディオンを奏でながら、学生に呼びかけて歌をうたうグループだった。当時全国隅々まで流行していた「うたごえ運動」のキャンパス版であった。

なぜか貧乏は続いていた。父はまがりなりにも医者になったのだから、もっとお金を用意してもよかったといまは思う。

入学当時は家庭教師などのバイトもしていなかったから、家からもらうお金がすべてだった。寮は二食が付いたが昼は自前だった。大抵はコッペパン一つと牛乳一本で計三〇円くらいだった。学生食堂では定食があり、Aが八〇円くらい、Cが一二〇円でAにありつけるのはまれだった。近くの食堂「ダイソー」が有名な店であった。駒場の〝ダイソー〟は大きなソーセージの意味で、大きなソーセージ一本とご飯で、このソーセージに魅力があった。

ぼくは駒場寮の入寮が許可され、まずはほっとした。旧一高寮歌『嗚呼玉杯に花うけて』にうたわれている駒場寮だ。五寮のうち〝明寮〟に決まった。一部屋は薄暗くて汚い感じで、ベッド一つとミカン箱とカーテンに囲まれて暮らしていた。へんなところから夢は壊れてきた。友達もできそうもなく〝こんなはずじゃなかった〟と失望感に襲われた。

ぼくの頭には、駒場寮は『嗚呼玉杯に花うけて』そのものであり、明治時代、近代化、西欧化のエリートとしての歌だった。友と桜の木の下で、緑色の石でつくった玉杯（中国文士の好む玉製の盃）で酌み交わす酒に桜の花びらが舞い落ちて、酒杯に浮かぶといったものだった。駒場寮はその明治のロマンの城だった。

理Ⅱは四七〇人くらいだったと思う。クラス編成があったが、一組が独語既習者で一一人だった。入試は独語だけでなく一部英語を取り込んだ受験者も既習者として、この両者で一一人ということだった。

当時、高校で英語以外の外国語を正規の単位として授業をしていたところは、公立では松本深志高校で独、仏が選択できた。私立高校では東京の私立武蔵高校、学習院高校くらいだった。したがって学生の出身校は、武蔵三、学習院二、松本深志二で、あとは個人的に勉強した者で一一人になる。

担任は山下肇先生で独文の助教授で『シュバイツァー』を教材とした。当時『駒場・大学の青春』がベストセラーで、その著者でもあり、『きけ　わだつみのこえ』事務局のまとめ役でもあった。

ぼくは『きけ　わだつみのこえ』は読んでいなかった。はるか後になってその手記者一番目が、安曇野出身で松本中学から慶応大学に進学した上原良司さんであることがわかった。彼は遺言で母と恋人に「自由主義者がこの世から一人居なくなる」と訴えて、特攻隊員として沖縄の海に消えていった。

親友・斎藤寿一君

ある日学食の部屋（半地下）で牛乳を飲もうとしていたら、同じクラスの斎藤君から声がかかった。彼が学習院卒ということは知っていた。太り気味の体格で親切そうだとは見ていたが、二人で話すのは初めてだった。お互いに自己紹介する形になった。彼が話をリードしてくれて助かった。「山猿ランプ少年」だからというわけではないが、都会人との話は、何かどこか合わないことがあり、自分の気持ちなど、どう伝えたらよいか、時には信州の〝ずら弁〟も出てくるので、言葉がうまく出てこなかった。

しかし斎藤君とは抵抗なく言葉も出てきてほっとした。そして貴重な友達になることができた。

間もなく、斎藤君の家へ夕食の招待を受けた。洋風の家で、門構えや植え込みも洒落ていた。山猿ランプ少年からみれば別世界だった。テーブルにはナイフとフォークが並んでいた。かしこまって椅子に座るまではよかったが、さて食事となると、初めてのナイフ・フォークなので手が震えた。肉をナイフで切ろうとした時、手が滑ってフォークを下に落としてしまい、チャリーンと音をたてた。お母さんが「あら、どうなさいました」とすぐ拾ってくれたが、汗顔のいたりで、初めてなのでと言い訳をさせてもらった。

授業は時間割をみて何があるかがわかった。面白かったのは化学や生物の実験だった。また自分の好きな歴史関係だった。第一外国語は英語だったが、高校ではドイツ語を主としたので、結構予習など時間を要した。

生物実験では大きなガマガエルを解剖した。カエルは遊び道具にして殺したりしたが、解剖という考えで見たことはなかった。化学実験も発色で物質を分析することなどはあれっと思いながら面白かった。

それでもクラスメイトとはハイキングや冬はスキーに出かけた。やはり山へ行くことは、自分のふるさと、心

コラム

大学の親友よりの礼状

「暑さ厳しい毎日が続いています。貴兄の御活躍は『もえぎ』で拝見しています。御地の鮭有難う。美味しく賞味しています。小生四月には米寿となり足取りもおぼつかなく……リハビリに通っています。まずまず家内共々元気です」

青春に湧く時節、まだ「山猿」を背負っているぼくを斎藤寿一君御家族が快く受け入れてくれた。

二〇二四年中元の礼状から

に響くものがあり、なるべく参加することにした。

駒場寮は半年もいたが我慢できず、兄も東京にいたので一緒に間借りして自炊でやろうということになった。近くに一部屋を借りた。ここでもままごとみたいだったが、考えてみれば、また間借り自炊に逆戻りしてしまった。それでも寮にいるよりはるかに明るく、好きな生活になんとかなった。

朝ごはんは決まっていた。納豆やがんもどきなど売りにくる青年がいた。がんもどきを一つ買って、これを甘じょっぱく味付けして、半分ずつを唯一のおかずとして食べた。

しかし考えてみれば貧乏生活は変わらず、二人で布団一組しかなかった。鍋は二つで間に合わせた。大町にいた頃は信子姉さんの差し入れがあったが、東京ではなかった。

一年半近くなると、半年後の進学振り分けが話題になってきた。しかしここでも自分の意志だけで「医学部」と決めてしまったのだ、医学部は進学試験に合格しなければならなかった。

ロシア語を自主受講

教養二年間は楽しいことはあまりなかった。何かにチャレンジする余裕もなかった。学生運動では砂川闘争のデモに一回参加したが、それだけだった。

むしろ学外の文化的なことにぶつかる経験が面白かった。たとえば斎藤寿一君の家は洋風で庭木の中にあり、家風は芸術家で、お祖父さんが画家だった。お母さんは学習院出で皇族のお友達とか文化的・都市的な刺激のほうが大きかった。

同じくクラスの瀬川昌也君の家は、代々小児科で皇族のご典医を務めていた。瀬川邸は純日本庭園で苔庭は文化財だった。クラスが招待されるやお母さんが素晴らしい料理でもてなしてくれた。

おそらく自分で考えてのチャレンジはロシア語だった。自由選択なので趣味的でもよかった。ぼくは満州で難民となって、ひどい目にあったロシア（ソ連）とはどんな国なのかを垣間見たい好奇心からだったが、学習は本気になった。

若い講師はていねいに教えてくれた。ドイツ語は四格、ロシア語は六格と言葉の骨格がちがった。深志のドイツ語の金熊先生はおっかないほど発声にも気合いの入った授業だったが、ロシア語は若いやさしい先生だった。ロシア語は医学部に入っても勉強を続けたが、サークルの「ソ医研」（ソビエト医学研究会）では存在感はあった。それでも卒業論文で血清学だけロシア語雑誌を読んでリポートをつくった。これもソ医研の先輩に教わりながらだった。

この頃の日本はアメリカ文化の大津波を受けながらも、ロシア語やロシア民謡の喫茶店なりも根強い人気があった。

一方新しい戦後の文化やアメリカを信俸する新しい青年たちの文化が生まれ、「太陽族」に代表されるように注目を集め、全学連中心の左翼思想に対しては右から若者の心をつかんでいった。

また学問的な新潮流としては、教養学部に新設されて目玉商品になった国際的な講座、国際関係学やアメリカ学など人気があった。これも戦後日本の反省からの改革の一環だった。

Ｚ旗を掲げて覚悟の医学部へ

教養の一年半は瞬く間に過ぎた。

一年半の成績を基準として進学志望科を決めるのだ。理科Ⅱ類からは医・薬・農、理生物系の諸専門分野と教養学科（科学史、科学哲学など）へ進学する。その時の可否は、定数オーバーの場合は成績順で決められるということだった。医学部だけは特別だった。

ぼくはこうした大学の進学方法をよく理解していなかった。不思議に教養課程独語既習一〇人の小クラスでも話題にならなかった。医学部進学は進学試験があることもわかってきたが、それがどれほど難しいのか、選抜試験の構造もよくわかっていなかった。

医学部進学志望を提出してからわかってきた。医学部定員は八〇名。志望者でまず上位四〇人がＸ組に優先権があり、ついで医学部受験で落ちても二次志望進学を認められる者をY組（四〇人）、落ちたら東大退学になる者をZ組と決められていた。さらに受験者はすでに医学部進学に落ちて浪人の身分（医退と呼ばれていた）で受ける者と全国から規定の単位を取っていれば誰でも入学試験を受けられた。

こうした雑多なキャリアの学生が八〇の枠を争うことになる。ぼくはZ組だった。Z組で一体どのくらい受かるのか、何もわからなかった。全体でもどのくらいの倍率になるかもわからなかった。

しかし捨て身の気持ちで挑戦することになった。後ろを向いてはいられない。落ちれば東大退学、ただの青年で医退になるのだ。

理Ⅱ一組一一人のうち医学部志望した者は五人、一人は他大学医学部へ、一人は留年となり、ぼくと親友斎藤君ともう一人の三人が受験した。斎藤君ともう一人は優秀だったのでX組だった。ぼくはZ旗を掲げての大博打になってしまった。

戦後民主主義は、表面的な教養主義、平等主義でもあった。受験科目にそれが色濃く残っていた。このことはぼくにとっては有利だった。

試験科目は、国語、英語、第二外国語（ぼくは独語）、数学、理科二科目、社会の八科目だったと思う。理科は生物と化学をとった。生物は高校で取らなかったので初めての学科だった。

記憶に残っているのは、英語の読解文がオーストラリアに棲息するコアラを主題にしたものだった。どういうわけか試験の前に斎藤君の提案で一緒に読んだ文がコアラを題材にしたものだった。ぼくは初めてコアラという動物がユーカリの葉を食べていることを知った。事前知識はまったくなかったので大変助かった。

一方生物の中の一問は、昆虫の胴の横断図を描けというものだった。昆虫は毎日のように殺したり、捕まえて遊んだ経験はあるが、意識的に昆虫の体の横断面を見たことはなかった。しかし想像をたくましくしなんとか描きあげた。冷や汗ものだった。

予想外に数学の出来がよかった。これも意外だった。大問題の一つを少しながめていると数式で解くより幾何で解くほうが簡単とわかり、確実に正解ができた。これも運がよかったとしかいえない。社会や国語やドイツ語は良くできたと思う。こんな出たとこ勝負をなんとかまとめて合格したと思うが、運の良さをありがたがるほうが妥当だろう。

友情と合格発表

合格発表の日、結果を斎藤君と一緒に見にいこうとしていた。しかし後で気がついたことだが、斎藤君からすれば親友である故につらい思いをしていたのだ。それに比べ秀でＸ組の斎藤君は落ちるわけがなかった。成績優てぼくが合格する可能性は小さかった。そんな友達と一緒に結果を見にいきたくなかったと思う。しかしぼくはそこまで考えていなかった。彼は発表を見にいく時間を遅らせた。そして同級生（おそらく瀬川君か）に当落を事前に聞く算段をとった。そこで彼は電話して聞いたと思う。その情報は自分も受かり、黒岩も受かっていたというものだった。彼は喜び、興奮したままぼくの下宿へ飛んできた。

ぼくの姿をみると、「黒岩も受かっていたよ」といきなりぼくに抱きつき頬に接吻（せっぷん）をした。接吻は頬に受けたが、びっくりして顔をそむけるようにしてしまった。抱き合うといった経験もなかった。友人から接吻など予見すべくもなく、狼狽してしまった。申し訳なかったと思う。

斉藤君は真剣にぼくのことを思っていてくれたのだ。お母さんのアドバイスもあったと思う。

この時、高校の友人がぼくのアパートにきていた。彼は文Ⅱを二浪してのこと、やはり落ちるわけにはいかない。ぼくの合格の情報は彼の発表より少し早かった。大喜びしたあと、彼がいることにふっと気付いた。「ごめん、先に受かって喜んじゃったね」と謝った。その後、彼も合格がわかってほっとした。

本当に二人はうれしかった。よし合格を自分の目で見にいこう、と渋谷から地下鉄銀座線に乗り、乗り換えて本郷三丁目へ。そこから歩いて一〇分で赤門へ。二人とも堂々と赤門から入った。まさに今日が本当に東大生になったのだと自分に言い聞かせながら。

この日から五年前までぼくは〝山猿ランプ少年〟だった。「山の神」に手を合わせ、淡い恋心の黄色いセーターの少女に別れを告げた時でもあった。そして松本深志高校の三年間、ついで東大教養課程の二年間、いったいこの五年間、自分は何を見、何を聞き、何を学び、何を得たのだろうか。頭の中は混乱した。

祖国に捨てられた者、捨てなければならない故郷を背負い、家族や友人、故郷の少なからぬ人たちの期待に押しつぶされそうになりながら、黙々と歩んできたのか。

東京大学赤門

恋心も密かに封印し、想いをもてあまし、いまは勉強に立ち向かう以外に道はないと、蛍雪を使命の友として歩いてきた。

赤門をくぐると真直ぐ正面に、医学部本館の赤レンガの立派な姿があった。合格発表告示の、氏名の記入された一枚の紙は玄関右脇の小さな掲示板に貼ってあった。受験番号と名前が几帳面に活字でアイウエオ順に並んでいた。この事務的に小さな紙に八七名を何ごともなかったように貼りだした一人の事務の人は、一体どんな人なのかと考えてしまう。どういうわけか名前に黒の字が目立った。黒岩、黒川、黒沢、黒田と目に飛び込んできた。確かに自分の名前があった。医学部は一九五八年度の入学生八七名を受け入れた。

後になって興味本位で吟味したのだが、医学部合格八七名でそのうち高校から、三つの試験にストレートで合格した者は一六人いた。全国医学部合格は三七〇〇人くらいだから、ぼくは三七〇〇人中一六人以内に入ったことになる。もちろん我流の計算だ。

斎藤君と二人で赤門をくぐった時の気持ちは、なんといってもまず身体が軽くなった。どこへでも浮かんで飛んでいけるような感覚だった。ああこれが〝自由〟ということだなと思った。

二〇歳で医学生になったぼくは、生きていく展望を獲得し、誰からも束縛されない自由を獲得した。頂きからどちらに降下しても自分の意思なんだ。自分への自信も生まれてきた。学生運動への意識も自由から生まれたものだった。識者によれば「人間の創造的な意志力」は自由を前提とするといわれている。

学びの頂点に到達した歓びは山の頂きに達した解放感を伴い、〝自由とは〟の感覚を全身で味わえたことだった。

ところで、一九五八年（昭和三三年）の東大医学部合格者の内訳は、教養在籍からは、Ｘ組から三五人（五人不合格）、Ｙ組から五人、Ｘ組からも五人が合格したとのこと。したがって、理Ⅱ教養二年生から四五人、あと四二人は浪人中と他の大学からの合格者（二、三人）ということになる。

こうした受験事情だから、いまの理Ⅲとは大ちがいで、皆自由人のように見えて年令幅も大きく、自分の人生を紆余曲折しながら医学部の門をくぐった人たちもいる。中には社会活動で遅れた者、別大学卒業者には、音大出の人もいると多彩だった。二〇歳のぼくからみれば、お兄さんであったり、社会人のように見える人も少なくなかった。ただし女性は二人しかいなかった。

ぼくの人生に、Ｚ旗を掲げることはこの日をもって終了とした。ぼくはこれからどんな旗を掲げることができるかが新たなテーマになった。

第七章　北大路秩子（ちづこ）　異次元の女子学生

日本の政治への疑問をいだく

あわただしく一九六〇年（昭和三五年）の年が明けた。医学部二年生から三年生になる年だ。

学生運動仲間は石井暎禧（えいき）を中心に五、六人が結集した。このグループは「社学同」（社会主義学生同盟）を医学部につくることになり、自然に上部組織になるブント（共産主義者同盟）をもその存在を認識するようになっていた。またその後二級下の新入生には活動家が大きな力になった。なおそのつながりを「ソ医研」の活動が担っていた。

一九六〇年一月一五日〜一六日、闘争は実に目的がはっきりしていた。安保条約の改訂調印のために岸信介首相が一月一六日羽田空港を出発することを実力で阻止するものだった。

そもそも「安保」というのは日米軍事同盟条約で、戦争を前提に米国との関係を定めたものだった。一九六〇年とは、大戦に敗れて一五年だが、すでに日本は東南アジアへ経済だけでなく、政治的にも羽ばたきたい、の志向をもっていたのだ。

全学連に結集する数百名の学生は昼から空港ロビーに座り込んでいた。

岸信介は戦犯であり巣鴨から蘇った人物であり、その人物がまた日本の無謀・無責任な戦争を準備する条約改訂を主導することは、日本人なら誰でも許せなかった。

当時学生運動に結集する仲間たちは、戦後一五年にして早くも日本が東南アジアへの帝国主義から進出を目論んでいることや、米国に従属した関係を改め米国と対等の立場へと歩み出す第一歩である条約改訂を〝再び戦争で若者の血を流すな〟の合言葉に擬集して闘うことができた。親や祖父から、まだ乾ききっていない血の臭いを思い出しているのだ。

岸信介の血縁は戦争家系だった。二〇二三年まで辿ってみれば、吉田茂から岸信介、麻生一族、安倍晋三。そして血縁こそないが、その流れの後継者と公言し、そのように振る舞う岸田文雄まで「戦争家系」は歴然である。

その元祖・岸信介へストップをかける闘いであり、前日夕方までには、全学連は中心部隊数百人を空港内に送り込んでいた。岸の野望は改憲だったのだ。結果は総辞職にはなったが、次の池田内閣にその志は継いでもらえなかった。

全学連も主流派と反主流派に別れており、どちらも学生組織を主力部隊として運動を組織化していた。主流派はニューレフトだが社学同（社会主義学生同盟）であり、ブントであり、反主流派は民青であり、日本共産党だった。ブントは一九五八年一二月に、日本共産党の東大細胞を割って新しい流れをつくったものであり、五八年四月には全学連委員長に若い北海道大学生の唐牛（かろうじ）健太郎を擁して勢いをつけていた。

ブントは「搾取・貧困・抑圧・服従の絶滅と人間の真の解放を意味する世界共産主義革命」を目指し、スターリン主義との訣別を宣言している。

この時この政局に一・一六羽田闘争が組まれていた。当時全学連主流派はこの先頭に立って、政治目標を達成し、新しい党の成長を託していた。

岸訪米阻止　羽田闘争　60・1・16

前日の一月一五日の夜は小雨で東京は寒かった。ぼくは茶色のオーバーを着て、手ぬぐいで田舎のやり方でほっかぶりをしている奇妙な姿だった。そして、こうした目的のはっきりした大きな闘争に参加するのは初めてだった。また武器も何も持たない素手の闘いと心得るべきものだった。

それには自分の生涯、満州開拓団、戦争、棄民、難民、弟と妹の死、そして故郷のある国へ引き揚げた体験が思想の根にあった。ぼくにとって学生運動は国家の権力や暴力、権威への反抗でもあり、さらに思想の左右を問うまでもなくソ連に君臨する独裁者スターリンへの反撥であり、これも許せないことだった。

空港外でのデモは機動隊との小競り合いに時間を費やしていた。時にはデモ隊が機動隊の隊列へ突っ込んで機動隊に巻き込まれ、痛い目に遭うたびに相手を罵倒するといった場面が大部分だった。

朝方になり、東の空がほのかに明るくなる頃、雨もやみ、デモ隊も一息いれた時、右腕を組んでいる学生が女性だと気付いた。いままで大声で叫んでいた自分が、何かそぐわない存在に思えた。

彼女の方から声がかかった。「あなたどこから来たの？」に対し、まじめに「東大です」と答えた。

その答えに彼女は「あら、田舎から出てきて、デモに慣れない学生かと思っていたのに意外だった」と思ったことを後で知らされた。

しかし彼女は「生まれ育ちが信州の山の奥からきた学生」に興味をいだき、話が進み、何やらフレンドリーな空気になってきた。ぼくから話しかけなくても彼女から話題を提供してくれた。

彼女は「私は東大教養学部二年理科Ⅰ類です」と自己紹介をした。

ぼくは医学部であることを伝えた。朝になるや岸を乗せた飛行機は逃げるように離陸したことがわかった。同時に空港内に座り込んだ学生の大半が検挙され空港は開放された。外部のデモも解散となり、雨に濡れた学生は散っていった。二人は話がはずみ次回のデートまで決まった。

一・二六闘争のデモで知り合い、結婚し、生涯妻になる女性とは夢にも思わなかった。

しかしデートを決めた頃はまだうす暗く、女性の顔はよくわからなかった。場所は本郷通り東大前にある「白十字」というレストランで、デートは医学部にきて初めてのことだった。

ＹＭＣＡ寮の仲間たち

駒場を卒業して医学部の進学が決まり、少々余裕ができ、また兄も卒業したので、居をどこに定めるか、バイトも探さねばと思いを巡らしていた。

たまたま一緒になった深志の一年先輩で有名な田中知事のあとピンチヒッターのように長野県知事も務めた村井仁さん文Ⅰ（法学部）が、「黒岩君、ＹＭＣＡの寮があるよ、クリスチャンか教会に通っていることが入寮の条件だけどね」と耳よりの情報をくれた。さらに個室で二食付きで一カ月五千円だという。これを聞いて、〝え！ほんとなの〟とびっくりし、ＹＭＣＡの寮に入ろうと策をめぐらした。また彼はこちらの気持ちを察してか教会なら赤岩栄牧師の上原教会がよいと教えてくれた。

彼がぼくのことをどう思っていたかわからない。深志時代も駒場時代もほとんどつき合っていなかった。とすればぼくは山村の出身の後輩でお金もないだろうぐらいの情報をもって、親切心からアドバイスをくれたのでは。

さっそく上原教会へ行ってみた。教会というところへ行くのは生まれて初めてだった。キリスト教といってもアーメンぐらいしかわからず、歴史教科書でみるか、小説に出てくる程度の知識しかなかった。

おそるおそる中に入れてもらい椅子に目立たないように静かに座って説教を待った。赤岩牧師がツカツカと高目の壇に登るや話をはじめた。讃美歌をうたったかどうか覚えていないが、ある聖書の一節をとらえて説教が展開されるが、噂の通り、当時哲学の世界でも実存主義が論じられており、赤岩さんは実存主義をわかっている牧師だった。話を聞けば浅学の自分にもわかるものだった。戦後、赤岩牧師は赤い牧師などと言われていたらしい。クリスチャンの一人として、大戦に教えを曲げたキリスト教会への鋭い批判をして。

家庭教師のバイトは中学一年生の男の子で週二回五千円と決まった。このバイトでＹＭＣＡの寮費（生活費）をまかなえることになった。

おまけに子どものお母さんはとてもやさしく、気持ちのわかる素敵な方だった。お互いに気に入ってしまった。ぼくはデモなどしていたから、身だしなみもよくなかった。お母さんは浦和の女学校を出ていた。見かねてか、シャワー、入浴も気遣ってくれた。ときどき夕ご飯もついた。お酒一本とまで。あっという間にぼくは〝母親〟ができたように身にしみた。その心遣いに報いるにはほど遠く、子どもの学力は難しかった。申し訳ない。

丸山きよさんその人で昨年一〇二歳で永眠した。ぼくにとってはなくてはならない人だった。ただ感謝するのみだった。

寮の中にも学部のちがう友達ができた。まもなくどこで誰が思いついたかわからないがドイツ語で『資本論』を読もうということになった。

おそらく集った全員（四、五人）にとって無理な話だった。そんな語学力はなかった。ぼくなどは深志で二年間、受験ドイツ語を学んだのでまだ良い方だった。そこで仲間のＭ君が後に朝日新聞記者になった語学に堪能な女性のＨさんを仲間に引き入れた。読解してもらえるということで、なんとかチューターがそろい、少しずつページはめくられた。秩子も教養でドイツ語をとっていると言っていたが、そんな素ぶりはなかった。しかし政治の新たな流れが動きはじめた。安保改訂反対闘争と九州の三池闘争だった。

向坂逸郎先生と三池闘争

六〇年三月に入るや安保闘争も大きな節目を控えていたが、三池闘争はその勝敗が緊急の事態になっていた。ＹＭＣＡに出入りする仲間から誰ともなく三池に行きたいという声があがった。ぼくも秩子もそもそも労働者の闘いはよくわからなかった。そもそも労働者というものを見たことがなかった。マルクスの付属物として頭に入っただけだった。

そうだ、勉強にも応援になるから行こうという声が大きくなった。おまけに『筑豊のこどもたち』という土門拳の写真集がベストセラーになっていた。

三池闘争への応援は、実質的には自分の勉強をすることだったと思うが、世紀を画する闘いであり、日本の全資本と全労働との歴史的な闘いであり、一方日米安保条約改訂は日本の戦後の政治スケジュールでは大前提になっていた。保守政権にとっては国の存亡をかける戦後最大政治課題と労働組合の存亡が賭けられたプロレタリアートとブルジョアジーにとって、負けることができない政治局面でもあった。

しかもこの三池闘争は、階級闘争でのプロレタリアートそのものの闘いの最後になったといわれている。この闘いをもって、日本での〝プロレタリアート〟はその歴史的使命は終わったのだ。

一行五人は福岡に立ち寄った。実は仲間のつてで『資本論』の翻訳者、向坂逸郎先生にお会いすることができた。九州大学の先生の研究室に案内された。先生はこの三池闘争の最高幹部で指導者だった。六人は緊張して先生を取り囲むように息をのんだ。ぼくには「君はまだ医学の勉強中だから、しっかり勉強してから、闘争に参加したまえ」と人生のアドバイスとも思えるお言葉をいただいた。のちほどわかったことだが、『資本論』全一二巻を日本語でも読んだ者は、一行の中で北大路秩子一人だった。

三池闘争の経緯は省略する。ただここで述べておきたいのは〝石炭〟のことだ。これを地下から掘り出し燃える石炭に精錬する仕事だ。それを人間からみれば炭鉱夫であるが、地下深く長いトンネルを運びあげる仕事を、祖父から三代営々と続け妻子と共に生き抜いてきた。

そして明治以来、日本人のエネルギーを生産してきたという功績のプライドを持っていた。

ここから、産業のエネルギー転換から労働者の首をきることは、労働者の無視そのものであり、簡単にできるものではない。故に会社の合理化に反対して全生活をかけての労働運動だった。

さらに日本の政治経済の本流を改変するには、強力な政治権力が必要だろう。戦後体制からすれば日米同盟構造も変えながら産業の産業革命を実行しなければならない。しかもエネルギー問題は日本の弱点で米国の支援、一体化でなければ不可能である。

ぼくにとっては三池闘争の現場を見たくらいで何もわからないところにいた。しかし、三池炭鉱とは何か、三池の山はどんな山なのか、石炭は実際にはどこにあるのか、どうやって掘るのか、だけでもわかる意味はあった。

ホッパー前の広場で

この巨大な〝生きもの〟である三池闘争を『筑豊のこどもたち』との短い交流も通して、東京で一学生として何ができるのか。そして安保闘争のなかで北大路秩子という女性に出合い、ぼくは、自分は何ができるのかと不安になっていた。

三池闘争は資本の常套手段として、資本と政権の工作で労組側には第二組合がつくられ、右翼が二〇〇人余のデモ隊を組み、労働者を襲撃して暴力を露わにし、久保清さんが三月二九日午後五時に刺殺された。ぼくたちが到着した三〇日は極めて厳しい緊張した情勢になっていた。

三池鉱山のホッパー周辺には、全国から結集した労働者がヘルメットをかぶって集会を開いていた。皆必死の表情だった。

炭鉱が海底深く蟻の巣のように広がっていることなど、初めて教わった。このホッパーの風景は、闘いの表面のほんの一部にすぎないこともわかってきた。

男の仕事はわかるが女の役割はどうなのか。そして〝子どもたち〟はどうしているのか。これはメンバー全員が知りたいところだった。

一方内輪の話で、面白く聞かせてもらったことで、男の仕事ははっきりしているが、女が何をしているのかの質問は、とんでもない愚問だった。

「皆さん、いざとなると男はだめですよ、心を決めて動くのは男ではなく女ですよ」「この炭鉱の男も同じこと、ここまで闘いが続けられたのは、女衆の不動の精神と柔軟にねばってきた力によるものです」

闘いになるとそうなんだ、と納得する気持ちになった。そのうえ組合幹部の皆さんだけなく、生活を守りながら闘う炭住のお母さんたちの温かいもてなしに感動し、感謝の二日間だった。

また資本は政治権力と法の元締め裁判所の総力を傾け、第二組合を拡大し、右翼を利用して機動隊の暴力でストのバリケードを撤去した。一方現場では全国の安保改訂阻止の統一活動と共闘した。しかし結局は一大政治決戦の敗北と安保闘争の終局から池田内閣が成立し、中央労働委員斡旋案をのむ形で終結となった。

ただし、闘いの限界を乗り越えた、遙かなる革命闘争にチャレンジした者は、谷川雁が組織した大正炭鉱の行動隊だった。労働者階級はいわば労働運動を軍事闘争化して自らを乗り越えるものだった。

『筑豊のこどもたち』

政府のやり口は既に社会問題となっている中小炭鉱の閉山と、くび切りの仕方で明らかだった。すでに多くが路頭に迷っており、生活保護者の家族となり、学校にも行けない子たちがマスコミを通し露わになっていた。

写真集『筑豊のこどもたち』に寄せた土門拳の文章は実態を暴き出す詩になっている。

「日本の各地の炭田地帯には、
いま炭鉱離職者の大集団がいる。
何ら施策のほどこされないまま、
かれらは、
一九五九年の年の瀬をむかえた。
三十万を超える飢餓人口が
ボタ山の裾野に放棄されたままだった。
ぼくは、その暮れの半月間、
北九州筑豊の炭田世帯にもぐり込んで、
これらの写真を撮ってきた。
失意のどん底の失業者と、
そのこどもたちを……」

一行は帰路四月一日に『筑豊のこどもたち』の筑豊を訪れた。たしかに小中の炭鉱（山）はつぶれ全員が失業者になっていた。小さなボタ山でも小さな子どもたちが、石炭を拾っていた。学校へ出かけても、弁当のない子が多かった。子どもたちに少しばかりお菓子のたぐいをお土産に持参し、ひとときの笑顔にほっとした。生活保護を支援するケースワーカーが色々心を配ってくれた。一行は個人的でも来てよかったとの思いは深かった。メンバーは男女の有志で五人だった。ぼくにとって秩子との遠出は初めてだった。秩子は聞いていた以上に子どもが好きだとわかった。子どもたちが選んで近寄ることがわかった。

三池から東京へ戻ると運動仲間が待っていた。「黒岩！いまは三池じゃないよ、あくまで国会だ。六月まで三カ月しかない。準備はさっぱりだ、頼むよ」と言われた。要するに政局はすでに三池から国会の安保闘争にまわっている。ここで全国民を巻き込んで批准阻止をしなければと怒られてしまった。

六〇年四月は医学部三年生（五年）になる。新学年が始まるや一年生の対応とクラス討論などで呼びかけて、安保改訂阻止の最後のチャンスと確信して訴える必要があった。

卓夫のしがらみを解き放つ

目や口がどうだという形態ではなく、目と口の表情の動き、全身から発するエネルギーに納得したと思う。実体は目も大きく、口も大きく、頬もふっくらして、身体全体もよく動くという女性だった。なんといっても、こちらが黙っていても、話題に不足しなかったことが安心できることだった。

北大路秩子という女性は二回目の付き合いで、ぼくの心にしっかりと刻印されてしまった。刻印というより動く印象といったほうがよい。

その後北大路秩子のことを考えた。段々大事な女性だと気付いた。というのはぼくが身にしみたコンプレックスみたいなもの、しがらみといってもよいことだが、都市と山村、女と男の両者がぼくの心の中では和解しにくい関係になっていた。上京してからどうしたらよいかと戸惑っていたが、あっという間に解き放ってくれた。

彼女は一月生まれで二〇歳になったところだった。黄色いセーターには『ゴンドラの唄』で青春宣言ができたが、女性たるものは『ゴンドラの唄』以前にあって、心を伝える言葉をもっていなかった。

しかし秩子は、こうしたこだわりやおじけずくことを吹き飛ばし、山育ちの山猿をすっと受け入れてくれたことでぼくのコンプレックスみたいなものもどこかへいってしまった。

さらに都会育ちの女性であったことから、都会へのコンプレックスも解消した。秩子の存在そのものがそうさせたのだ。ぼくにとっては魔法使いのような存在だったのだ。

ぼくは学生運動やマルクス主義をかじったことで新しい世界観に近づいたことと秩子の出現が触媒になって自身の変身がはっきりした姿になってきた。そして自分が変わることができると思った。

白十字のあと二回目のデートは二月一四日だった。

また二人が抱いている政治とか革命とかのイメージは反帝国主義、反スターリニズムでは同じだったが、秩子のほうは女性への抑圧や差別と人間的な価値観に関心をいだくほうだった。一方ブントというニューレフトは、政治的、行動的に、敵に対してどのように打撃を与えるかで思想性を評価する傾向が強かった。機能的な組織だった。

秩子はぼくにとっては異次元の女子学生、言い換えれば「異界の女性」だった。異界とは何か、ぼくはその何者かに好奇心をいだいた。少なくともぼくにとって、自分にわかる女性ではなかった。

その意味だけでぼくにとって〝異界〟だった。

異界の女子学生・北大路秩子

異界とはあくまでもぼくにとってのことだ。

まずぼくの生まれ育ちは、父親の境遇を含めて特異とみることができる。

ぼくの父は農民の次男坊で、全国でもまれなほどの山村で、米のできない村で育った。山に囲まれた地形でもあり、社会的には閉鎖的になりやすく、古い因習も色濃く残っていた。

しかし異界の女性に遭遇しなければ「山猿ランプ少年」として高地は心地よい山村だったし、〝山猿〟は自慢する気分だった。

そして一月一五日、六〇年安保闘争の一・一六羽田闘争のデモで秩子と知り合った。

何が異界といえば、秩子の祖父は北大路實信で男爵、貴族院議員だし、父親の長兄も華族の身分だった。ただし秩子の父親は男七人きょうだいの六番目で反抗的な性格もあったのか、東京の町娘と結婚したが、入籍する前に長女になる秩子を身籠ってしまった。その時父は、産まれる子が女なら「しめ殺せ」との言葉を吐いたと伝えられている。敗戦後は身分もなくなり、いわゆる〝貧乏元華族〟の一人になった。

秩子は理科Ⅰ類に合格した。当時は東大入試では理科Ⅰ類（四七〇名）が最難関だった。理Ⅲはまだなかった。秩子の時は、理科Ⅰ類女子四人合格で現役は秩子一人とのことだった。

そして秩子のパワーは、受験界では中学校から都でも突出して数学に強かったことから、まさに受験レベルでも異界からの女子学生といえるのではないか。

びっくりしたのは、友人たちの影響が大きいと思えるが、秩子は高校からマルクスの『資本論』があることはわかっており、彼女は入学後『資本論』一二巻を読むために教養課程二年生を一年留学して読み切った。そのうえといった方がよいのか、全学連の運動に入り、ニューレフトの小さな政治団体にも席をおくまでになっていた。これは都市と田舎の文化度のちがいと考えざるを得ない。

これに加えて、二人の世界をつくる過程がはじまる。

二〇二三年の美麻村での講演で後輩の中学生に語る中で、異界の女性とは何かと箇条書きに並べてみた。
一、私利私欲がない
二、旧華族の娘
三、女性差別反対への思想と執念
四、大学二年生を留年して『資本論』全一二巻読破
五、数学大好き

異文化のエネルギー

一月末日、二人は本郷の洋食の白十字で、対面できる小型のテーブルに座った。ところが何を食べたかよく覚えていない。ぼくはナイフの使い方にはまだ慣れていなかった。

大学へ入学して間もなく斎藤寿一君の家に招かれて夕食の時、生まれて初めての洋食でフォークを床に落としてしまった。

そのことを思い出しながら大きな声で「すみません、お箸をください」と注文した。彼女は〝あら？〟と言った表情で笑いながら「私にもちょうだい」と応じた。実はあとで、人前で飾らぬぼくがとても気に入ったとのこと。やれやれよかったと思った。

レストラン白十字は明るく店名のように白っぽかった。まず二人は身の上を説明することになった。ぼくは長野県です。住んでいたところは海抜九〇〇メートル余の峠だった。西方には北アルプスの山々が、北は白馬岳から槍ヶ岳へとつながっていることを話した。そしてランプ

の生活だったと伝えた。

　ぼくはランプ生活だったことは、あまり他人にしゃべらなかった。まともに分かってくれる人は少なかったからだ。しかし彼女は驚いて、「あら、ランプって本読めるんですか？」と聞いた。ぼくはどう答えたらよいか一瞬戸惑った。読めるといえば読めるのだ。しかし当時の家計から燈油は高いので、なるべくランプは使わないことになっていた。おそらく読めるけど明るくないから大変だと返事したと思う。蛍や雪明かりよりはましだと答えればよかった。きっと吹き出すようにわかっただろうと思った。本当はまともにランプで本を読んだ記憶はなかった。そもそも教科書以外に本はなかったので暗い辛さなどはまったくなかったのだ。

　そしてぼくも北大路という名には、これはどうも普通の名ではないのではと思った。彼女は自分の家のことを、

「私の北大路という名は、貧乏貴族の代表みたいなものです。北大路姓は明治維新にできた華族の家系です。父（信勇）の父は北大路實信といって、男爵で貴族院議員でしたし、父の長兄信明もそうでした。六男である私の父は反逆児だったんですね。きょうだいは男だけ七人いて、兄たちは皆お金持ちに婿入りするか嫁をもらっています。もちろん戦前です。父はちょうど兵役にとられる頃、庶民の戸塚隆子と交際をしていました。そして母は庶民の娘ながら父が学生の頃恋愛関係になったんですね。そして籍も入らないうちに私ができてしまったんですよ」

　と何のためらいもなくしゃべってくれた。

　後にわかったことだが、華族に復活した。北大路家は奈良市の興福寺東北院住職だったが、維新という革命的内乱で勝った薩長の急ごしらえの政権では天皇制の部下づくりは難しく、家来たる者が不足し、その急対策で生まれた「奈良華族」といわれている男爵だった。

　ぼくもすっかり安心して、満州開拓団のこと、妹と弟の死、信州の山村では中学まで「山猿ランプ少年」のことも説明した。彼女もぼくの境遇は自分とはまったくちがうものだと強い関心をいだいたらしい。

　お腹もいっぱいになってくると、気も一層ゆるみ、昔からの知り合いみたいな気分にもなった。

　小一時間もそのまま話し込んでしまった。要するに人柄をすっと受け入れることのできるようだったし、何ごとも考えることができ、自分をアピールする迫力があった。しかし華族の血統の口調や気配ではなかった。

もちろん、白十字ではアルコールなど飲むわけでなく、しかし顔は火照るようで暑くなっていた。二人ともこれは〝いけそう〟だと思った。ぼくが気持ちよく胸を開いて喋れたのは生まれて初めてだった。そして次のデートも決めた。

彼女から向ヶ丘遊園ではどうかと提案してくれた。名は聞いたことはあったがもちろん行ったことはなかった。小田急線で同名の駅に降りればわかると教えてもらった。

二月のはじめ頃、少々心細い思いで一人で出かけた。薔薇の花がパラパラと咲いていた。公園は閑散としてあまり人気（ひとけ）はなかった。公園に入ってすぐ彼女の姿をみてほっとした。その印象は強いものだった。さりげないことではあったが、折り箱を一つ大事そうに右手で抱えていた。お昼時間だったと思う。秩子はニコニコして、その折箱の説明をした。お昼用のサンドイッチだった。

ぼくはびっくりした。サンドイッチなるものを食べた経験がなかった。パンといえばコッペパン一つと牛乳一本が昼食だった。それに彼女は当時宿なしで、東大女子寮「白金」に友人のお情けで潜り込んでいると聞いていたので、そこでサンドイッチをつくることができたことに驚いた。

さっそくベンチに腰を下ろしてランチタイムとなった。まさに恋人同士の姿になり、公園らしい風景ができあがってしまった。

相手の良し悪しではないが、上京してから公園をデートで歩いたことはある。友人の紹介された女性だったが二人とも黙ったまま歩きはじめた。どうしてだろう、二人とも言葉を忘れたみたいに声が出なかった。ぼくのほうがダメだったのだ。勇気を出して声をかけることはできたはずだ。実はそのまま別れてすべて終わりになった。

こうした経験からは、まったく別人ではあるが、二人の空間がまったくちがっていることを思い出してしまった。

第八章　六〇年安保闘争

なぜ学生運動なのか

本書の原稿も大方完成したところで、長女萌実から注文が入った。お父さんが「学生運動」に関心を、なぜ、どうして懐いたのか、もっとはっきりさせたほうがよいのではといったものだった。少し前は東大になぜこだわったのかの質問もあった。

学生運動はまぎれもなく〝政治〟である。では、ぼくは〝政治〟好きだったのか。父は言葉少なく、人に話かけることもなかったから、政治はどうだったのか。しかし新聞は好きでよく読んでいた。ぼくは、自分は満州体験があるので政治音痴ではなかった。鮮明に思い出すのは、中学一年の一九五〇年六月二五日朝鮮戦争勃発のニュースを学校の先生の日直室で、ラジオを抱きかかえるように、必死に聞いていたことだ。

本書第六章の八四ページに大きなヒントが秘められているのでは。その文面をみてみよう。

「二〇歳で医学生になったぼくは、生きていく展望を獲得し、誰からも束縛されない自由を獲得した。頂きからどちらに降下しても自分の意思なんだ。自分への自信も生まれてきた。学生運動への意識も自由から生まれたものだった。識者によれば『人間の創造的な意志力』は自由を前提とするといわれている」

ふるさとの美麻小中学校での講演でわかったように、満州では死ななかった。山猿ランプ少年は遊びきった。高校から医学部までは勉強しきった。そして自由を獲得して変わる・変われる自分を発見した。この変われることが自己革命を可能にしたことは、山猿時代の自然からもらった自然の「気血」の力だったと思う。この節目がぼくにとっては重大なことだった。

この「自由で変われる」心境が学生運動への第一歩だった。そして第二歩は「ソ医研」に入ったことだった。

ソ連（ロシア）はぼくにとって、家族にとって許すことのできない国だった。その敵を知りたくて、教養二年間で自主選択のロシア語を学んだ。そして部活もソ連と関わった。「ソ医研」の先輩は全体として左翼だった。この時代はぼくにとっては矛盾の時だった。アメリカは戦争国、ソ連は平和国と二分化され、必然的に反米感情になると同時に、ソ連は大雑把にマルクスやレーニンがつくった平和の味方ということになっていた。

当然〝安保闘争〟を見過ごすことはできなかったことと、学生運動への確信が持てたのは、北大路秩子という「異界の女子学生」に出会ったことだった。

しかも安保闘争の一・一六羽田闘争のデモのなかで秩子と遭遇したことだ。この〝異界からの女子学生〟はぼくのしがらみでもある〝女性〟や〝都会〟からも解放してくれた。ぼくを思想的に自由にそして変われる者に変えてくれたと思う。学生運動への道は当然のように、偶然が必然に変わる形で実現することになった。

そして深志高校の小原元亨先生の日本史の授業があった。大戦で生き残った東大文学部出身の人間が、トツトツと日本の歴史として「土一揆」や「百姓一揆」を語り、ぼくの少年時代の「死ななかったこと」の意味に燈をともしてくれたことだった。

まとめれば「山猿ランプ少年」に自然から育まれたエネルギーによって大学まで乗り切ることで力を得て、北大路秩子と出会ったことで「学生運動」への確信と自由な立場を持てたこと、この二つが学生運動への大きな選択になったと思う。

東大医学部自治会委員長

年度が変わりの最初のデモは一九六〇年四月二六日、反安保一五次統一行動となり、全学連は戦闘的な闘争を展開し、国会議事堂正門へ向かう道路で阻止を目指す機動隊との競り合いになった。この日の機動隊は道路のバリケードとして装甲車で埋めつくしていた。

デモ隊は全国から集まり、バリケードの装甲車を蟻のように乗り越えた。この装甲車をデモ隊はものともせず、国会へ迫る闘いとなった。この時、全学連新委員長の唐牛健太郎が装甲車の上で歯切れのよいアジテーションをしたのが印象的だった。

一方医学部内では自治会の委員の任期更新から委員選出を一九六〇年六月に控え、共産党系と全学連主流派（共産同）との間で熾烈な多数派運動がはじまっていた。ぼくもクラス委員に立候補し、そのうえで六月からの新自治委員会では委員長に立候補することになっていた。医学科四人、衛生看護学科四人、計八人での多数獲得が目標だった。幸いこれには勝利し、六月四日、東大医学部の新委員長となり、任期は半年だった。

この六・一五闘争の現場での反共産党系の自治会の長をとることは全学連主流派の運動の原動力だった。ブントにとっては、この闘いに生まれたての党の全力を挙げていた。学生運動の主導権を握るかどうかが戦力強化を左右した。学生運動で闘いに勝つ以外ブントの将来はなかった。医学部の委員長をとったことでもその期待は大きかった。

世の中を変える、大衆運動によって政府の政策を阻止するということは、革命党としての本道では、あくまでも労働者・プロレタリアートの力によるものという原則があった。そういった〝昔〟の話、ロシア革命の伝説は神話化され崇敬されているが現実ではなくなっている。ブントは旧来の方法にはとらわれず、現実に活動できるのは学生だ。労働者の先頭をきることにためらいはなかった。したがって、東大医学部が自治会の決定をもとに、六月一五日は参加しようと呼びかけ、国会をめざすことになり、その委員長にぼくが就いて学生をひっぱることは、民主的な意志決定によることも含めて大きな意味を持っていたのだ。

かくて六月一五日を迎える。

この医学部自治委員長に勝利したことは、単に日本共産党との戦いだけではない。アメリカの戦争政策とその〝手下〟として暗躍する日本の権力への闘いだけではない。ソ連のスターリン主義といった、ロシア革命の失敗から生まれた〝社会悪〟ともいえる反人民、反社会、反人間への闘いとしてぼくなりの決意を形としたものだった。

六・一五闘争へ

一九五九年一一月二七日の統一行動で、全学連は警備を突破して国会構内に入り、集会を開いた。さらに一九六〇年四月二六日では装甲車を乗り越えているので、国会構内突入をなんとか阻止しようと、機動隊や装甲車をはじめから構内に配置する内張り方式に変更していた。同じことを六・一五では許さないと、官憲は万全を期していた。

梅雨も明けたのか良い天気だった。昼はゆったりした国会周辺のデモだった。実は全国から結集待ちの時間稼ぎでもあった。日が暮れる頃から学生が全国から集まってきた。大学では各部の自治会がクラス討論を経て、クラスあるいは学部決議でデモに結集した。もちろん強制力はない。医学部のアクティブ役を果たしたのはソ医研に結集した新入生数名だった。当時、全学連は各大学の自治会の民主主義を通して組まれた全国の連合体だった。

この日のデモは東大本郷がトップで、文学部、医学部の順番だった。

医学部の参加者は多かった。一〇〇人はいたと思う。

デモの目的は国会構内座り込みだった。要するに国会での安保条約議決を阻止することが目的だった。国会の南通用門から構内に突入することが決められた。デモ隊をコントロールするのは〝指導部〟といわれるメンバーだった。組織的には共産主義同盟（ブント）だった。人格的には島成郎（しげお）書記長になる。

あとでわかったが、東大駒場（教養）との確執から前回は駒場、今回は本郷といった具合に先陣を決めて、功を競ったらしい。秩子は駒場だったので、後発部隊に属し、本郷のぼくとは大きな隔たりがあり、闘い中に遭遇することはなかった。

全学連は昨年一一月、今年一月・四月と闘争を組織したが、そのたびに多数の逮捕者を出し、有能なリーダーを欠いたまま六・一五は急遽関西から呼んだ北小路敏が総指揮をとった。

いつの間にか国会はすっかり闇に包まれてきた。昼間、一見自由にデモができたのは、この日の機動隊は国会での内張に徹していたからでもある。内張とは構内に待機して、デモ隊が侵入するのを待ってデモ隊を打ちのめし追い出すといった作戦だった。

この闘いを前に、政府は万全の態勢として自衛隊の出動まで検討していた。右翼も別部隊として用意してあった。

夕方になって、全国から学生が結集してきた。学生だけでなく労働者もそうだった。

ふくれあがる学生運動

読売新聞二〇〇〇年二月九日朝刊に「にっぽん人の記憶・20世紀　第24回『60年安保』」の記事がある。少し長いが引用させていただく。ぼくの名が珍しく載っている。

「六月なのに夜は小雨がパラついて寒い日だった。新潟県大和町の医師、黒岩卓夫さん（62）は、東大医学部自治会委員長に就任して一〇日目、一九六〇年六月一五日の夜、国会南通用門前で、医学部の約百人を率いていた。

工作隊がペンチやノコギリで門の錠前を外して扉を開け、中にバリケード代わりに置いてあったトラックをロープで引きずり出して火をつけたのが、夜七時。デモ隊はスクラムを組み、国会の建物を背にして並ぶ機動隊の壁に向かって突き進んだ」

実は夕方暗くなるころ、五時には国会周辺は数万の学生、一部労働者が国会構内突入をいまかいまかと思いながら結集していた。突入は南通用門と決められ、明るいうちに扉の錠前は外され、扉は開けられるところまでになっていた。

六時過ぎに突入となった。扉は開けられた。そこにはトラックがバリケードとして何台も置いてあった。用意してあったロープで引きずり出した。そこまではっきり見ていたが、ついでトラックの先頭部から火が吹き出た。トラックは横倒しになっていた。その向こうに機動隊が待機していた。「突っ込め！」と同時に最前部、東大文学部、次いで医学部の順で突っ込んだ。間もなく機動隊が襲いかかった。勇名高い第四機動隊も前線にいた。警棒を振りかざして、文字通り必死になって乱打してきた。ヘルメットもなく素手の学生に対してだ。叩きのめされ、頭から血を吹いて倒れる者、そこへ後方からデモ隊が猛烈な勢いで突入してくる。あたりは真っ暗に近い。ぼくは医学部の指揮者として列の外側にいたがすぐ巻き込まれた。

ぼくはデモの五列目あたりにいた。機動隊が一斉に警棒を振り上げて襲いかかるのはわかった。

気が付くと自分の身体が群集で押しつぶされ、手足を動かすことがまったくできず、指も動かせないぐらいになった。〝恐怖〟に襲われたのは覚えている。自分の身体がしばられて、まったく動かせないと想像できるだろうか。

呼吸も難しくなった。〝苦しい〟〝息ができない〟人敷になりわからなくなった。意識がなくなり気が付いたのは病院の中だった。秩子一人が見守っていてくれた。その時どういう言葉を交わしたかは二人とも覚えていない。

機動隊は、ヘルメット、警棒、放水ホース、催涙弾、装甲車、これ以上は銃しかないのだ。

岸信介の権力側は、すでに自衛隊出動の準備をしていた。しかし発動寸前に赤城防衛庁長官が反対して踏みとどまった。右翼はすでに準備され、二〇〇人くらいが武装して待機していた。三池闘争で経験済だった。労働者の久保清さんが刺殺されている。

ここで自衛隊が出動すれば、中国の〝天安門事件〟と質的にはまったく同じだった。

死者の数を比較する必要はない。一人でも殺せば権力側の意図は明らかである。自衛隊出動の準備をしていた

6・15の昼、樺美智子（中央の女性）、まわりは文学部と医学部生

6・15の夜「国会の庭に血が流れる」午後7時国会内乱闘中

安田講堂（1968年2月、全共闘での落城）

だけでも十分だった。

先頭の文学部は女性が多いのだ。文学部の男性のリーダーは、女子は危ないから隊列から外に出るよう指導した。

それでも学生の指導部は死者がでることは考えていなかった。しかしこうした機動隊の動きをみれば流血は必至だった。これを冷静に想定すれば死者がでることも否定することはできなかった。先頭は文学部と医学部の混成部隊となっており、そんな所属は意味もなくなっていた。

樺美智子さんは警察病院へ、ぼくはその近くにある厚生年金病院へ運ばれた。

「……黒岩さんは当時はまだ医学部五年生で革命ができると思っていた。小学校二年の時ソ満国境の開拓団にいた。家族で引き揚げてくる途中、妹と弟が死んでいる。日本を戦争に駆り立てた支配者層を信じられず、再び日本がアジアの侵略に向かうことを阻止したかった」

「岸元首相は、一九四一年一二月八日、『米国・英国に対する宣戦の詔書』に商工大臣として署名した。戦後はA級戦犯として逮捕され、三年余の巣鴨拘置所暮らしを経て起訴されずに釈放された」

「このような前科者が支配者となっていることに不信をいだき批判に拍車がかかった」

と、当時の新聞に記載されている。

樺美智子死亡、卓夫重傷

一九時半頃、国会構内からぼくを探して外に出ようとしている秩子に誰かが伝えてくれた。「黒岩さんが救急車で飯田橋の病院に運ばれた」。秩子はすぐに飯田橋の警察病院へ。そこへちょうど樺さんの遺体が運ばれてきて、秩子は樺さんの死を知ることになった。そこで病院の職員に黒岩卓夫の入院先を聞くと厚生年金病院だと教えてくれたので直行した。

樺さんと同じく意識のない状態で、ぼくは飯田橋の隣り合う病院へ運ばれていた。

秩子は国会内での血みどろの現状を知り、卓夫も倒れたという状況判断もあり、必死になって「黒岩さんどこへ行ったの？」と叫びながら倒れている人のなかを探し、また病院とすればどの病院かと探し回った。

おそらく血まみれで倒れている者の生死を確かめながら〝卓夫さんはどこかで生きている〟と思いながら、必死になっていたと思う。

秩子は厚生年金病院へ飛び込んで、ぼくが意識はないが生きていることを確認し、その時ぼくにどう呼びかけたかなどまったく覚えていないという。おそらく大きなショックの空間で、思考そのものが空回りするだけで働かなくなっていたと思う。

一〇時頃から枕元で何もできぬまま見守っていたと思う。死を看取る立場と思ったわけではない。巡ってくる看護師は何と言ったのかもわからない。

目覚める直前か、時間はわからないが、虹の色が天空いっぱいに流れ、目を覚まそうとしてもできず、苦しさからもがいているのが、ぼくにはわかった。秩子は目覚める直前、身体が苦しそうにあばれたと話してくれた。生命は紙一重で良い方に向かってくれたのか目を覚ました。そしておそらく北大路秩子の姿を確認して安心したのだ。

手も足も動く。声も出ることがわかった。悪夢から覚めるとは、日常的によく使われるが、逆に悪夢から覚めなければ死ぬことになるのか。このことを運命というのだろうか。

ぼくは死ななかったからよかったで済むものではない。運の良し悪しではない。二人とも官憲の暴力によって殺されたことは明白だ。ぼくも一度は死んだと考えたほうがよい。政治的な闘いで生命を喪ったと正当に評価すべきことだった。

大学関係の都合と思うが、翌日に東大病院に転院となった。おそらく厚生年金病院からみれば、生命は問題ない。これから警察沙汰などおきれば面倒だ。ぼくを東大病院で診てもらおうということになったと思う。

東大病院では仲間が何人か見舞いにきてくれた。枇杷の見舞いをもらって、ああ、夏の始まりだなと季節を思い出した。

黒いネコの可愛い花瓶に赤いガーベラの花を二本挿して「キリスト者平和の会」の女性が見舞いに来てくれた。ああ、全学連でない女性も来てくれたのかとうれしくなった。秩子は学生だから時間をみつけてほぼ毎日顔を出してくれた。

ぼくの入院は二週間だった。この間、いつの夜だったかはわからないが、秩子も看病に疲れてしまい、ぼくのベッドに潜り込んでいたことがわかった。これは夜勤の看護婦に見つかり、秩子が叱られた。東大生は困ったものと思われたと思う。

田舎の、長野の両親や姉には警察からの連絡で「卓夫はデモで倒れて、頭がメチャメチャになった」と報告が入ったという。意識がないことをそのように伝えたと思う。こんな混乱のなか、よくやってくれたと思う余裕ができてきた。もうダメだと思ったが翌日には母が上京してくれた。母は頭がダメなら死んでくれたほうがいいと思ったという。

実は二〇二四年六月三日、NHK総合の『映像の世紀』「安保闘争　燃え盛った政治の季節」では東大安田講堂攻防戦を繰り広げた全共闘（全学共闘会議）の実像を放映した。この放映は帆姿から聞いていたが、その放映の直前に何人かで電話で知らせた。暗黒の中、血みどろになっている学生の姿をみた。警察病院で台に仰向けになり、顔に白い布をかけた女性をみた。その死体は樺美智子にちがいない。この映像は初めてだった。有名な六〇年安保が収められた写真集『写真家・濱谷浩』一五六号（クレヴィス）に「女子大生の死・国会構内・一九六〇・六・一五」の説明付きで収載されている。仲間に仰向けに抱きおこされ、頭を後ろへ垂れている写真だ。

改めて映像で眺めれば、凄惨な闘いだった。見た者は皆、一人しか死ななかったのは不思議だと。

六・一五闘争の政治的評価

六・一五闘争は死者を出したこともあり、大きな事件になっていた。その後の六月一九日条約自然成立までデモは連日国会周辺や全国で展開された。しかしその運動の力は〝市民レベル〟の感性・意識でありA級戦犯であった岸が強硬に多数を唯一の根拠として、民主主義を無視したことへの抗議であった。

生まれたばかりのニューレフトで、大衆の希望の星であった〝ブント〟は、六・一五の流血闘争の後始末すらできなかった。そして二〇万、三〇万、五〇万人と全国から国会を取り巻いたにも拘らず、六月一六日から一八日の闘争の最も大事な一八日に、再度国会構内や首相官邸占拠という、国会決議を阻止する方針が出せなかった。

ぼくはあとで知ったことだが、批准の一八日の夜、ブントの島成郎は、この貴重な〝明日〟に何もできない自分にぶつかって悶え嘔吐を繰り返したという。島は自分の無力さを、全身の苦しみを、あがきで応えることしかできなかった。

しかし単に民主主義を守る闘争ではなかった。六・一八へと大きな闘いを方針として出せなかったとはいえ、ただ島個人の力に負わせるものではなかった。闘いの形は敗北であっても、吉本隆明が指摘するように、ソ連と中国の革命党やその亜流としての〝党〟とはちがう。まったく新しい〝革命の芽〟を内蔵した、権力を目指せる党であった。反体制の大きな党は、どれもその思想や威力がないとも断言している。

それを実証したのがこの六〇年六月一五日のブントを核としたニューレフトの闘いであったことは、はっきりと評価しなければならない。その闘いの要素として、反戦平和があり、民主主義の価値を高く掲げる闘いであり、その総和として日本全国各地で合計すれば二〇〇万人の人々が立ち上がり行動した闘いだった。学生労働者だけでなく、商人も農民もホワイトカラーもさらに高校生も学校をあげてデモを組織する闘いだった。

この大義名分のもと、樺美智子は死に、ぼくは重傷で死ななかったに過ぎない。運がどうのと評価すべきものではない。一人でなく、さらに多くの学生が死んでも不思議ではない情況だった。

この時が六〇年安保闘争の終わりであり、闘いは敗北したことになった。政局にはなったが、政治の根本的改革の第一歩にはならなかった。

退院の日がやってきた。入院したことは意識がなかった自分にとって結果しかわからないことだった。しかし退院となると一斉にあの夜のこと、翌朝目覚めたことを自分はどう受け止めたらよいのか、不安感も押し寄せてきた。

病院の外は、白一色！

病院の出口から一歩出た時、一瞬軽いめまいを覚えた。なぜか？　梅雨明けの六月の太陽の陽が強かったのか。開放的空間へ突然つき出されバランスを保てない不安があったのか。

東大のキャンパスは何ごともなかったようにただ明るく白一色だった。この白一色に輝いている無言の空間がどのように消滅したのか。謎解きには時間が必要だった。安保闘争のなんたるかの暗示だった。安保闘争はどこへその後日本は高度成長へと驀進していく。荒野を重戦車が爆進し、キャタピラの刻印しか残らなかったかのように。いや実はこの重戦車の走る地響きが〝高地〟を丸呑みしてしまったのだ。

そしてこの六・一五の一夜、その日ぼくが目指した革命運動の終止符だった。六・一五の闇に燃える赤い火がぼくの頭をよぎったが、現実は、安保闘争は白い輝きの世界に、音もなく溶解してしまったのか。白はよりどころのない〝不安〟となり、後の企業戦士に生まれ変わったのか。

文学者は、明るさは滅びともいい、金子兜太は、東日本地震のあと、東北の海辺を訪ねて「人体冷えて東北白い花盛り」と詠んだ。大津波のあとたくさんの死体が横たわっていた浜を想起してのことか。

この不安と暗示は、ぼくにとって、満州開拓団を逃げ出してから一九年の長い闘いのピークが、六・一五であるならば、このピーク時の闘いの頂点から見えたものが白色の不安であり、倒れている数知れぬ人たちの海辺だったのか。

この時からぼくは、自分にはこれから何ができるのか、何をすればよいのか、と自問自答するようになった。

六・一五国会内闘争は国家権力に敗北した。この暴力だけをとらえるならば、単なるデモ隊の敗北にすぎない。ヘルメットも棒も持たない素手の人間が、ヘルメット、警棒・盾、水の放射、催涙弾の暴力に負けたにすぎない。

それどころか、警棒を力いっぱい振り上げて、めちゃくちゃにデモ隊を殴り倒し、死者一人、軽重傷者七二一人被逮捕者一六七人だった。現場は倒れている学生たちの血にまみれていた。しかも事前には自衛隊の出動も検討したという。これでは中国の天安門事件とまったく同様の仕業とみることができる。とすれば単なる不幸な結果で終わらせるものではない。

六〇年安保闘争の頂点は六・一五だった。死者が出ようが出まいが闘いはあるべき頂点に達したとみるべきだった。

しかし全学連からの非難があったように「お焼香デモ」に終わってしまった。日本の大衆市民は現状の社会規範を少しでも越えることはなかった。

第九章　結婚への脅迫状

秩子・結婚前記（秩子記）

二〇歳になったばかりのころ、朝までがんばったデモで、スクラムを組んでいた黒岩卓夫は、分厚い茶色のオーバーを着て、黒縁のまん丸い眼鏡、腰には手拭いがぶら下がっていた。警官たちがいなくなっている私たちにとっての「休み時間」に私の方から語りかけた。「どこから来たの?」「東京です」「え?」田舎から出てきて、初めて警官の暴力を目にした学生だと思い込んでいた。「ポリ公帰れ!」などと大声で叫んでいたから。

実は、故郷は、電気もガスも水道も引かれないまま廃村になってしまったムラだという。私も岡山の山奥に住んでいたとはいえ、そこには、電気は引かれていた。水道はなかったので、少し離れたところまで歩いていく「水汲み」という仕事があったし、ガスがなかったので、「火おこし」という仕事があったことは覚えている。電気がなかったとはよほどのことだろう。好奇心がむらむらと湧き上がった。

卓夫がそのころ住んでいた東大ＹＭＣＡの寮を訪ねたら、読書会などに誘ってもらって、寮生との交流もあった。寮生の一人から、気になることを言われたりして、卓夫に話すと、彼はいつもこういった。「彼と話し合わなくては」と。それが私にはとても新鮮だった。話し合って解決していこうとする人なのだ、と。

私はそのころ東大の女子寮に住んでいた。といっても本当は、父の収入が入居者の中では高くなってしまって、退去させられるところだったのだ。私はどうしても退去したくないとごねて、友人二人が二人部屋に置いてくれるということになって、狭い通路に寝かせてもらっていた、というのが実情だった。だから早くアパートを探して出なくては、という気持ちもあって、東大ＹＭＣＡの近くに引っ越しをした。多分それが四月末ごろだったのではと思う。一月に知り合って、三月の春休みには、三池炭鉱を一緒に見学に行き、その帰りに名古屋に立ち寄って、私の両親に彼を紹介していた。のちに母が言うには、「お風呂に一緒に入ったのでびっくりした」のだそうだ。

卓夫が、私のアパートに来ることもあるが、私がＹＭＣＡの寮を訪ねることもある。学校が終わってからなので、夜の訪問だ。卓夫のポストに「夜中に女性の声が聞こえる」という投書が入ったことがあった。それからは、なるべくデイトは、私のアパートですることにした。

また、医学部では同寮のＫさんが寮生代表として卓夫にアドバイスをしてくれた。もっともなことだった。

卓夫という「ひと」（秩子記）

そんなアツアツの関係でありながら、突然怒鳴り声が飛んでくることがあって、私はかなりビックリしたものだ。この「怒鳴り声」というのが、卓夫には付いて回るものだった。ＤＶの家庭で育った後遺症、と理解することにした。私が二〇歳のころ、二二歳の弟が言った。「卓夫さんてば、姉貴が転んで血が出ていても怒ってるね」。なんて言って怒っているのかは思い出せないのだが、たぶん「不注意だ」と言っていたのではと思う。怒ってしまうとすっきりするのか、すぐに機嫌が直って、多少「反省」もしているようなのだ。八〇歳を過ぎても、変わらない。少し頻度が低くなっているようにも思うが。「本当は優しい人」と思うことにしている。

なんといっても私が卓夫に恩義を感じているのは、一九七八年の出来事だった。私の勤めが町立浦佐保育所から、大崎保育所に転勤になったとき「黒岩の意見を一つでも聞いたら、全部聞かなくてはならなくなるから、初めの一つから反対しよう」との相談があったという。「子どもの爪は親が切るもの、保母が切ってはいけない」から始まって、私のすることすべてに反対されて、窮地に追い込まれた。

その時卓夫が言った。「君のような奴を受け入れられない地域なら、ぼくも住む気はない。いいところを探したら、ぼくもついていく」。当時、卓夫は、町立大和病院を建てたばかりのころだった。まさかの発言で、私はすっかり救われてしまい、自分の考えを文章にすることに専念した。一九八一年、七人目の子どもを産んだ年に、『おお子育て　保育所の子どもたちと七人のわが子』を出版することができた。この本には共感の声が多く、講演依頼が殺到した。保育園の空気もすっかり変わってしまって、私の保育が認められたように思えた。子ども中心のなんでも子どもと相談しながら行動を決める保育だ。「怒ることがあっても、根はとてもやさしい人」と思えるようになって、六四年も一緒に住んでいる。

猛暑の名古屋へ

ぼくは退院時の、あまりにも明るく白いキャンパスに軽いめまいに戸惑ったが、死ななかったという意識より、安保闘争は遠景に後退し、明るいキャンパスへの不安感から、やはり学生に戻り日常生活をまさぐる心境になっていた。

秩子は駒場のキャンパスに戻ったがいずれにせよ夏休みでぼくとの生活を築くことに集中することになった。

まずお互いの実家を訪問し、結婚へ向けてのアピールをすることになった。

当時勤務の関係で、北大路は名古屋に住んでいたので、まず二人で名古屋に出掛けた。社宅だが中層集団住宅だった。

空調がなかった頃か、名古屋は猛烈に暑かった。何を食べたか、父親と何を話したかも覚えていない。苦しまぎれに屋上に蚊帳を吊ってもぐり込んだが眠れないほどだった。

むしろエラーがあった。秩子には弟が二人いた。上が中学生だった。秩子が自転車で散歩しようというので「うん」と答えてしまったが、ぼくは自転車には自信がなかった。なぜなら高地は山坂で自転車を走る道はなく、したがって中学生まで乗れなかった。それでもグラウンドで練習しようと思い、友達に借りてフラフラとグラウンドなら乗れるようにはなっていた。しかし街の中を走ったことはなかった。

秩子はどうやら察したのか、「私が後ろに乗せてあげるわよ」と。ピシャッと言われると辞退もできず、後ろにまたがった。秩子は苦もなく街へ出た。ところが上の弟康信君はこれを見ていた。しかも康信君の自転車だった。自分の大事なお姉ちゃんが見知らぬ男にとられてしまう、の嫉みや不安があって当然だった。こんな失敗が忘れられない。

東京にもどり、暑さから江の島へ海水浴に出かけた。これも迂闊だった。海水パンツは不思議にも手持ちが一着あった。浜辺の人出にびっくりした。さあ！と飛び込むまでは何とかできた。泳いでみようとしたがすぐ沈んでしまった。秩子は「おや？」と不思議に思った。親切に「私がお腹支えてあげるわ」といった。ぼくが浮こうとしているお腹を手で下から持ち上げてくれた。それでも沈んでしまった。

秩子の頭の中では、理科で教わった「人体は脂肪分があるので水より軽い。だから海水で沈むはずはなかった」のだ。なんといっても言い訳も無意味なので、「子どもの頃近くの湖で少し泳げたくらいで、ぼくはダメなんだよ」と降参した。

このへんのところはこれまでのデートではきっと触れなかったのだ。自転車に乗れないことと同じことなのだ。

高地という村は小さい谷川が無数に流れ、その先に一つの滝壺があり、直径一〇メートルくらいだが、小さい子は無理だった。しかもぼくはこの村の海抜九〇〇メートル余の若栗峰に住んでいたから無理もない。満州開拓団では小学一年生の夏、兄と二人で診療所の前にあった二つの沼に入ったことはある。犬かきで二、三メートルは泳いだのだろう。もっとも猿は泳ぐようなので、それにも及ばなかったのだ、山猿の正体はもはや隠すことはなくなった。秩子はほっとしていた。秩子からはその後何かあれば笑いの種になった。

肝心の結婚については、北大路に反対はなかった。自分たちのことを考えるまでもなく、父親は学生、母親は会社員でタイピスト。何やら父信勇が農業土木の卒論を書くために群馬県の演習場に泊りこんでいた時、母隆子を呼び寄せ、いい関係になったらしい。その後卒業し、愛知県庁に就職してから隆子は妊娠した。なぜか女の子が産まれたら「絞め殺せ」と言ったとか。そんなドラマを背負っていたからだろう。学生結婚にも反対しなかった。

秩子の水玉ワンピース

ぼくは一足先に長野の実家へ帰った。父はこの頃は長野県の山ノ内町の「南部診療所」に委託診療で働いていた。医師になって八年目。この間四つほどの診療所を異動していた。父はどうも旅が好きで、一カ所に留まることにはこだわらないようだった。しかしこの山ノ内町の頃が最も働き甲斐をいだいていたようだった。心の細やかな看護師、片桐志げ子さんもついていた。山ノ内町は志賀高原や湯田中温泉のある観光地でもあった。

二人の計画はまず秩子に来てもらい、その後名古屋の家族四人にも来てもらい、家族会談をやろうということ

になった。そのうえ志賀高原を案内することも計画していた。

秩子は好きでけっこう洋服を自分でつくっていた。夏に涼しさを呼びよせる水玉模様の柄のワンピースを着てくることになっていた。ぼくはその日は長野駅まで出迎えにいった。長野電鉄で三〇分くらいだった。かなり遠くでも水玉模様は識別できた。ワンピースは風に吹かれる風情で、とてもすてきに見えた。手を挙げて迎え入れた。二人ともとても元気だった。

その頃（一九六〇年）は、まだ車社会ではなく、電車や観光バスでアベック（当時はそう呼んでいた）用に豪華になっており、特急まであって指定席だった。ロマンス席で二人喜んで揺られている楽しさを満喫することが目標でもあった。

その日のうちに両家の話し合いがはじまった。しかし具体的にどんな話がでたかは覚えていないのだ。父は発言しなかった。秩子の父が慎重な口ぶりでしゃべった。

結婚は賛成と名古屋での意見は変わらなかった。そして学生中はダメとはぼくの母が言ったのではないか。秩子の両親はそこは反対もしにくかったから。

二人の結婚を認めてもらえればそれでよいと考えていたので、この湯田中会談は成功したとほっとした。

志賀高原は緑の山と、いくつかの湖が深い青に水をためていた。ところどころには温泉の白煙が噴き出していた。活火山の白根山の遠望もできた。また屋根の赤い「志賀高原ホテル」も皇族が泊まるとか、緑の中では注目をひくものであった。こうした景色に〝水玉〟もヒラヒラと風のように秩子の活発な動きを強調しているかのよう

医学部３年生、父60代、母50代。湯田中の医師住宅で

にも見えた。
秩子の弟二人もうれしそうに高原を飛び回っていた。
康信君は自転車のことは忘れているようだった。

結婚への脅迫状

「異界の女性」とは何者か、ぼくにとって何者か。秩子とは六〇・一・一五の羽田闘争で出会った。顔形もはっきりわからない早朝にデートまで約束して別れた。

しかし夏休みはやはり学生特有の時間だった。二人は自分たちのことを両親に売り込んで、認めてもらう作業をはじめた。まず秩子の親の住む名古屋へ出かけた。ついでぼくの両親のいる湯田中へ出かけた。どちらも前向きに認めてもらったので、二人ともほっとしていた。しかし二人の間で結婚はいつするかといった話はまだなかった。

ぼくはまだ医学部三年であと一年半は学生、そしてインターン一年で一応医者になれる。秩子はまだ教養の二年生(留年)だから、専門は何か、仕事はどうするのかまったく白紙だった。そのうえで学生結婚はできるだろうか。それでよいのか、学生運動の後始末とか、まだやらねばの空気も漂うなか、すっきりしていなかった。

ある日秩子から手紙が届いた。それはていねいに書かれた文面だった。よく読んでみると「二人は結婚しない理由はない」と明言してあった。脅しに近い文面だった。

手紙の一部をここに記載させてもらう。

「卓夫さん、あなたの心の中で結婚(Heiraten)の足をひっぱるものは何なのでしょう」とはじまり、

常識的な結婚観は二人とも既に投げ捨てています。私には結婚を延ばす理由は一つも見いだせないのです。私はすべてのことをあなたと一緒に考え一緒に生活していく自信があります……。

そして「二人は結婚しない理由はない」とぼくに迫ってきた。要するに脅迫してきたことになる。

間もなくさらに一枚のハガキが舞い込んだ。

一、二人の心ははっきりしている
一、古い結婚観には縛られていない
一、両親の反対はない
一、別々に住むより一つの方が経済的

などだった。

ぼくも決心した。脅迫はぼくにとってうれしいことなのだ。〝山猿ランプ少年〟からすでに脱皮はしていたが、どんな飛躍や舞台ができるのか迷っていたのだろう。

結婚と披露パーティー

かくて二人は結婚する約束をした。

二人は即新しい生活・巣づくりに取りかかった。

そこで改めて両方の親に結婚資金を要求することになり、両家から五万円ずつもらうことにした。

そして二人が住むアパートを探した。

そこで両家に出向いて結婚への決心を告げ、結婚費用をもらうことで形がつくだろうという見込みをたてた。

ぼくは時間がなく、秩子が全権をもって両家をまわった。世俗的にみれば嫁が夫の親と談判して費用をもらうというのは異例のことだ。異界から来た女ならできるのかと、まあやってみようということになった。

まず名古屋は承諾して五万円を出してくれた。

一方黒岩のほうは、意外にも母が「学生に洗濯機はいらない、ミシンもいらない」という調子でゼロ回答だった。母はけちんぼとはちがう倹約家だった。家でも電気機器はほとんど使っていなかった。

父とのケンカも、この辺のところにあった。父からは「もう少し多めに食事をつくれ」というが、これには応じなかった。

二人で相談して、無理な要求はやめて、このまま実行しようと決めた。ただぼくの家庭教師をしている子のお母さんの丸山さんから三万円のミシン代をいただいた。当時では新式のものが買えた。

アパートも練馬区の江古田駅の近くに六畳間を一つ決めた。一部屋でも二人で住める。地下鉄を使えば池袋から東大へ真直ぐ。などが選んだ理由だった。

秩子と相談して、二人が結婚したことを友達に宣言しようということになり、友達を選んだ。各自の年代代表を一人ずつとした。小学、中学、高校、大学で七人、ぼくの兄が友人を一人連れてきた。八人の客で六畳間はいっぱいだった。斎藤君に司会進行をたのんだ。一九六〇年一〇月一六日に決めた。

この日を結婚日としたが入籍をしなかった。

まずぼくがあいさつし、その後秩子がさっそく女性解放論をぶった。ぼくはそれを聞いて「これではぼくは〝男性擁護にまわらねば……」。皆大笑い。秩子の女友達は暴露した。「北大路さんのお父さんは女の子が産まれたらしめ殺せとお母さんに言ったとか？」。このエピソードはぼくも聞いていたので、知らなかったお客が大声で笑った。斎藤君の名司会ぶりで、ぼくが「おい斎藤、案

新婚旅行、伊豆ダルマ山。右後方に富士山が

外いいものだよ、君も早くしろよ」「イヤー、まんまと先を越されちゃったな！」

まずまず参会の皆さん安心（？）して帰っていった。

大学の友人がびっくりしてお祝いに色々なものを贈ってくれた。そのために浮いたお金で伊豆へ新婚旅行に二泊で出かけた。この時期は伊豆が人気だった。路線バスも二人座席でロマンス席になっていた。しかも、満席だった。びっくりしたのは、乗客のほとんどが新婚旅行だった。カップルの友人ができた。修善寺の宿で、おひつごとご飯をおかわりするほど食べて、仲居さんを驚かせた。

さらに学生運動の仲間が披露パーティーを企画してくれた。例の「白十字」だった。三〇人の出席で、司会は兄貴分の木野内喬君にお願いした。両親ではぼくの母だけが出席してくれた。

ぼくは「羽田（闘争）で二つの拾いものをしました。一つは腕時計で、もう一つが…」「わー」との声と大笑いが…。「デートは学連が決めてくれるし、彼女は押しかけ女房です。しかし秩子は泣き虫だ」と付け加えた。秩子は「表は女性解放などと言っていますが、家では反動的なことばっかり言っていますよ」「私が泣きっぽいのではなく彼が怒りっぽいんです」と。

友人の名スピーチを聞いて、唯一の肉親である母は、やっと緊張もとれ、うれしそうな表情になっていた。「はじめは結婚も反対だったけど、皆さんのお話を聞いて安心しました」と。

黒幕の石井暎禧は「二人のスピードの早さには勘のいいぼくも追いつけずで〝いつ結婚するんだ〟と聞いたら、〝もうしたんだよ〟という具合でね」

朱文龍君が「二人の関係に気付いたのは、ぼくが最初かな」「遅くなってＹＭＣＡに泊めてもらったら、黒岩君は部屋を出ていって、翌朝きれいなビラをつくってきた。北大路さんが自分のアパートで夜中につくってくれたことからわかったんです」

最後に秩子が、「彼は女性解放なんて嫌だと言っていますが、朝起きてみると朝食ができていたりしてね……」

楽しく終わって、これで二人の出発になった。

後日談・秩子の武勇伝（秩子記）

一九六〇年の学生たちの熱気が冷めて学内が静かになったころ、日本全体は高度経済成長で沸き返っていた。その経済の中心は工業の発展であり、その担い手を養成するのが大学の役目だった。理工科系の人数を増やし、戦後の東大では総長に初めて理科系の茅誠司を当てた。この人物は思想的には何もない物理学者だった。公言する理念は無思想といった方がいいのか。

学外の学生に東大の部屋を使わせたということで、秩子（理学部自治会委員長）と矢澤（地球物理学の専攻で、中央委員会の議長）が処分を受けた。これに抗議しようということで、数人（秩子以外は男性）が集まって、卒業式に総長が処分に触れたら、みんなで大声で叫ぼう、と話し合った。

秩子の母が秩子の卒業式（一九六三年）のためにつくってくれた着物を着ないで洋服で参加したのも、そのための準備だったという。ところが総長の話は初めから終わりまで「小さな親切」の話だけだった。話が終わった時に、秩子一人大声を出して「ナンセンス！」と叫んだ。安田講堂いっぱいにその声は響いたということだ。

後にその時卒業した男性たちから「君の声だとわかったよ」と数人から声がかかったという。

もう一つはそれから三〇年も経ってからのこと。これは秩子の単独行動だった。

次女海映の京大の入学式。前もって届いた案内に「父兄の皆様」とあった。さらに京大法学部には、女子学生が四分の一いるにもかかわらず、教授の女性はゼロ。これは抗議に行かなくてはと、子どもの大学の入学式には行かないことにしていた秩子が、この時ばかりは行くという。

当日、入学式が終わって、法学部の保護者だけになってから、職員たちがいろいろと話した。そのあとの質疑の時間に秩子が挙手して二つのことを語ったという。

一、いただいた案内に「父兄の皆様」とありましたが、私は父でも兄でもありません。このような古い言葉はやめましょう。

二、女子学生が四分の一も入学できるようになって素晴らしいと思いますが、教授陣には女性がおられない。女子学生たちは心もとないのでは？

これを聞いた母親の中には共感して家に帰って娘に話した人があったと、次女の耳に入ったそうだ。

第十章　聴診器一本とかんじきで

選んだ着地点・国保診療所

一九七〇年（昭和四五年）五月、ぼくは自分の職を求めて、連休の明ける頃、南魚沼郡の旧大和町（現南魚沼市）にやって来た。浦佐駅に降り立ち、まず目を奪われたのは東にそびえる八海山だ。頂上付近には青黒い岩肌に白く残雪が消え残り、麓は緑に芽吹いたブナの林が鮮やかに浮かび上がり、淡い青葉の山肌に白いこぶしが点在していた。まさに雪国の春たけなわだった。

ぼくは大きく胸いっぱいに空気を吸いこんだ。しばらく忘れていた田舎の味、いや、生まれ故郷の信州の味すら、体のすみずみによみがえるような感触におそわれた。

新潟県南魚沼郡大和町は魚沼盆地の南端にある。魚沼盆地を北へ流れる魚野川は鮎など川魚の豊富さで知られているが、春ともなれば遠く谷川連峰からの雪溶け水で両岸いっぱいにふくれ上がり、越後川口で信濃川と合流する。

浦佐には梁（やな）がある。魚野川にかかる四つの梁の中で、一番上流にあたる。この町ではこの梁でもてなすのが最高の接待であった。日本海から遡上（そじょう）する鮭も銀色の魚体をひるがえす。

診療所を案内され、ざっと見学して、ちょうど昼の時間になったので、ぼくもこの梁へ案内された。大きく斜めに川を堰き止めた水が、竹のすのこで組んだ梁に激しく流れ込む。魚は踊るようにして梁へ上ってしまう。ぼくは梁に降り立ち、そのしぶきを全身にあびて、いっそう清々しい気分になった。

学生運動に熱中し、卒業しても足を洗わず、したがって医学の修練は中途半端になった。その過程で、いわゆる〝医局〟と縁を切ってしまった一医師として、医者で生きていくのはかなりの制約があったことも事実であっ

診療所の建物、お産用６床。金杉所長は産婦人科

た。

医局は外科であったが、当初考えていたように、頭で政治運動を、手で外科をといった生活に見切りをつけ、医者としてやり直そうとした時、内科に転向した。まあ、脱藩した下級武士といったところだが、それはまさに素浪人ということで、一人の人間としての自由をつかみ、医療界への未練も断ち切った。それは何かを生み出す冒険だった。

列車は長いトンネルを抜けた。関東平野を抜けだしたところで、何か逃げ切ったといった感覚におそわれ、自分のことがおかしく思われ苦笑した。

大和町に病院はなかったが、医院は開業医が五軒とこの診療所があった。大和町は、昭和三五年、浦佐村、薮神村、大崎村、東村の四村が合併して大和村となり、しばらくして村から町になったが、旧東村には医院はなく、いわば無医村となっており、診療所はとくにこの東地区と冬期間へき地の後山、辻又地区をカバーするのが任務であった。しかし浦佐地区にあるため、患者がどこから来ても不思議ではなかった。

しかし、一人で飛び込んでいった見知らぬ土地で診療をはじめるにあたり、いったいどんな患者がいるのか、また来てくれるのか不安であった。

ぼくが東京を離れて田舎に来る時の思想と挑戦は、聴診器一本でどこまでできるかを試してみようということだった。そしてかんじきは雪の中、どこへでも往診する、のシンボルだった。機器や検査に頼らず、患者をよく診ることによって、自分の手に負えるものは治し、そうでないものはしかるべきところにお願いする。それがどこまでできるか、ということである。

診療所の設備はたしかに〝聴診器一本〟にふさわしいものだった。レントゲンは一台あったが、とても造影剤を使用する撮影には使えなかった。そもそも産科のためのものだったから、骨盤など骨が写ればよいといったものだった。あとは血球計算をするメランジュール、遠沈器と古めかしい顕微鏡であった。心電計も順調には動かなかった。ぼくは、診療機器はなくてもよい。それは流儀ではなく思想だった。必要なものは患者と住民から教わる。こちらからは具体的要求をしない。

医学の質を考える

一九六〇年は安保闘争が終り、そして自分のやりたいこと、どんな医療をどこで誰とやりたいか。その前に医療の質についてぼくなりに考えていた。そもそもソ医研を選んだのは、ぼんやりはしていたが、思想的なものがあった。学生の頃から、西洋医学はものを分けてみる、いわゆる科学と西洋医学に根拠をおいた医学には疑問を持っていた。西洋医学は事象を分けて系統的に細部に至る。臓器、組織、細胞、分子というように科学の根拠に依存する。それに対し人間を総体として心身一如、医食同源など総合的に病気をみてゆく、そうした医学が必要ではないか。その具体的な理論はソ連（ロシア）の医学者パブロフの条件反射学も、神経主義ともいわれ、人体を神経学的にみる一つの方法と考えており、一般的には医学方法論として、関心をもっていた。とするといわゆる漢方も、鍼灸学も経穴論にあるように、人体を総合的、全体的にみる医学でもあった。さらにインド医学のアーユルベーダにも興味をいだいた。

こうした考え方が西洋医学を根拠とする専門家から身を遠ざける傾向にあった。

まあ浅学のレベルだが、西洋・東洋の初歩を勉強しつつ、雪国の僻地にやってきて、聴診器一本でやろうという先に、ぼくにとって医療づくりへのロマンはあったと思う。

そんな考えもあり、越後の山間部にはまだ「おまじない」的な習慣があった。「六三が当たる」とか「八卦見で診断する」など。ぼくはそれでも治ればよいから、「どうぞやってみてください。ダメなら来てください」と応じていた。

こうして魚沼の地に着任するまでの約八年間を、まわり道のような時間を要することになったと思う。

浦佐梁でのもてなし

ここでまた、手に負えそうな小さな町の小さな診療所の話に戻ろう。

ちょうどお昼の時間となり、この町では最高の〝迎賓館〟である浦佐梁に出向いた。梁をみるのは初めてだった。無手勝流の漁法でいまは新しく営業はできない。

季節ごとに魚はちがう。鮎は有名。川鮭もそうだ。昔はうなぎが一晩で百匹もあがったという。

はねる魚と全身に吹きあげる川のしぶき、残雪の八海山に麓のブナの緑、点在する白いこぶしの花など、東京とはまったく別世界で心身ともに気がめぐる。この素晴らしい気分がこの土地への赴任を決めたのではと思っている。

小宴会がはじまった。診療所の事務長、婦長、役場の保健課長と保健婦長。それに町長と助役と関係者がそろった。久々に口にするビールが美味しかった。体長二〇センチもあるはやの田楽、鮎の塩焼き、鯉のあらいと鯉こく、新鮮な漬物など、このご馳走も初めてのものだった。そして大満足だった。

赴任のことは改めてお知らせすることにして好感をいだいて帰京した。

その席での説明で、前任の医師は心臓が悪く、むくみと胸痛（?）で、自分でモルヒネの注射を打っていたという。往診で坂道があると運転手に背負われて患家にやっと到着することもしばしばあった。鹿児島出身とのこと、まさに一人旅の孤独な医師であったのか。二月の冬の最も雪の多い頃亡くなった。その後、後任探しとなった。町長は初当選してから一年半くらいのことだった。

大和町が診療所を開設したのは一九六二年（昭和三七年）。この間約八年で内科医は七人目だ。なかには三カ月で去る者も。あるいは大量に薬を注文し、当時は当たり前だったメーカーからの特別謝礼を懐にして去る者もいた。

面白いこともあった。ある男の先生は往診に出掛けるとなかなか帰ってこない。中学生くらいの子がいると話し込んでしまう。看護師が「もう帰りましょう」と促しても動かない。そばに寄ってみると、子の宿題にはまり込んでいる。患者をみるより楽しそうにしているし、子どももうれしそうにしている。あとで考えてみると、こんな医者のほうが、この土地にあっているのかもしれないと思った。

大戦直後の医師の需給は悪くはなかったとのこと。海外から引き揚げてくる医師、軍医をやめて仲間になる医師、大戦用の医専卒医などがいた。職場をめぐる〝渡り鳥医師〟というレッテルがあるほどだった。ぼくはどうなるのか。

長（ちょう）純一と中村哲

ぼくの「一本の聴診器とかんじきをはいて」は、いまから五四年前である。

長純一は二〇二一年六月悪性膵癌で急死した。六二歳だった。信州大学を卒業し、佐久病院から出発して三五年を経ている。

東日本大震災によって石巻の仮設住宅にできた診療所の医師だった。こうした体験から、このままでは日本社会が仮設住宅の村になる。待てないと決断し、「一〇〇の診療所より一人の政治家を」と宣言し、石巻市長選、宮城県知事選に出馬した。落選も彼の戦略には組み込まれていた。

長純一は、学生の頃からぼくのところに出入りしていた。彼は医とは何か、医師は何をすべきかを考え続けていた。その結論は、若月俊一先生の佐久総合病院だった。ぼくのところへは〝秩子さんに会いたいから〟ともらしながら。

しかし佐久総合病院という大きな屋根の下からは飛びださなかった。ぼくは何年も前から、小さいところで自由にやるほうが、君の能力にはるかに大きくなると勧めてきた。大きな天変地異によって、石巻市の仮設住宅の仮設診療所へ赴任した。彼にしても受け入れる側でも大きな決断があったと思う。しかし彼の目には、いや身体全体が感じていたことだ。いまの仮設住宅と村の現実が日本の医療を変えないかぎり、日本社会がこの仮説住宅の村になってしまう。日本社会を変えるには、政治や政

コラム

夫・故長純一を想う

昨年は、夫の最期のときまでお励ましいただき、また佐久病院誌への温かな文章ありがとうございました。そのうえ「ビハーラ学会」でのパネル、感銘いたしました。皆が無視する「政治に出た」という決断を賞賛していただき、長純一もうかばれると思いました。また私と娘の写真も使っていただき重ねて御礼申し上げます。

長純一・妻明子記

比較するわけではないが、「ぼくは豪雪の地で一本の聴診器とかんじきをはいて」寂かに魚沼に着任した。

地元に耳を傾ける

さて「一本の聴診器」はどうなっているか。「聴診器一本」と「一人でも」できることから始めるのがぼくにとっての〝挑戦〟だった。

「聴診器一本」はどう受け止められたのか。実は患者の多くは聴診器が医者であることを、かんじきで意欲を感じとったと思う。

まずお互いに新しく初めて会う人で、お互いに好奇心をいだき楽しむことができた。

それにぼくのほうは「方言を聞くこと」が面白かった。また地元の話が面白く、何か特別なことは聞かなくてもぼくと患者との関係は話でお互いに満足してしまう雰囲気だった。聴診器で聞けるもの、聞こえることは、一本の聴診器に溶け込んでしまう感じだった。また何が聞こえるかと同時に何が見えるかも同じように大切であることがわかった。

その後のことだが、地元でぼくが尊敬する小林先生にお会いした時、先生は穏やかに口を開いて、「先生、私権が変わらねばならない。それは確信となり、彼の大きな決断が生まれた。

長純一はぼくにとっては身近な存在だった。中村哲は遠くにそびえる偉人だった。

中村哲はペシャワールでテロによって、二〇一九年死亡。ここで改めて業績は語らないが、彼は「一〇〇の診療所より一本の水路を」。医師をやめて、地域の命を守るために、要するに医者では限界があると宣言し、自ら重機のオペレーターになり、地域を変える設計士にもなった。彼は「働くとは何か、仕事とは何か、そして平和とは何か」と問い続け、働き続けた。

彼がアフガンの山岳地帯の一隅でテントを張って医師一人、聴診器一本で働いていた姿を映画で観た。患者の行列は乾ききった谷や山の陰から、テントに長蛇の列となっていた。なかには幼な児を抱きしめてたどり着いた時、既に瀕死の状態になっていることも映像に訴えていた。小さな命は喪われたのだ。

中村哲は想像もできない砂漠の荒地、人類の生活の果てに「水路」をつくることによって、人の命と自然の緑を復活させたのだ。人と地球をまるごとに革命の対象としたことは称えても称えきれるものではなかった。

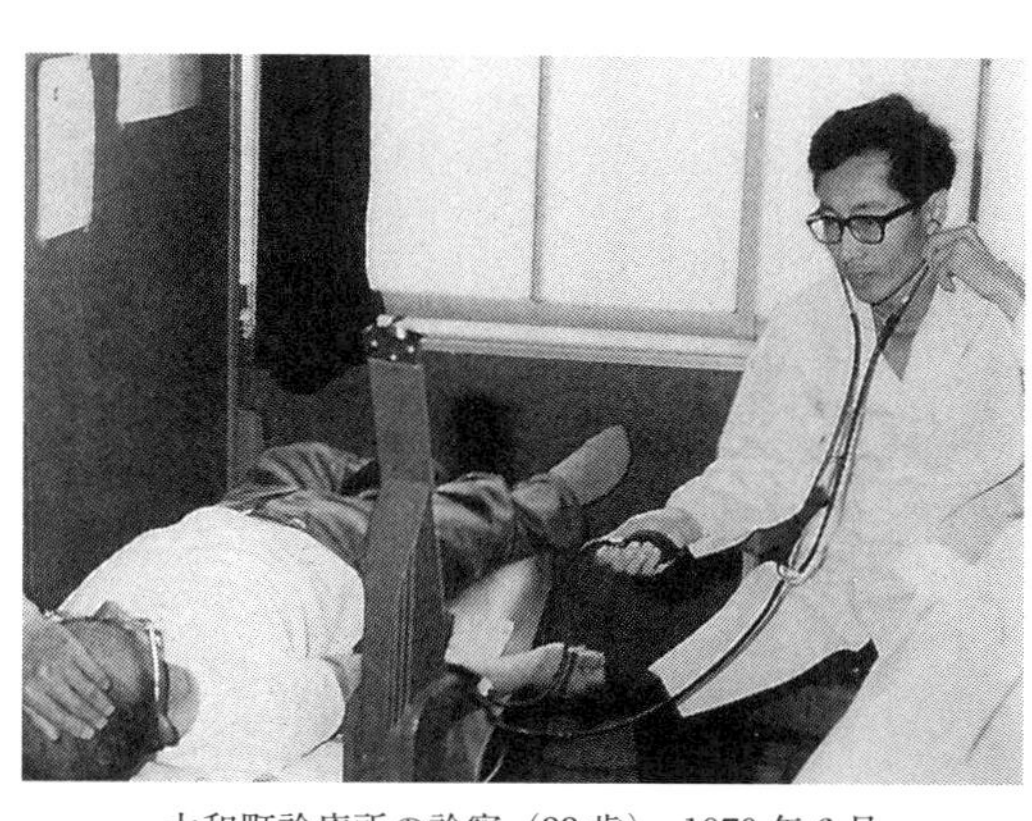
大和町診療所の診察（33歳）。1970年6月

はレントゲンもありません。しかし私は患者の懐の中はよく見えます」と教えてくれた。ぼくはこの時から聴診器も音を聴くだけでなく〝目〟でもなければならないことがわかった。懐とはお金のことで、医師はそれも考えて治療にあたらねばならないということだった。

またもう一人の先生は、往診依頼があると「ああその村ですね。お金には厳しい村ですよ」と応じていた。そのあとで先生から「いやー、先生ね、その村の生活の経済的余裕ないことをよく知っています。ということは往診といえばかなり病状が悪いと推測できます。貧乏ですが仕方ありませんね」

この話が出た頃はまだ国民皆保険ではない頃だった。

父が半農半医の頃は当然のことだった。

聴診器一本をあまり拡大してはまずいのだが、一本の聴診器の意味が深まることには問題はなかった。

「先生、おら子はそ、きんなへるくったかっぱにあっぱたれてそ、心配（しんぺい）でつれてきたって」と母親が開口一番に告げてくれた。付いていた地元の看護師が吹き出さんばかりにおかしがって、「先生、お母さんの言うことわかりました？」とまわりも笑い出した。〝おら子は、昨日の昼食の直後に下痢になり、心配していて〟ということだった。お母さんはちょっと気まずいような表情をしたが「先生、ほかの子も今朝腹痛てえって困っちまったって」

そんな具合に話が弾むと診察室全体が緊張感もあるが皆和やかになって、他の人の声を聞いていてしっかりした診断に役立つ話になった。いや、ありがたいことだなと一本の聴診器にまた感謝ということになった。

卓夫の価値を認める

三カ月ほどで押し寄せる患者の波は減ることなく増え続けた。この頃から町の行政や議会の態度が変化した。行政から「先生、レントゲンはもっと良いのを入れてください」と言ってきた。

議会のほうが経営には厳しいのは当然で、そこからは「黒岩先生を辞めさせないようにしよう」「噂によると町長とは一年契約になっているようだが、我々はほうっておくわけにはいかない」

秋口になって議長がやってきて、「先生、山へでも遊びにいきませんか。キノコも出ていますよ」と誘ってくれ、山の近くに住む議員と一緒に山に入ってみた。しかしキノコはいまは食べなくなったカタハ（あるいは杉茸）くらいだった。あとで聞いたことだが、本当に採れる場所は親子でも教えないという。

町はこれでよしとしているわけにはいかなくなってきたのだろう。これで寂かな革命が進行していると考えてよいのでは。

秋風の吹く頃、「黒岩先生は一年で辞める！」と噂が患者の間でも囁かれるようになった。ある日のこと、婦長から「先生辞めないで、と泣いているばあちゃんが三人もいますよ」と言われた。言われてみるとその三人がわかった。ぼくのことを慕ってくれていることはわかった。一人は診療所の片隅で涙を流していた。一人はのちほど往診するようになったが、綿入れのはんてんをつくってくれた。もう一人は五〇歳くらいだったが、大して悪いところがなくても週二、三回やって来て、ぼくの顔を見るや、あとは看護婦とおしゃべりして帰る。こうした患者が何人も来るようになると患者や住民から合格点をもらっている証拠でもあるのだ。

そしてその年の一二月二八日、公務員なのでこの日は半日で仕事は終わるのだ。しかし朝から昼すぎまで患者は減らず、必死になってがんばってやっと四時半に終わり、その日のうちに東京へ帰れる「急行トキ」に六日町駅から飛び乗った。浦佐駅には急行も停車しなかった。六日町駅へは車で二〇分くらいだった。

かんじきで豪雪の後山へ

今日も朝から雪が降っている。一月下旬は雪国にとって最も厳しい時である。雪は一日に五〇から一〇〇センチも積もる。毎日毎日、雪掘りをしなければならない。

この雪降ろしを年 10 回も行う

屋根から下ろしそれをかたづける。かたづけなければ二階の屋根まで雪で埋まってしまい、身動きがとれなくなる。なるほど、信州の雪とはちがう。その量というか重さがちがう。重さとはまさに地域全体を圧倒する重みである。

医師住宅は診療所から魚野川をわたったところ、川の堤防の下に二軒。とても雪に耐える構造とは思えない貧相な姿で建っていた。

さらに面白い話は、ぼくの前任T先生が、朝目を覚まして、起き上がろうとして上体を起こしたら、畳ごとグラッと手をついたほうに沈みこんだ。あわてて見たら、床上浸水で畳ごと半ば布団が浮いていたことがわかった。夜中に洪水となったのに気付かず眠っていたのだ。

ぼくは、黒いキルティングのヤッケをきて、長靴を履いて家を出た。新しく積もった雪だけで太腿のつけねのところまでスポッと埋まってしまう。数メートルの堤防の上へ這い上がるだけで雪の中を泳ぐようにしてやっとだ。なるほど、かんじきがあれば役に立つのだなと確かめた。それから多聞橋をわたる。雪の降っている時はいつも、川の上流はけむるようにかすんでいる。そして流れの音も、声をのみこむように雪の中に消えていく。

診療所に入るや、当直の看護婦が忙しそうに駆け回っている。夜中にお産があったなと思いながら内科の診察室へ向かう。薄暗い待合室のこたつには、すでに数人の患者が足をつっこんでおしゃべりをしている。

「おおごったの、雪がこう毎日降っちゃ、今年はおらんちは雪下ろしももう五回もやったの……」「そうだの、だども去年にくらべれば今年の方が降りが軽いんじゃあんめか」年に何回雪下ろしをしたかでその年の雪の量を表現する。

これでも去年より少ないのかと聞き流して、そそくさと診察をはじめた。

「先生、今日後山ですからがんばってくださいね」と、看護婦がやさしく話しかけてくれた。そうだ、今日は木曜日で後山だったな。一時にはどうしても出発しなければと思い、せわしなく診察にかかった。

大雪のせいで、いつもより患者が少ない。幸いにして一時少し前に診察が終わった。急いで昼食をとる。さすがこの土地は米がうまい。東京にいる時は、米がうまいなどと味わう余裕も、またそれを賞味できる味覚も持ち合わせていなかった。しかし、この土地のコシヒカリを食べてしまうとよその米はまずい。しかも、どの田んぼでとれたかで、また味がちがうのだ。昔からの山沿いの田んぼがおいしい。地元の人はどこの田んぼの米が美味しいかよくわかっている。「コシヒカリ」だけではもはや意味がない。

食べ終わるころにはすでに、後山へいく出張診療チームの準備は完了。もっていく薬剤、カルテなどの点検もすんでいる。一行は医師一、看護婦一、保健婦一、事務一、運転員一の計六名である。当時は、保健婦は役場から出張することになっていた。車は中古のジープで性能はよくない。

村人が薬を背負って

診療所を出て国道一七号線を北上し、小出町から国道二五二号線に入って堀の内をまわり、ちょうど大和町の裏からアプローチする。車で約一時間、そこで道路の除雪もここのお寺までで、車の終点である。お寺まで村の人が一人山を下って、迎えにきている。それは、今日使う薬を背負っていくためだ。

終点は大きなお寺だった。出発にご住職にあいさつをする。はじめは職員がかんじきのはきかたを手とり足とりで教えてくれ、長靴にきちっと固定してくれた。

やっとかんじきがゴム長靴にはまって足の一部になった。

「やあごくろうさん」

「今日も雪でおおごとだったの。よろしくおねげえしやす」

と村の人は頭を下げて自分から先頭をきる。

夏道は谷川に沿ってまがりながらのぼるが、冬道はところどころで直線となっており、歩く距離はやや短くなっている。今日の雪が重いのかこうもりをさして歩く。途中、雪崩のおきやすいところが二カ所ある。崖の上をみやりながら、みな黙々と歩く。汗ばんでくる。一枚上衣をぬぐ者もでる。約一時間半で後山の学校に到着する。学校は村の高いところにあった

山は平場に比べるとさらに一メートルよけいに積もっている。家もほとんどがわらぶきで雪の中にすっぽりと埋まっていた。

診察は小学校の一室を借りてやる。薬局はもう一つ別の部屋を借りる。当時は生徒が六〇人くらいいた。分校ではなく歴史のある本校である。先生もみんなで六人はいた。村の戸数は五十数戸である。

一年交代でつとめる区長さんも大変である。診察の日は早くからやってきて部屋の模様をかえ、ストーブであたたかくしておく。事前に病人の現状を把握して、薬だけでよい人、早く診てもらいたい人、往診の必要な人を分別して報告してくれる。区長が村人全員の健康を把握しているようだ。

かんじきをぬいで正面玄関から入る。区長さんや校長さんまでニコニコ顔で迎えてくれる。さあといってまず職員室で熱いお茶を一杯ごちそうになる。寒さとのどの渇きをこの熱いお茶が潤してくれる。校長先生に「先生、最近かぜははやっていませんか。平場ではかなりはやっていますよ」とたずねる。「いやまだですね。これからそろそろはやるでしょうか」と校長先生がこたえてくれた。

この村は山間部にあるためか、かぜの流行も一足遅い。おそらく、今日あがってきたぼくらのだれかが、かぜのウイルスをこの村においていくにちがいない。どうもまずい関係だなと苦笑してしまった。

村の岩盤、生命力に触れ

診療はお年寄りがほとんどだが子どももくる。この日も三十数名の患者さんを診察し終わったのが六時すぎだった。薬をつくる方がまだ汗だくでがんばっている。ふだんなれない仕事で、保健婦は大変である。赤く燃えるストーブがひときわ目立ち、動く人たちの顔を赤く照らしている。

そんな風景を横目でみながら、往診のため外に出る。かんじきなしである。道は雪を踏み固めてあるはずだった。冷たい風に首をすくめる。運転手が往診カバンをもち、看護婦と三人で雪道を一列にすすむ。ときどき雪の踏みしめが足りないところで長靴がズボッと雪にはまりこむ。雪が靴の中に入ると仕方なく立ち止まって、靴をぬぎ雪を払う。

「こんばんは」と木戸をくぐる。この村はまだ古いつくりの家が多く、まず土間に入る。入るとすぐ横手が馬小屋になっている。いまは馬はいない。馬にかわって牛や山羊を飼っている家がある。土間を通って茶の間に上がる。茶の間もいろりのかわりに、石油ストーブになっている。茶の間を通って座敷に入ると、そこに患者が寝ていることもある。老人部屋というせまい部屋に布団に入って顔だけ出していることもある。

このところ心臓がわるくて、寝たり起きたりだ。

「ばあちゃん、どうだろう。胸はなんぎにならんかい、夕飯は食べた?」

「いま、まんま食べたどこだども、胸がつまりそうで、無理にのみこむとたつおき(背中)へひびくの。そのせいか、ちっとしか食べられね」

足をみると足背がむくんで丸くふくらんでいる。どうも具合はあまりよくないなと考えながら、どんな薬をのんでいるか確認する。血圧は一〇四と六〇で低い。脈は弱く、しかも不規則だ。

部屋は暖房をしてないので寒い。いつもそう思うのだが、患者は首まで布団に埋まっているからそう寒くはないが、その枕元に座る者は寒くてかなわない。だからゆっくり診察をする気にならないことがある。家の人があわててストーブをつけてくれることもあるが、暖まるまで待っているひまがない。どうも心不全の状態が悪化しているようにみえた。改めて看護師がバイタルをチェックする。「先生、血圧は低いですね」、八六/五〇とのこと。「ばあちゃん。すこしむくんでいるから薬をかえておくよ。あまりしょっぱいものは食べないほうがいいよ」と言ってその家を後にする。

もう一人は七〇代のおじいちゃん。「先生、おら悪いところはねえ。若手が心配して先生に来てもらったども」と確かに元気だ。腰が痛いと言う。よく聞いてみると朝早くから家のまわりの雪を片付けていた。雪はまだ降っている。明日も降るらしい。「おじいちゃん、明日は休んでほしい」「先生、そうはいかね、薬飲んだし、湿布も貼った。明日は大丈夫だ」と言う。こうして雪に負けずに七〇年も生きてきた。まだ気力もある。大声も出る。声だけでも家族は元気になる。雪と朝・昼・夕方と闘いながら、雪が休みなく積もってくる。明日も俺がやるんだと、ぼくの顔をぐっと睨むようにして力強く立ち上がった。ああ、これがこの村の健康の岩盤だと思った。

もう一軒寄って、区長さんの家へ直行する。学校での仕事を片付けた一行と落ち合う。毎回、ごちそうになることになっている。「さあ先生、遅くまでごくろうさんでした。こたつに入って体を暖めてくんねかね。さあさあ」と言って、ストーブですっかり暖まっている部屋に通される。冷えている眼鏡がさっと曇って、あたりが一瞬ぼやける。こたつに足をいれほっとする気分がやはり最高だ。

一同そろったところで夕食がはじまるが、まず酒ということになり、冷えた体の隅々までしみ込むような熱燗で心もなごむ。山菜料理や鯉のあらい、鯉こく、煮物、漬物など大変なごちそうである。

長い一日を振り返りながら話がはずみ、つい時間のたつのも忘れる。体も暖まり満腹になったところで、また山をくだることに気付いて、〝さあ帰るぞ〟と気合を入れてかんじきをはく。一時、小降りになった雪も、また降り出した。それでもくだりは楽だ。登りは一時間半かかったところを一時間でくだる。車のところに着く頃ようやく、ほろ酔いが醒めてくる。診療所につくと一〇時をまわっている。

環境が自主性をつくる

ああ、今日もよく働いたなと思う。スタッフもみなそう思っているにちがいない。明日のためにそれぞれ家路につく。

斜めになぐりつけるようにふぶく多聞橋を渡る頃、村はすっかり眠りに落ちいっていた。

しかし雪に埋もれて何百年と変わらない。一人の病人が出ても村中が動く。決めれば手順はできている。板戸を担架として五、六人の男たちが担いで山を下って病院へ。しかし健康の心掛けは食生活から工夫もしている。山猿の高地にひけはとらない。伝統食は栄養的にバランスよく健康の素だ。

では越後の豪雪山村僻地の後山はどうなっているのか。

村は五〇軒近くあり、人口は三〇〇人くらいと思われる。小学校本校で生徒数は六〇人くらいだ。南魚沼郡と十日町市の境界にあり、文化・生活や、婚姻関係も十日町との関係が多く、特に冬期間はそうだった。

高地と大きくちがうところは、後山には田んぼがあるのだ。旧大和町の一般農家より戸あたりは多いくらいだった。一方冬期間に車は不通となり、冬眠ではないが、それに近く雪に埋れながら、全村雪との対策には心掛け、何ごとも協力し、一山村共同体として生活している。医療も月に一回の出張診療で、この機会を十分使って病気には対応している。

しかし病気への対応や栄養のバランスなどにはハンディキャップはあった。冬期間の食品の貯蔵でも塩分過多になりやすく、たとえば脳梗塞も新潟県は東北六県に引けを取らないところがあり、脳梗塞予防一つでも十分意味はあった。

まだ雪の多い三月三日の浦佐のお祭りで、ヤツメウナギを買って食べると目が見えるようになるという。話半分ではあるがビタミンAやDが本当に不足して「鳥の目」になるのではといわれている。

ぼくが赴任して二年目、佐久病院の全村健康管理（八千穂村）を範として、後山にもう一つある辻又地区の二カ所では全員の健康管理手帳をつくることも実施した。

この後山・辻又の経験を大切にし、その後大和町全体に健康教育、相談、総合的検診と実施してきた。健康教育も佐久病院を参考にして、夜間各集落を訪れ、講話、簡単な劇、ロールプレイング、映画、グループワークなどを実行してきた。

各家のみそ汁を持参し、塩分測定をした。慣れてくると、なかにはちゃっかりみそ汁を薄めて持ってくる。薄めすぎてばれる人もあり、大笑いになる。

こうした予防や健康教育の成果と思われるが、一〇年くらいたって、二つのデータから確認することができる。

一つは老人医療費が旧大和町では県下離島の粟島村についで二位と低かった。もう一つが、この魚沼の地の平均寿命は延びて、県でも一、二を争うほどになった。実は老人医療費が低いことに、県医療担当者が驚いてやってきた。親切ということか、その事実から「先生これじゃ病院が大赤字ではないですか」ということだった。ところが病院はなんとか黒字だった。

大幅な赤字の県立病院を抱える県としては、考えられないことだった。こうして多様な予防活動が寂かに数字に表現されるようになった。これは確実に小さな革命だった。

第十一章　健康やまとぴあ

卓夫の行動力

確かに寂かに着任した。町当局や関係者に、「自分は聴診器一本で仕事します」「どこへでも出かけて診療します」と宣言した。だが関係者は聴診器一本をどう受け止めたか。検査など何もできない医者と思ったかもしれない。医療機器は何一つ注文しなかったし、給料も言われたままだった。医師住宅も小さな貧相な建物だった。身体は痩せていたので後ろ姿をちょっとみれば高校生みたいとからかわれた。前任医師が心臓発作で亡くなっているので医師の健康にも特別心配したのではないか。

しかし間もなくその心配はいらないことがわかった。

水無川の奥、八海山の裏側で、まだ雪渓の残るところへ登山の下見にきた男が雪渓のクレバスに落ち、肩まで埋まってしまった。同行の一人が現場から救助依頼に駆けつけた。ぼくはダメになっているのではと心配しながら、関係者の案内で駆けつけた。谷川沿いの一部は川の中で大きな石も転がっている悪路で急いで片道一時間以上かかった。案内人に負けないスピードで駆け付けたが助けることはできなかった。可哀想にも首だけは崩れた氷雪から出ていたが、どうしようもなく残酷なことをしてしまった。しかしこれで脚力はあると思われた。

また別のケースでは、山岳救助隊員で地元の五〇歳くらいの男が救助に向かったが、病気の発作（脳梗塞）で倒れた。生命は保たれたが、病気で倒れたのでは補償金をもらえない。先生なんとか滑り落ちたとか、怪我にして欲しいと頼まれた。主旨もすぐわかったので要望通り診断書を書いた。大変喜ばれたし、〝若いけど話のわかる医者〟ということになった。

六月一〇日から診療をはじめた。

実は前日の九日診療所でブラブラしていた。そこへ電話があり、心臓が苦しいとのことで、亭主が軽トラックで妻、井口俊子さんを連れて来た。発作性頻拍症でなんとかなった。ぼくの第一号の患者さんでつい最近まで元気だった。

九月になると働きぶりもわかってきた。町の議員さんはお金にはうるさい。この国保の診療所の所長は産婦人科でお産の評判がよく、時節的には在宅分娩から施設分娩に移行する時だった。診療所は六床だったがお産は多く、多い月は四〇人もあった。それでも月の診療報酬は八〇万円くらいで、開設以来七年になるが三千万円くらいの累積赤字があり、閉院説もでるほどだった。ところが八月分（三カ月目）は二〇〇万円もあったと衝撃を与えた。これなら開業医より稼ぐではないか。町長とは口約束で一年とのこと、いまから引き止めを考えなければと言われるようになった。

ぼくからは何一つの注文もつけずに、求めに応じて仕事をしていただけだ。とはいえ外来も日ましに混み始め、夜には往診三、四軒もある。一軒も断ることはなかった。一方夜中に受話器を取り上げたまま寝てしまう大失敗もあった。

まずレントゲンを買い替えた。また分娩室の壁に胃の内視鏡が掛けられているのに気付いた。これどうしたのと聞いてみると事務系の人が、そういえば以前、医師会から使ってくれと言って置いていったものと思いますとの返事だった。早速点検すると問題はなかった。ただしいまからみればファイバー以前なので、内視鏡の先端にカメラが装着されており、操作によって胃の粘膜を全部上手に撮影し（光るので部位はわかる）、フィルムを現像し、その写真を拡大して診断するものだ。未開の地を自由に歩きまわるように、面白いように異常は診断できた。

胃カメラを使っただけだったが、胃がんなど多くの病気を発見することはできた。一本の聴診器を忘れたかのようだが理念はまったく変わらなかった。

たにし研究所

ぼくは興味本位から〝ビジネス〟もどきなことにもチャレンジ精神はあった。

満州ハルビンでは、難民の子として、母と一緒に寒い街角に一日中立って、手製の石けん売りを手伝った。仕事というより地獄だった。お金をつくることの困難さはそれなりにわかっていた。

また兄と一緒に、これは帰国途中長春に一〇日ほど足止めをされた時、日本人のキャンプみたいなところへ行って豆腐を売った。これは売れたのだ。買い手も帰国が決まり安心していることと、日本へ持ち帰るお金には制限があり、いまのうちに使うというタイミングでもあった。満州の豆腐は日本の豆腐のように柔らかく微妙なものではなく、硬くて平天秤に並べて二人で担いでいけた。何を売っているかより、子どもが天秤を担いでいる姿のほうが価値だったのかもしれない。

本書第四章でも紹介したように、中学一年生の時、兄と昭治さんと三人で山菜（ワラビが主）を大町で行商したことが典型的なビジネスだった。各戸をめぐり頭を下げ買ってもらい、そのうれしさのうえに隣りの人にも勧めてもらったというありがたさに頭が自然と下がるような感謝の気持ちを味わえたこと。

さらに三人で松本まで電車で行き、「エノケン」の映画を観てきたこと。これは三人の冒険だった。おまけに残った利益は家に差し出し喜ばれたこと。ワラビ一束二〇円だったが、兄とぼくの家へは一五〇円くらいはあった。電車は松本往復一五円くらいだったから使えるお金だった。いま考えれば楽しむことも忘れないというしたたかさも持ち合わせていた。

子どもとして、お金の力、そのありがたさがよくわかった。と同時に買ってくれた人のありがたさであった。資本主義の原理、労働、仕事がある、収入、ものを買える、楽しさも買えるなどがよくわかった。

そこで大和町にやってきて一年後だった。田んぼや特に食用鯉の池には無数というほど繁殖していたたにしに目が留まった。ミネラルも豊富な食材になる。これを皆棄ててしまうか、鴨の餌にするのはもったいない。

ちょうどこの年には一九七四年に上越新幹線のルートと浦佐駅の発表があった。たとえば「たにし魚沼弁当」など売れるのではないか、小料理屋の提供もできるではないか。しかも健康食の一端を担うことも可能だ。

そこでぼくと事務長ともう一人で一万円ずつ三万円を資金にした。この資金で「八海たにし研究所」という会社をでっちあげた。

まずたにしの養殖として田んぼを借りた。鯉の池からもらったものを田んぼにばらまいた。ところが鴨が食べてしまう。ではとスーパーから魚のハラワタや頭をもって田んぼにバラマキ鴨に提供した。こうしたことがすぐ上手くいかないことがわかってきた。とりあえずたにしを生のまま居酒屋に持っていった。

その役回りをした職員は三千円くらいの売上があったが、そこで売上は全部飲んでしまった。やってみて簡単ではないとの判断でこの仕事は中止となった。

次は二年目の三月三日の出店だった。三月三日はわざわざ〝サンゲツミッカ〟と称し、年一回の浦佐の「毘沙門堂」の大きなお祭りだった。まだ雪深い時に男衆が白い〝はちまき褌姿〟で冷たい岩舟で身を清め「おんべさらまんだやそわか」と呪文を唱えて、お酒も入った勢いで堂内に飛び入り、そこで堂内の高いところからご利益のあるお札や金杯が撒かれ、それを奪い合う神事で盛り上がる。〝はだか押し合い祭り〟ともいわれる熱気あるお祭りだった。〝サンヨ！　サンヨ！〟と叫びながら夜遅くまで行われた。

かじか酒

浦佐の街の祭りで最大の呼びものは〝かじか酒〟だった。この店は街中にかなりの数が競って出店した。清流で捕ったかじかを塩焼きにし、そのコップ一杯が当時五〇〇円だった。

さあ祭りに参加し出店するとなったら、驚くなかれスタッフは一夜にして自分の役を決め、優秀な働き手になり、ビジネス熱が燃えあがった。運転手のO君は、小型のブルを借りて川の流れを半ば止め、かじかを拾えるようにした。これは漁業違反だった。このかじかを串刺しにして炭火で焼く。コップに一匹を入れ、熱燗の酒を溢れるほどに注げば完全な商品となる。

ブルの活用、かじかを拾う女子職員、当日は焼く者、酒を注ぎ提供する者、店への客の呼び込みなど、見事な分業、連携となった。

大事なお客の呼び込みでは、これには診療所のお馴染みの顔が待っている。お堂に行くにはいやがおうでもこの店の前を通らねばならない。客も思わず足を止めるや店内に引き込まれる。ところが町長や助役も〝うっかり〟通りかかった。呼び込みベテランのおばさんにすぐ捕まって、ズルズルと「いや先生うまかった」と言って、頭をかきながら出ていく。この体では部下に公務員はなどとは言えなくなったのだ。

実はいくら小さな町の診療所とはいえ、地方公務員なのだ。公務員はこうした営業する（もうける）ことは禁じられている。町長とて自分も飲んで〝美味しかった〟などと言える立場ではないのだ。あとから事務長が注意されたという。しかし人気絶頂だった医者がリーダーで、皆が火の玉のようにやっていることに口をはさんだり、水を差すことはできないのだ。事務長もそれぐらいは心得ていた。

さらにこの祭りは男の祭りでもあるので、女性の口に合うものが少ないことにも気付いた。その対策もすぐ実行された。そこで酒の肴にモツ鍋を。女性に〝お汁粉〟まで提供した。

売上はどうだったか。二八万円の利益があった！　当時看護師の月給は三万円くらいだった。皆びっくりして喜んだ。さっそく何に使うか。職員旅行をしようということになった。当時のように稼いでいたから職員旅行ぐらい、公的にすべて負担してよいのだが、それはぼくのほうからは自由に贅沢にやろうということで公費は資金の一部にした。

自分たちで稼いで、それで楽しむのが最高だと実行した。結局総勢一五名くらいで、当時東海道新幹線が岡山まで延伸したので四国旅行二泊となった。ほとんどの人が新幹線も初めてだった。紛れ込んだ旅人のような男一人の発案であっという間に大事業になった。

ただし多数の職員は鯛の刺身を食べたいと期待していたが、淡路島の旅館の夕食には、一人三枚しかなく、皆がっかりした。あれだけのかじかが、一人三枚の鯛の刺身と計算してしまってのことだが。

また、単なるビジネス精神だけではなかった。他職能をもっている職員が一つの目的に実に力を出し、お互いの力や気分を組み合わせて実行し、成功したことは見事だったとみなければならない。人や組織を動かすことは天性としてあったのではないか。

ついでにビジネスの流れを病院になってからのことも この章の続きとして記したい。

ドクダミ健康茶

まず〝ドクダミ茶〟だ。「ゆきぐに大和総合病院」になって雪国薬草園をつくった。その流れからであり、また当時は健康づくりブームの時でもあった。したがって薬草への関心も高く、地元では薬草は自分たちで利用していたこともあった。

そこでぼくの提案で、薬草部のスタッフとで薬草茶をつくった。薬草園内には「草楽堂」という建物があり、ここは薬草の研究や試用など研究に使われる建物で、新築したものだった。補助金もあり、名もスタッフのアイデアで、薬を上下に二分すると〝草楽〟になる。

まずドクダミを主役にしたドクダミ茶をつくってみた。路傍の雑草で親しみはあった。地域の住民と一緒にこの仕事にあたった。つくってみると評判がよかった。そこで院内の売店で売り始めた。どんどん売れた。

邪魔者は他でもない保健所だった。公立病院は医療以外の商売はできないと文句を言ってきた。かじか酒は一回でやめたので問題にはならなかった。しかしドクダミ茶はそうはいかなかった。

しかたないので町内の業者に任せることにした。この人も前向きに取り組んでくれ、東京のデパートにまで進出した。このお茶は大成功だった。包装は渋い赤色だったので、ドクダミのイメージにあって、心にも響いたのではと思った。

そしてその後「健友館」をつくったのもこうした健康ブームに応えて、健康ビジネスのイメージを踏み台としてつくられた建物だった。もちろん何億円もかかったからこの企画に賛成する者は少なかった。まず町の町議たちがお金のことを心配した。増床して二二〇床にしたばかりだったからでもあった。行政も及び腰だった。

しかしぼくはまったく逆だった。この健康づくり志向から検診やドックへのニーズはますます高まるとみていた。

また健友館ができれば健康づくりのセンター、地域の人たちが研修したり講演会にも自由に使える教育センターにもなれると思った。

つくってみるとドックは当たった。これも普通の機能的な健康診断ではなく、食べるお昼の食事に、薬膳を提供した。

こうした心遣いが、その後の「健康やまとぴあ」企画に成長してきた。これは都市と農村を、健康を媒体として両者の連携をはかり、健友館の仕事にも、地域の仕事にもなるというものだった。

健友館は都会人の客も多い。都会人はただ緑の自然があればよいのではない。都会人のプライドもわがままもある。

そこで例えばトイレの造りも都会人や若者にも満足するものでなければならない。その精神で設計士も能力を十二分に発揮してくれた。

また人間ドックの昼食のイメージもよかった。法被姿のユニフォームを着た若い管理栄養士が薬膳もつくり、自らが食卓でもてなしにあたった。ドックが軌道にのってからも、ドックは医学レベルや、医者はともあれ、このお昼を食べたくてリピーターになってくれた。ありがたい話である。

こうしたぼくのビジネスに描くイメージと実行力が切れのよいビジネス創成を可能にしたと思う。

雪国で最初の一発を空に向けて

さてぼくの個人的なことになるが、医療だけでなく、いくら仕事が忙しいといっても、ひまはある。所長の金杉武先生は都立産院からやってきて、診療所開設の一九六二年（昭和三七年）から所長を務めている。職人気質の先生で、お産は上手との評判だった。そして釣りもベテランで、地域では魚野川の鮎釣りの名人だった。要するに職人肌の医師だった。お酒もこよなく愛でていた。そこでぼくにも釣りを勧めてくれた。一式五千円くらいだった。なんとかお金を工面して手に入れた。なぜ工面かというと、診療所は公立なので給与の支給日は毎月二一日だ。考えてみるとこちらから何も言わなくても文面で契約を交わすのは当然だった。

ところが事務長も交代中とか、誰かはっきりしていなかった。したがって支給は七月二一日に六月の給与も七月分とまとめて出すとのことだった。というわけで小遣いに不足している状態だった。

釣りはぼくの性分に合わなかった。面倒なことはあまり向いてなかった。釣りにいく前日には針を確認したり、餌の用意などできなかった。結局金杉先生からのお誘いも受け入れできないままになってしまった。

二度目の冬がやってきた。一九七一年（昭和四六年）の冬、スキーも能力不足でできないので、雪に埋もれて運動不足だった。聞くところによると鉄砲を撃つ、ハンティングが面白いということになった。患者のハンターに聞くと、試験は簡単だ。まだ間に合うと言われてチャレンジすることになった。ペーパーテストは問題なかった。撃ってよいものと禁止されているものがある。しかもオスメスでは撃ってよいのはオスとなる。オスの分が悪そうだ。

ところが実技の研修はないのだ。シーズンに入れば自由に撃ってよいという。さて困った。意外に度胸が小さいことがわかった。撃つ経験者に同行してもらえばよかったが面子もあった。仕方ない、広々した八色原に一人でかんじきをはいて出掛けた。近くの林で雉の声がケーン、ケーンと響いた。初めての鳴き声だが間違いないと思った。「雉も鳴かずば撃たれまい」とはこのことかと肝に銘じた。雪原に膝立てかまえ、上下二連銃を四五度上空に向け、筒尻をしっかり胸にあて、予想できない衝撃を受止める覚悟をした。

ハンティングはビジネスではないがぼくのチャレンジの一つだ。

あとは運にまかせて……。とストーリーは完成した。呼吸を一瞬止めて、右の人差し指で引き金をひいた。ドカーンとすごい音がしたが胸に打撃はなかった。「ウーン、弾丸は飛びだしたのか?」銃倉を確かめると一発なくなっているので、撃ったことがわかった。

雉を射止める!

六〇年安保闘争が終わり、一〇年後の全共闘闘争も終わった。安保闘争で生まれたニューレフトは四分五裂となり、権力との闘いより内部不和、衝突から内ゲバ闘争が激しくなり、それで生命を落とす者も増えてきた。

全世界に衝撃を与えた赤軍派のハイジャック闘争、連合赤軍による山中惨殺事件、浅間山荘銃撃戦事件など、その過激さに対して新しい左翼への期待も失せ、国民の不信と失望を招き、運動への大きな打撃になってしまった。

一方海外でも過激なテロ的行動もあり、日本の官権も慎重に厳しく対するようになった。こうした一見静かになった情況の中でも、かつて学生運動のリーダーであったぼくも、この頃はまだ警戒されていたようだった。

猟銃を所有してから、制服の警官もときどき姿をみせていたから、その波紋の一部だったのでは。

猟犬はいないので、親しくしている患者さんにコツを教わった。山鳥や雉については、雪面の足跡を見つける。人家の近くでも藪の中に隠れていることがあるので、その足跡を追っていくと、隠れている藪の見当はつく。その近くで銃をかまえ、下から撃てる体勢をとって待機すれば、人間に被害を与えずに撃てると教えてくれた。

ある日、東地区の村で、道路から少し入った広くもない畑から、山際へ向かう鳥の足跡を見つけた。足跡が小さな藪に入っていることを確認して、静かに近づいて撃てる位置にしゃがんで待った。おそらくこの姿勢を〝雉を打つ〟と言い、信州ではふざけて「雉を打ってくる」といえば野糞をすることをさした。

実は本当に雉がケーンと鋭い声と同時に飛び立ったので夢中になって撃った。見事に命中した。やった!という勝利の声がとび出した。

またある日のこと、大きな杉の森の中を歩いていた。杉の森の中は雪もかたまりやすいので歩きやすいのだ。杉林の中は山鳥や雉はいなけど、カラスぐらいだろうと奥に進んでいった。ひょっと上を眺めたらふくろうが首を動かしながら枝にとまっているではないか。興奮したが上方なのでまず安心。緊張したが狙う余裕もあった。狙って撃った！

ふくろうは一瞬グランとして羽根を半ば開いた姿で落ちて来た。ドサッと重い音がした。すぐ駆け寄るとすでに動かなかった。

ふっと息を吐いた時、捕ってはならない鳥だという声が頭をよぎった。一息入れてから警戒して人の気を窺ったが誰もいなかった。ふくろうをリュックに詰め込み、そそくさと家へ帰った。

帰路落ち着いてしばらく考えた。えーい、済んでしまったことだ。もったいないから剥製屋へ持ち込んだ。店主は黙って獲物を確かめると剥製代と出来上がる日を機械的に告げた。あれこれ聞かれなくてよかったとホッとして店を出た。

それから家の奥の座敷の床の間に、枝にとまった生真面目な顔つきで、凛とした姿をおがむことができた。ふくろうは「智恵の神」だ。子どもは何人もいたので縁起はよかったと少し気が楽になった。

雀のチョンチョン焼き

しかし仕事はますます忙しく、山へ鉄砲で行く機会は減ってきた。そこで午後の往診時に猟銃を持って出かけた。狙いは鳥小屋の屋根や近くの木に群れている雀とした。とくに脂ののった冬の雀をチョンチョン焼きで食べる。香ばしい匂いと美味しさは忘れられない。往診中、助手席から注意深く雀の群を探した。見つけると車をとめ、少し近づいて発砲した。パタパタと一〇羽くらいが雪面に落ちる。素早く運転手が拾いあげる。往診から帰るや運転手は手早く雀の首を絞めてから羽根を抜き取り、タレをつけて炭火で焼く。鼻をつく焼き鳥の匂いに一層食欲がわき、骨も軟らかく食べられる。もちろんお酒があれば何倍も美味しいことになる。

しかし医者が雀など撃ち落として食べている。しかも往診中にと噂もあがり、やはり殺生なことはまずいなと考えて、しばらくしてハンティングはやめることになった。

自分が鉄砲撃ちのはしくれでも、元の連中が仲間扱いをしてくれた。ある日のこと、夕方知り合いが野ウサギを一羽と一升瓶を一本さげてやってきた。所長、事務長も運転手ものんべえのほうだった。それッとウサギ鍋の用意をと、婦長を先頭にみんなで準備してくれた。大きな鍋が煮えたった。大根やネギ、白菜など野菜と共に、バラした骨付きのウサギの肉を鍋に放り込んだ。

お酒を飲みかわしながら、お玉でウサギの肉と野菜を丼に盛りつけて食べた。ところが事務長に異変が生じた。欲張って何やら大きな塊を野菜と共にすくい上げ、どさっと自分の丼に盛り込んだ。事務長はこの塊は何ものぞと野菜を塊からはがしてみると、頭皮をむかれたウサギの頭がぬっと露出した。悪いことに空ろになった眼窩が恨めしそうに睨んでいた。事務長はアッと息をのみ込むや、クラクラとして吐きっぽくなり、這うようにして座をはずした。

皆ジロッと目をやったが、同時にウサギの頭を認識して皆、一瞬鍋から体を遠ざけた。それでも多くはすぐ気を取り直してそのまま楽しんだ。事務長はいつの間にか姿が消えていた。

「健康やまとぴあ」への道

「ゆきぐに大和総合病院」に健友館ができた（一九八九年五月）。八四床の「大和病院」が二〇〇床の総合病院（一九八三年二月）になって間もなくだ。大和町も新幹線停車を資源として、大学などの誘致をはかっていた。そしてさらに病院があることを条件として「北里保健衛生学院」（後に大学）ができ、中山素平氏主導で、財界の力で「国際大学」もできた。

ぼくの著書『地域医療の冒険』（日本地域社会研究所）は、「健康やまとぴあ」への道順を書いたものであり、エピソードを通して魚沼の文化とぼくの活動を記したものである。

このビジネスは田舎と都市の共生によるビジネスモデルだった。

その第三章は「緑の医療」である。項目的にみると、

自然の中から人間回復をめざす
山の幸は人間の健康をつくる
浦佐の裸押し合い祭り
医と修験道
緑陰の湯（ラジウム温泉）・栃尾又温泉

となっている。

そして第五章「健康やまとぴあ」の建設では

　浦佐温泉と薬草風呂

4人の“主治医”が一堂に

〝医と食と農〟と土の会

雪国ワインの誕生（越後ワイン文化の会）をつくり、

応援する。卓夫が会長

薬草園のある病院

まとめとして「都会と田舎の共同プロジェクト」となっている。

こうした地元の〝土からのパワー〟を大前提に疑似的に「四人の主治医」による健康プログラムの提供だった。また地域の人たちの健康づくり運動が多彩に実行されてきた。

一九八一年「医と食と農」第一回講演会　全部で六回実施

一九八二年「共に育つ会」生まれる（障がい児の親たちの会）

一九八二年「石けん研究会」発足（合成洗剤を使わない）

一九八二年「有機農法・土の会」発足

一九八三年「医と宗教と考える会」発足

一九八五年　漢方専門外来開設

一九八五年「ターミナル研究会」生まれる

一九八五年　薬草園温室「かったこ」完成

「健康やまとぴあ」の四人の主治医とは、

一、ゆきぐに大和総合病院
　健康相談、栄養診断、人間ドック

二、ゆきぐに薬用植物園
　薬草実習・薬草茶試飲、漢方治療の実際

三、有機農法（土の会）
　無農薬野菜・こしひかり宅配

四、健康食と漢方風呂
　郷土伝統料理・漢方風呂

その他レクリエーション、登山、散歩、座禅、名所旧跡巡り

ぼくの本音は、人間ドックや漢方だけではない。それらは健康づくりには大切なこと。しかし、「自分の健康、家族の健康、生命の妙に気付いてほしい」。例えば人間も自然の営みの中にいる動物だ。頭脳・意識が人間存亡の鍵だ。

川辺や池のほとりで木の枝を伝って一枚の葉につらなっている水滴一つが、池にしずかに着水する。そして小さな波紋が波紋は岸辺に広がっていき、音もなく消える。この一粒の水滴、そして波紋がしずかに消えていく。そこの自然の営みや生命の微妙さを読みとってほしい。その気付きから自分の健康や生命を考えてほしい。それがぼくの「健康やまとぴあ」への期待だった。

第十二章　萌気会と桐鈴会の誕生

大和町長選

一九九二年（平成四年）大和町長選は、ぼくと同僚斎藤芳雄副院長とで病院や大和町の将来を考えて提起したものだった。

当然のことでもあるが、病院の世代交代、若手の育成が大きな課題だった。権平達二郎先生との三人では頭が重すぎる。まず斎藤先生が新しい仕事を担う形で計画された。それは当時すでに日野原重明先生を代表にして「医療と宗教を考える会」の有力メンバーである宗教法人「東京青山墓地」のオーナーでもあるご住職の提案で、広い墓地内に「診療所」をつくる仕事だった。大変ありがたい提案だったが、ぼくたちにもう一息力が及ばなかった。

それでぼくが勇退しよう。その一つの選択肢として大和町長選に出ることだった。しかし現役の〝心変わり〟があり、選挙戦になり、社会党町議（一人除く）も保守について、あらゆる公的組織も敵となり六対四で敗れた。しかも次回も敗れて、どうするかの時点に至り、結果的には大変面白く新しい革命的なテーマが出現することになった。

しかし当時、当地は政治的には超有名人田中角栄氏の選挙地盤でもあった。往診してすぐにわかった。座敷という客間の部屋には田中氏の扁額がかかっていた。顔写真のこともあった。この土地ではこの額がなければ人間扱いされないほどだった。しかし社会党、共産党と、はっきりしていればそれでよいのだ。

保守の他の派閥でもその法被を着ていれば生きていけた。まさに処世術として身体にすりこまれているのだ。

田中勢力のほとんどの土建業は、小さい大和町でも一三社あり、大和会と命名してあり、親睦会だったが、実質談合会で、町の政治も町長あたりまではここで決められていた。この勢力におとなしく乗っていれば町長も難なく誕生した。そんな面白くもないところで選挙に出ること自体、しないほうがよかったのだ。

昨日まで友人であった県会議員でも今日は「よそ者浮草には町政はまかせられない」と大きな良い声で街宣車の人となっている始末だった。

医療づくりを二一年間やっても情けないことだった。


念のためぼくの選挙のビジョンは以下のものだった。病院・保健センター・特別養護老人ホーム（八色園）・健友館がある。また町内には「北里保健衛生専門学校」や「国際大学」がある。

また美術館もあるが、これは「人体学習博物館」のように改組する。将来的には、医療・介護・製薬などに関わる企業を集める。農業や自然の資源には不足しない。こうした町の特徴・背景を活かした町づくりは、規模はまったくちがうが、アメリカの「シリコンバレー」を念頭にして、たとえば「いのちと自然を育むミニシリコンバレー」のような町づくりを考えていた。

坂西茂男と萌気会

しかしこの選挙の敗北から予期せぬ新しい運動の展開が始まったのだ。

一回目の敗北から坂西茂男が出現した。

二回目の敗北からは、鈴木要吉が出現した。

この二人はぼくにとってはまったく新しい波で、二つともぼくを、あるいはぼくの思惑を超えたものだった。

その出現は、皮肉にもぼくが選挙に落選したことが共通点だった。この二人はこの地でぼくが町長になることを阻止した岩盤、魚沼という豪雪の地に育まれていた地底の血脈に、高々と「レッドカード」を掲げた。それは二人の人物それぞれが熟慮した〝革命〟だったと思う。レッドカードは坂西茂男の仕事と自己改革で人生を賭けた決意だった。そのひと言によって「医療法人社団萌気会」が生まれた。

また鈴木要吉の障がい児の将来への提言。そのひと言によって「社会福祉法人桐鈴会」が生まれた。

第一回の選挙から一週間ほどして、ぼくが将来を決めかねていた時、坂西茂男が正式のビジネスマンのスーツと鞄を抱えて、わが家へやってきた。ぼくの前に座るや「私は先生をこの浦佐の街からよそへ出したくありません。この街で開業してください」と、きっぱり申し出た。

ぼくは一瞬間をおいて、「わかった」とひと言応えた。

茂男は緊張した表情のまま、鞄から書類を出して簡単に診療所を街のどこにつくるか、関係者には了解を得ているとの報告があった。それですべてが決まった。妻の秩子も同意した。そこまで用意していたのかと心に響いた。

その後の説明で、彼の人生を区切る決断であることがわかった。彼は末子で坂西時計電気店を受け継いだ。しかし社会情勢の変化から、旧来の〝電気屋〟では経営も困難になった。この期を活かして廃業し、ぼくと一緒に全力を注いで診療所をやらしてほしいとのことだった。三男の障がい児については特に触れなかったが、「共に育つ会」（黒岩秩子代表）をやってきたので、お互いによくわかっていたことだ。まさに生涯の変更と新たな出発ということがよくわかった。

一九九二年（平成四年）診療所の名称は長女萌実の「萌」をとり、浦佐萌気園診療所と決めた。六月一五日、四人のスタッフで開業した。坂西茂男事務長、金本めぐみ（看護婦）、酒井美佐子（事務員）と黒岩卓夫（院長）だった。

医療機器は心電計だけで、血液などは外注、レントゲンなどは病院に依頼するなど、最高の軽装備でスピーディーな開業だった。開設資金は内部改装など含めて千五百万円で済んだ。

外来中心で往診はボツボツ始めたが、在宅訪問医療に重点を置いたので、行動はアメーバーのようで表立たないが患者からは喜ばれた。あっという間に診療所の基盤はできた。

鈴木要吉の登場　地縁血縁を捨て

第二回目の選挙も落選となった。一回目はやむを得ないとしても二回目は工夫する必要があったと反省した。つまらない選挙で一見愚かな選挙といわれてもそうかなと考えていた。

ところが五月に入ってのある日、坂西茂男以上に思いがけない人、鈴木要吉さんがやってきた。障がい児を抱える人で「共に育つ会」のメンバーで、長男がダウン症だった。

鈴木さんは部屋に入るやピタッとぼくの前に正座した。「先生、お願いがあります。私の長男が、親がいなくなっても安心して暮らせる『ハウス』をつくってください」。さらにぼくの前へにじりより、「土地四五〇坪とお金五千万円を用意しました」。ぼくは「えっ」と心の中で叫びながら鈴木さんの顔をじっと見た。「先生、お願いします」と深々と頭を下げた。「本当ですか」。しばらく沈黙があり、「鈴木さんのお気持ちはよくわかりました」とぼくは応じた。

しかし身体がふるえた。鈴木さんはさらに「先生が町長になってくれれば、その地位も活かしてお願いしたいと思っていたが、二度落ちたのであきらめて他力ではなく、自力で一緒にやりたい」という決意だった。二回落ちて、逆に拾ってもらったのはぼくだった。

後になってわかったことだが、親鸞の思想なら「他力」もまたそうだ。第一回目の坂西茂男も第二回の鈴木要吉も、まさに「他力」の神様だったのではないだろうか。

桐鈴会という社会福祉法人がどうして生まれたかについて、まとめてみたい。

桐鈴会が生まれるには三つの条件が必要だった。

一、黒岩秩子を中心に「障がい者と共に育つ会」が一五年に及ぶ歩みを印していたこと。

二、そのメンバーに鈴木要吉さんが、ダウン症の男の子の父親として参加していたこと。

三、「ゆきぐに大和総合病院」の院長であった黒岩卓夫が町長選に二回落ちたこと。

秩子の「育つ会」と「大地塾」（秩子記）

三一歳の時に南魚沼郡大和町の公立保育園に勤務した。その時受け持った知的障がいのまあちゃんとさっちゃんとのご縁で、「障がいを持つ人たちがこの地域で暮らしていくには」というテーマで、我が家に不定期で集まりを持つようになった。

そこにはなるべく夫婦で参加し、思っていることを何でも口に出そう、ということで、時には喧嘩にもなり、自分を成長させるにはもってこいの場となった。

いつの間にかこの集まりを「共に育つ会」というようになり、障がいを持っている子どもたちに地域の小学校に入学してもらう運動も展開することになった。

ここに集う人たちは、障がいを持つ子どもの親、役場職員、保育者、保健師、などのほか関心を寄せる人たちだ。

「大地塾」は一九九〇年、私は公立の保育所を退職し、子どもが二人大学に行って家を出たので、そこを会場に、不登校や、障がいを持つ方々の塾を始めた。当時、新潟県にはまだそういう場所がなかったので、県内各地から子どもたちがやってきた。不登校児は、学校に行かないだけの普通の子どもだと考えていた私には、たまげることばかり。超鋭敏な子どもたちで、私が変わるための塾だった。著書『ヘンテコおばさんと子どもたち』(教育史料出版会) で詳しく報告した。

「共に育つ会」のメンバーを中心に「何をつくるか」を考えることから始めた。初めにつくったのがケアハウス、その後、高齢者のグループホーム、障がい者のグループホーム、障がい者の多機能施設 (就労継続B型、生活介護)、障がい者相談支援、居宅介護支援などの事業所ができてきた。地域の中の福祉の拠点として、皆さんに頼りにしていただけることを目指している。

B型作業所、工房とんとんでは、主にパンやお菓子をつくっており、また「すずカフェ able」というカフェも運営している。国産小麦粉とバターを使っているので、おいしいとの評判をいただいている。

魚沼基幹病院の近くなので、お見舞いに来られた方々にも大いに利用していただいている。

鈴木と卓夫　啐啄(そったく)の仲

鈴木要吉とは啐啄の関係にあった。そのことが今回の提案で明らかになった。

当時の地元の青年たちは、風土・習慣・経済力などから大学進学者は少なく、知性や志も抑圧された気風の中で頭打ちされた草木のような姿でもあった。しかし交友を深める中で足元を掘りながら、地域社会の変革 (変化) を求めている熱い志にも出会った。そして外からやってきた二人の異郷人を、〝地元主義者〟に引っ張り込む力は十分もっていたと思う。すでにぼくは大和町の医療を、保健・医療・福祉三位一体の「大和方式」として全国に発信していた。また病院中心に多くの住民運動で健康資源づくりもやってきた。

秩子は保育所勤めをやめ「大地塾」で新しい福祉拠点をつくっていた。

こうした二人の異郷人と地元青年たちとの運動は、地元を掘ることによって地域の変革を目指していたが、鈴木要吉さんは、自分の考え、自分の力で、青年たちを飛び越して、地元の古い血縁・地縁の呪縛を解き放った。目的は同じだった。

呪縛を解くには、口先だけでなく、土地とお金に自由を与え、家族にも明かさずに、まず実行したのだ。これには深い因習や血縁にも縛られることを拒否することを宣言することだった。

あたかも卵の殻を割って飛び出そうとする者と、土地を掘りすすめようとする二人の異郷人（宇宙人）が、文字通りの啐啄の関係になったのではないだろうか。

鈴木さんは、この決断をぼくに告げる前に、妻にも家族にも誰にも伝えなかった。語れば、血縁・地縁にがんじがらめに縛られて、自分の意思を通すことが危なくなることを考えての行動だったと思う。自己革命そのものだった。

こうして仲間たちの夢「夢のハウス」づくりがスタートラインについた。多くの仲間たちが思い思いのスタイルで共に走り出した。町長選に敗れた集団は、地元の行政に門はなかった。おまけに旧大和町に制度的に欠けている福祉施設は一つしかなかった。社会福祉法人をつくるための福祉事業には、当時ケアハウスしかなかったのである。ケアハウスは地元自治体から一円ももらわずに、国と県の補助金と自前の資金だけでつくることが可能だった。

在宅医療（日本の第三の医療）への発展、障がい者福祉への開拓、地域完結型医療への道標の三つとなった。この辺のぼくの動きは、革命というより開拓、そして医療開拓者の名に応えられる者になってきた。

一、第一回町長選落選　一九九二年（平成四年）
坂西茂男の出現　萌気会の誕生、在宅医療の発展
二、第二回町長選落選
鈴木要吉の出現　秩子の「障がい者と共に育つ会」を土台として桐鈴会の誕生、障がい者福祉を開拓する。
三、大崎地区、さくらクリニックオープン
四、ゆきぐに大和総合病院は地域完結医療への礎となり、魚沼基幹病院中心の新しいシステムへの道標となった

ぼくにとっての町長選では、医療を活かした地域づくりであるが、この段階では医療改革よりはシステムづくり、地域づくりへの、パイオニア的活動が中心になっていた。

もう一つの手づくり診療所

桐鈴会づくりとはまったく別の芽も育った。

大和町長選でぼくの二回目の挑戦に大崎地区の有志が立ち上がった。大崎での新しい動きだった。大崎地区で

の大きな課題は、数年前までは開業医が二軒あり、その少し前には三軒あった。それがぼくの町長選時には引っ越しや亡くなったことから医師ゼロになっていた。

　そこでぼくの公約にもクリニックをなんとかしたいと明記されていた。落選したので公約そのものは力は失ったが、住民からの気持ちは変わらなかった。

　そこで有志六人が相談し、ぼくを含めてなんとかやってみようということになった。手段としては会社をつくり、会社がクリニックを建設し、医師を誘致したいと決定した。手分けして準備に取りかかった。ぼくは医者捜しとなった。

　候補の医師は東大皮膚科助教授の渡辺亮治先生で皮膚科の専門医だった。田舎ではどうだろう、もったいないで終わってしまう可能性がある。しかしメンバーは必死になれば、ぼくたちの気持ちを汲んでくれるのではないか、お願いしてみようということになった。

　中心になった会社の社長さんの推進力で計画は進んだ。場所も決まり、古い建物を全面改築してクリニックをつくった。お金は銀行から借りて返済してゆくというオーソドックスな経営方針だった。

　地元民の期待に応えて、専門医が長年クリニックに働くのは初めてのことだった。ぼくは町長選に負けて、この土地の有志は真剣にやり、そしてぼくが裏切る形になってしまった。

　しかしクリニックは、大和食品の目崎正次社長が中心、元町議会議員、大工さん、町工場の社長、元特養介護主任、後の女性町議員などが自分の役割をもって動いてくれた。敗戦の将ではあれ、こんなうれしいことはなかった。

第十三章　「ゆきぐに大和総合病院」から「魚沼基幹病院」へ

地域から医療へ

新潟県（人口約二五〇万人）は六つの医療圏で構成される。ぼくの地域は魚沼地区であり、県の南山寄りにあり、情緒的には「日本のふるさと」と謳われる山村地域となる。一方人口当たりの医師数は、県は全国で少ないほうから二番目、魚沼地域は県内でも最低である。そこに「地域完結型」の医療システムをつくる仕事の中心的役割をぼくが道筋をつくる形になった。一九七〇年「一本の聴診器とかんじきをはいて」出発し、二〇一五年にこの医療システムができることになった。

医療機関としては、一九七〇年国保大和診療所に赴任。一九七六年大和医療福祉センター（大和病院は八四床）。一九八三年「ゆきぐに大和総合病院」、その後紆余曲折を経て二〇一五年「魚沼基幹病院」完成。正式な病院名は「新潟大学地域医療教育センター・魚沼基幹病院」となっている。建設は県が担当し財団が運営した。

特定の地域で地域医療に取り組み、その目的はこの基幹病院を建設し周辺には地域中核病院の連携を促し、ネットワークをつくることになるとすれば、ぼくにとっての魚沼での役割は果たしたことになる。ぼくからみれば地域づくりや雇用を増やし、いわばパイオニアの仕事になっていた。

したがって「ゆきぐに大和総合病院」は地域中核病院となり、県が配置した県立病院などもその役割を分担することになる。

振り返ってみれば、二年目になると診療所を病院にしてくれとの声が聞こえてきた。実は産婦人科の金杉先生は虫垂炎の手術はときどき実施していた。町民からは虫垂だけでなく胃の手術もといったわかりやすい声にもなった。いやそれが町民の具体的なイメージと希望だったにちがいない。

ぼくは病院はいらない。両隣町に県立病院がある。診療所を充実すればよい。外来、検査、往診、リハビリに予防、教育活動で十分だ。入院を要すれば病院にお願いすればよい。むしろ診療所のように身軽にしておいて、地域の隅々まで動き回ることが大事で、面白味もあるはずだ。

一九七二年（昭和四七年）に「国保地域医療学会」の全国大会が盛岡で開催された。岩手県は沢内村の地域医療が有名で全国の国保系医療機関ではモデルになっていた。

沢内村は行政（村長中心に）が先導し、東北大学をして、そこから派遣された医師に村長が直接お願いするというよりは医師の義務として「無医地区があることを知りながら、医師が沢内村の医療をなおざりにはできない」と面と向かって恫喝した。これが有名な話になっている。

そして医師も本気で地域医療に取り組んだ。沢内村では、当時成人病と呼ばれた脳卒中予防だけでなく、乳児死亡率が全国でもトップクラスだった。村長は「せっかく生まれた大切な子が、コロコロ死ぬようでは話にならない」と、おそらく自分にも恫喝したと思う。それから何年後には死亡率ゼロとなり「保健文化賞」を受賞した。

大和町の医療理念

地域医療のモデル、沢内村を擁する岩手県の「国保地域医療学会」盛岡大会へぼく一人で出席した。実はこの少し前に所長の金杉武先生が急に退職することになった。まったく予期せぬことで一時は途方にくれたが、盛岡大会への期待もあり、前向きによく考えてみようということになった。医師一人になったので所長になった。

盛岡では、憧れの先生方にもお会いでき、一人で頑張っている姿に接し、勇気づけられることになった。沢内村の加藤郁夫先生、増田進先生、福岡県朝倉町の林与吉郎先生、浅間総合病院の吉沢國雄先生などであった。

帰途には沢内村の見学もできた。ぼくは一人でもなんとかなる。病院建設に関しては、東大の同志にあたる斎藤芳雄先生、権平達二郎先生がいた。医師が三人揃えば〝鬼に金棒だ〟の気持ちにもなっていた。

一九七三年（昭和四八年）二月二三日「大和町の病院構想」が町の議会の全員協議会で公表された。ぼくが一人で赴任して三年足らずのスピードに町民は驚いた。

このスピードの早さは、町民の支持を得て、町民の〝お払い〟をいただいていることでもあった。そして斎藤、権平両先生の存在だった。斎藤芳雄先生は二歳下で、全国の医学生の全学連でもある「医学連」の委員長もやっていた。権平先生は二年上で、地道なセツルメント活動に励んできた。本県の新津市出身だった。当時はお父上の開業を手伝っていたが、その職を辞してこちらに参加してくれたのだ。

病院建設の理念は、

一、予防と治療の一体化

二、自分たちの健康は自分たちの手で

この二本だった。

発表当時の表現は少しちがっていて、後になって単純化されているがこの二本がすべてだった。

この理念に驚き、最も深く受止めてくれたのは、町長や議員や医療関係者ではなかった。町民一人ひとりだった。町民の心を打ち、仲間にも響いていったとすれば、地域医療への意識改革の第一歩であったし、今後発展するとすればここに発生した驚きこそぼくを変えていく力であったし、〝革命〟の第一歩だった。

そもそも医療は県立病院頼りだった。県は敗戦直後から公的病院や組合立的病院をすべて県立病院として抱え込み編成してきた。その功績は正当に評価しなければならない。しかし、この理念はなんといっても町民一人ひとりにとっては新鮮だった。そして自分が健康づくりの当事者であることの不安と驚きでもあった。

公表された病院構想の文言は、

一、地域に根をおろした病院

二、予防のない医療はありえない

三、健康は自分でつくるもの

四、患者を人間として全身を診る

一九七三年（昭和四八年）三月一八日付新潟日報の報道に、

「住民の健康増進のための予防・治療・アフターケアを一本の線で結ぶ包括医療を目指した。地域保健センター的な町立病院を建設する」

とあった。新潟日報紙が右のように受け止めたのは妥当だった。

ぼくと町民の考えからみれば、一九七〇年六月、魚沼の豪雪の地に寂かに着任し、意識を変えることこそ、ぼくのいう革命につながるものだった。

しかし病院開設などの認可・許可をするのは県の役割だった。県は大和病院建設に反対だった。なぜなら、大和町の両隣りに県立病院があること、公立病院は県を含めて七割が大赤字で医師の確保が難しいこと、が反対の理由だったと思う。

それに対して大和の病院はすでに町として予防活動、健康教育の実績もあり、医師の確保も問題ないと膝詰談判となった。

そのうえで病院開設を許可するとすれば、現在の大和町からの入院患者数から、病床数は八四だと見解を示した。

さらに医師は気変わりも多く、責任感の薄い人も少なからずで、中心メンバーには確約書をとアドバイスしながら冗談半分であるが、お墓までつくってもらうようにという話もでてきた。考え方によってはそこまで心配してくれるのはありがたいということになる。

目白への陳情

ところが厚労省（当時は厚生省）は、病院の理念が気に入ったようで、むしろ推進派になってくれたのだ。しかし何ごとでも大元締め〝田中角栄〟先生に頭を下げてくれと、町の議会議長や越山会の幹部から頼まれた。目白まで行くのは嫌だったが、それで国から借金（起債）が容易にできるなら、有名な目白御殿もよかろうと思い同意した。

人物が大きければ、頭を下げることに不満はなかった。

ところが朝八時くらいに目白に行かねばならない。前泊で五人で出発した。八時前に秘書の関所を通過しなければならない。まあ面通しみたいなものだ。屋敷は大きく、玄関も別になっており、池には見事な錦鯉が悠々と泳いでいた。面会室の椅子に座って数分したら彼は出てきた。足早に段上に登り机の前に座り我々の方をしっかり見まわした。町の越山会の幹部で議会議長が大きな声で病院づくりを説明し、ご指導をお願いしますと挨拶が終わった。ぼくは地域医療や包括医療や豪雪僻地があることを簡単に説明した。彼はうなずいた表情で「つくるなら良い病院をつくってください」で、皆ほっとして頭を下げ退室した。

実はこのあとの方がびっくりした。厚生省の担当課長に秘書から連絡が手早に届いていたのだろう。金融課では課長がすっかり心得て手もみしながら低姿勢で待ち受けていた。関係課長への根回しができている。

一行はお上りさんらしく、銀座の「末広」で昼飯を食べて解散となった。お金がないのだろう。ビフテキには筋があって、歯でキリキリと噛み砕かなければ喉を通らないような代物だった。それでもビフテキは久々で味がよかった。何といっても〝末広〟になってほしいとの縁起を考えているのだから。

ただ一九七三年～七四年（昭和四八年～四九年）、とくに一九七三年に第一次オイルショックがあり、七四年は国の新しい仕事はすべて延期となり、お金も凍結されていた。結局一年遅れて病院建設ははじまった。もっとも町のお金もなく、一年延期したと思う。そうこうして七六年（昭和五一年）五月六日に開院することになった。

国保町立大和病院（後に一九八三年二月。二〇〇床、ゆきぐに大和総合病院）
大和町農村検診センター（センター長 権平達二郎）
魚沼地域特別養護老人ホーム・八色園（園長 斎藤芳雄）
三施設併せて「大和医療福祉センター」と命名
センター長兼病院長 黒岩卓夫が就任した。

全国地域医療研究会

病院の話が出たところで、地域医療の取り組みは、この魚沼でも医療システムとして考えねばならない時勢になってきた。そこで全国的流れを紹介しておきたい。

二〇二二年に合併したこの二つの組織は、どちらも医師を中心とした〝有志〟によってつくられた。一つは全国地域医療研究会（地医研）、二つはNPO在宅ケアを支える診療所・市民全国ネットワーク（全国在宅ネット）である。

ぼくは両者の初代世話人代表だった。

「全国在宅ネット」は本書一七八ページで述べているので、あまり知られていない「地医研」の説明をしておきたい。

日本は戦後八〇年近くになる。しかし六〇年安保当時は、まだ戦後一五年で、若者の多くは、大戦の硝煙の臭いを脳髄に残していた。したがって、この反戦のスローガン〝再び若者の血を流すな〟が学生運動のスローガンでもあった。そして六〇年安保の一〇年後、全共闘運動の激動が発生した。

この運動は東大医学部のインターン制度廃止運動からはじまった。学園の民主化、特に医学部の権力的な教授たちへの根本的批判と自分自身への改革を促すものでもあった。

この二つの〝動乱〟から、現状の改革に納得できずに、あるいは農村での医療に将来を託してはじき出された若い医師たちが全国に〝わらじ〟をはいて散っていった。そして、さらに一五年を経て、社会の荒波にもまれた者たちが、再び仲間を求めるようになった。

　地医研の種子は一九七五年の外科医研究会、八〇年第一回地域医療研究会で具体的な動きが始まった。時代を象徴するのは、この時若月俊一、吉沢國雄、徳田虎雄が顔を揃えたことだった。

地域医療研究会第３回全国大会、ゆきぐに大和総合病院にて

「地医研」づくりにあたって、石井暎禧と相談した。石井は「左翼の医師を集めるとすれば気を付けたほうがよい。左系は口だけで体が動かない、いい加減なところがある。小さくても地域で実績を積んでいる医者にしぼったほうが良い」と主張した。ぼくもそれには賛成だった。幸い大和病院は地域の中核病院になっていた。

　そして社会や行政や医師会には、批判的な姿勢を崩してはならないと意見も一致した。

　第四回全国大会では、「諏訪中央病院のすべて」をテーマに、若月俊一、早川一光、増田進の三人が、〝地域医療の神様〟として登壇した。そしてぼくが世話人代表になった。「地医研」のメンバーは、六〇年安保世代が入っているので、思想や理念を大切にしている。一方、働く場は病院が大部分なので、病院を内から批判する立場にもなった。

総合病院への道

　八四床の町立病院を二〇〇床の総合病院に発展させるのは必然的な流れだった。大和町の場合は、地域の住民の声から熱気と願望を感じとることはできた。それは患者数を増やす対策を講じてきただけではない。町民と共

に楽しく健康づくりをする波が生まれ大きくなってきたからだと思う。この流れは「健康やまとぴあ」や「健友館」建設の流れにもなった。しかも総合病院は「健友館建設」の三年前に実現した。要するに、

一九七〇年町立大和町診療所に赴任

一九七六年五月　大和医療福祉センター建設（大和病院は八四床）

一九八三年四月　ゆきぐに大和総合病院

一九八九年五月　「健友館」建設

また「医療・保健・福祉」を一体化したサービスを提供することも「大和方式」として全国に発信された。

一九八三年四月一日には「ゆきぐに大和総合病院」がスタート。病床は二〇〇床になった。

医療福祉センター発足から七年を要している。病院の発展とその後六年で建設される「健友館」の評価をするならば、明らかに病院自体が専門性や医療の高度化を目標とされておらず、健康づくりの地域住民との共同や運動づくりに大きく前進していることがわかる。

これは医師確保の困難性や大学病院との協調が難しいという医療環境にもよるが、ぼく自身の考え方や大病院との連携や人事依存などに限界があり、医療の高度化より地域に広がる多様性の方向へ進化してしまったと認めねばならない。

こうした地域活動と医療の窓口の拡大へは大きな成果はあった。漢方の専門外来、鍼灸外来、眼科、耳鼻咽喉科、泌尿器科、神経内科、皮膚科などパート体制は拡大した。

200床になったゆきぐに大和総合病院

魚沼基幹病院へ

大和町の診療所に赴任して六年で「大和医療福祉センター」ができた。六年でよくできたのは別にして、その理念が地域の人たちに衝撃を与えたことはまさに革命的だった。

理念の衝撃が力だった。

そして今度は「健友館」だった。この提案にはまず町会議員が反対した。三年前に総合病院になり、大赤字の心配をしたばかりなのに、また新しいことをやるのは反対ということだった。町長はどうでもよいのだ。赤が増えても「黒岩先生が」と言えばよいのだ。しかしドック検診などはじめると、商売は繁盛して経営の心配はしなくてよさそうだった。

そこへもってきて「健康やまとぴあ」事業がはじまった。この仕事も新鮮な衝撃を与えた。むしろ地域の反応は広く深いものだった。「大和医療福祉センター」（この中には特別養護老人ホーム一〇〇床）と保健センターもあった。この刺激によって、県がいたたまれず、オンボロ（建物）になっている県立六日町病院を新築移転した。これは魚沼地方での革命的医療開拓がはじまったことを意味する。

この流れのなかで民間病院も精神科、脳外科と開院し、特別養護老人ホームと次々に開設し、南魚沼は別天地のようになった。

そこへ魚沼基幹病院建設が明らかになることによって、各地域や自治体は、中核病院の整備が競って実行された。県立病院では小出病院と六日町病院が廃院となり基幹病院に吸収されそれぞれ新しい市立病院となった。「ゆきぐに大和総合病院」は南魚沼市の中心近く、旧県立病院の場に新たに市立病院に生まれ変わった。県立十日町病院は大規模な改修をして中核病院になった。

そして次のモニュメントである地域完結型医療システムの中核、魚沼基幹病院の建設が待たれるようになった。この魚沼基幹病院の医療は、魚沼の医療の中心だけでなく、医師を集め、とりわけ若い総合診療医師を養成することも大きな使命になっていた。

「ゆきぐに大和総合病院」は市がつくった。魚沼地区の魚沼基幹病院は県がつくった。これは当然のこと。自治体病院は自治体がつくり、県レベルの医療は県が責任を持つことになっている。問題はいつ、どこへ、どのような病院をつくるかだ。その方向へ住民や行政の意向も確かめ、前進させるのがパイオニアの役割となる。
一つの革命的事業の完成は魚沼基幹病院に集約される。ぼくからはこの事業が、医療革命の往相にあたる。経営も財団となり、県立を脱皮することになった。そして魚沼の医療はどうなったのか、新しいシステムがどのように役立ったのかを見守るのが還相でもある。

魚沼基幹病院 450床

県は二〇一五年時点では五つの医療圏になっており、上越、下越、新潟市と魚沼だった。魚沼基幹病院は最後の五番目の地区になっていたが、その後県央地区（三条・燕など）が追加され、これも二〇二四年三月から稼働している。魚沼基幹病院の建設は県としては大きな節目だった。

なんといっても県立病院をこのまま単純に引き継いではいられなくなった。経営上は以前より破綻しており、医師確保も見通しがなかった。魚沼地区では県立小出病院を建て替えすべき時期に、泉田裕彦知事（当時）から県立病院の再編と新しくつくる病院は県が経営せず、県以外の法人に譲るというものだった。そしてその受け皿として〝財団〟をつくることになった。県立小出・六日町病院が廃院となり、新病院に吸収（合併）する形で魚沼基幹病院ができた。南魚沼市立病院は新築移転の形で県立旧六日町病院の跡地に新築された。

そして魚沼基幹病院は、大和病院の跡地を利用することになり、一見「ゆきぐに大和総合病院」が基幹病院になったかのような錯覚を呼ぶ姿になった。

県立から財団立になった。財団の名称は「一般財団法人新潟県地域医療推進機構」である。開設は二〇一五年（平成二七年）六月、理事長は荒川正昭先生、院長は内山聖先生だった。

魚沼基幹病院の装備役割を改めて記載する。

魚沼基幹病院　開院　二〇一五年六月
新潟大学地域医療教育センター
魚沼基幹病院　四五四床（内訳）一般病床四〇〇床、
感染症病床四床、精神病床五〇床
特別な医療機能
　地域救命救急センター・外傷センター・地域災害拠点病院
　地域周産期母子医療センター
　理念　地域の医療機関と協力して、「地域全体で一つの病院」として機能するよう役割を果たします

したがって魚沼の医療は、ぼくが五四年前に旧大和町の国保診療所に一人でやってきて「聴診器一本とかんじき」を理念としてはじめた医療は、この「魚沼基幹病院中心の地域完結医療システム」をつくったことで完成した。

　しかしぼく個人がつくったシステムではない。その方向を示しつつ、自分ができることを皆と一緒に楽しくやってきたことの結果である。

第十四章　在宅医療を語ろう

越後瞽女（ごぜ）、在宅ケアの原点

ぼくは地域包括ケアの連携や統合を考える時、横の連携に対して縦の軸とか時間的連鎖を提起し、いわば織物の縦糸のように無数の物語が地域で連なることが大切だと考えていた。またケアや看取りを歴史的にその足跡をたどることも試みた。

赴任したその秋のある日。見慣れぬ老女（に見えた）三人組が一列に並んで歩いている姿が目をひいた。一人は楽器のようなものをかかえ、三人とも大きなふろしき仕立ての荷を背負っていた。

しばらくして、この一行が越後人なら知らぬ者のない盲目の旅芸人瞽女さんだと知った。瞽女さといえばさまづけになり、差別的にいえば瞽女んぼといい、村の子らはからかって「ゴゼンボー」といって小石を投げたりしたとのこと。

そのうちに、瞽女さんとは何か。何をしているのか。村人は何を期待しているのかがわかってきた。そして自分もぜひその唄や芸や瞽女宿に泊る姿を一回でもいいから見学したいと思っていた。

しかしある時から、プツッとその姿が村から消えてしまった。それは一九七七年だった。ぼくがこの浦佐にきてから七年目だ。

ぼくが心に止め、心で温めてきたものは、目の不自由な瞽女さんたちが、意外にも村の若い女衆（農村の嫁たち）から年二回の来訪を首を長くして待たれていたことだった。

瞽女さん一行は、先頭にはある程度目の見える人、二人目、三人目が盲目の人だった。村にやってくると一軒一軒を門付けと称して巡業した。玄関や軒先でご挨拶をし、三味を弾いたり唄をうたったり庶民の物語や語りを

瞽女さん一行の３人

した。その礼としてお米や少しばかりのお金をもらった。お坊さんの托鉢に近いが、旅芸人に相異はなかった。

一日中村々、家々をまわり、西に陽の沈むころ、定まっている瞽女宿に投宿する。いつもの宴会が終わったあと、若い嫁たちは夜遅くまで瞽女さんを囲んで自分たちの愚痴話や悩みごとを黙って心から聴いてもらった。その一夜がうれしくて時の経つのも忘れるほどだったという。この夜だけは遅くまでの外出が許されていた。この瞬間が訪問ケアの萌芽とみることができる。

社会的には障がい者で貧しい生活、親元を離れて厳しい修業をし、また低い地位と見なされていた者が、村社会の最下層に耐えている農家の嫁たちにとっては、心の安らぎや時には救いになったという逆説的な関係にぼくは魅かれていた。生涯瞽女さの生活に密着していた斉藤真一画伯もこのことに触れている。

越後の瞽女の拠点（まち）は、高田と長岡にあり、両者とも越後から近県を広く旅しており、全国でも何カ所かに拠点はあった。しかし長岡瞽女についで高田瞽女も廃業し、そのうちの何人かは県下胎内市にある盲目者専用の特養で生涯を終えた。最後の瞽女小林ハルさんは二〇〇五年に胎内のホームでなくなった。杉本キクイさん、伊平タケさんと共に人間国宝であった。

瞽女けささんを往診して

ある日往診依頼があった。嫁からの電話だが看護師は「先生どうも血を吐いているそうです」と、「わかった午後一番で行こう」と答えてその準備もして出かけた。

名は、けささんといい七五歳だった。背中を丸めて寝ていた。嫁は背中をさすっていたが苦しそうで洗面器には血がかなりたまっていた。嫁は「先生、おらばあちゃん二年前にも血を吐いてそ、胃潰瘍と言われ、ひと月も入院したってえ、そんときと同じみてえだ」

ぼくは腹の診察をしながら、けささんは目が不自由であることがわかった。目は白く濁っており、上目づかいで白い結膜が目立った。

けささんは三歳の時に目を患った。越後では目の病気が多かった。半年近く雪に閉じこめられ、家の中には囲炉裏で煙が溜まっており。外に出れば強い紫外線から雪目に、また食事でもビタミン不足から〝鳥目〟になった。小さい子どもは栄養不良から〝神経過敏〟になり、「疳の虫」と呼ばれ、やせて夜泣きをしたり睡眠障害もあった。その一環で視力を失った。どこの村のお堂にも〝観音様〟を祀っていることが多く、観音様は目の神様だった。

けささんにも光の記憶はあった。「おれは母親の目、覚えているの。母親の目が光っていた」けささんにとっては、唯一の光の記憶が母の目だったのだ。

また神仏も遠近問わず訪ね歩いた。いつも祖母に手を引かれてのことだ。大きなけやきのある杜があり、その木の大きなコブ穴に溜まった水を眼につけると良いと言われ、三回もお参りした。そのたびに小さな手を合わせて神さまに祈った。その小さな姿に祖母はいつも涙が出た。

ところが七、八歳の頃、一時視力が戻ったという。近くの医者のところで、その部屋にあった達磨さまをみて「だるまさんがみえる」と言って医者を驚かせたという。しかし、けささんは九歳の時に瞽女の修行に出された。

豪雪の僻地の村・「共生」に宿る在宅ケア

旧大和町には冬期間の僻地が三カ所あり、そのうち二カ所に月一回の出張診療をした。その後山集落（当時約五〇戸）も出張診療の対象だった。

そこで夕闇深い夕方、寝たきりのおじいちゃんの往診を考えてみよう。その高齢者に招かれて、医師と看護師が出張外来の延長として訪れる。この往診は、一人の老人への往診というより、〝生きている村〟の共同性が必要として医師を招いたと考えたい。在宅ケアは共同体へのケアでもあるのだ。

出張診療の時、区長が村人の健康状態を個別にチェックし、往診の必要性を確認する。重ければ特別に往診を依頼することもある。個人の健康も、家族からはっきりと、あるいは漏れる情報を共有し、村としてどうするかをまず考える。こうした関係こそ共生の一つの型だと思う。従来の枠を外せば、地域共生の関係とみることができる。

その村にかんじきをはいて出掛けること自体が、その村の歴史と文化と人によって支えられる村という生きものへ、医療を提供することだった。在宅療養者はこの村という共同体に寝たきりに近い状態で生活している一人と考えることができる。

一つの農村共同体が常に医療の対象であり、出張診療や往診も、換言すれば共同体から要請された医療の形の一つにすぎなかった。そしてまた予防活動も。

さらにひと言付け加えれば、地域共生ケアは、その地域に共に生きる共同性を新たにつくることではないだろうか。あらゆる人も動物も植物もその不可欠の要素と考えたい。

ぼくはこの小村の雪に耐えて生きている人たちの、底強さと温かさ、そして医師として自分を受入れてくれた人たちと、共生の村、この土地に暮らしたいと思うようになった。新しい年を迎えて、町長との一年間という口約束を破棄し、翌春には東京の家族（妻と双子と三人目の赤ん坊と母）を呼び寄せた。

「共生」は豪雪の僻村に生き続けてきた。

診療所から見えるもの

一九九二年（平成四年）ゆきぐに大和総合病院を辞し、その年の六月に診療所を同町に開院した。浦佐萌気園診療所である。県信用組合の空屋を借りてリフォームしたが、レントゲンも置かなかった。ぼくを入れて四人でスタートした。午後の時間帯は往診するのに十分使えた。小規模無床診療所で医療機器もないといえば、いまなら往診専門の診療所の姿だが、当時は在宅への取り組みは、そこまで機能化されていなかった。いまでもぼくの基本的考えは、外来を通して地域に根を下ろし、そのうえで必要に応じて往診、訪問診療を展開すべきだと考えている。

ここで大切なことは、往診先は家であり、生活の場である。「こんにちは、じいちゃんは、わかりました、薬をとりにきてください」ではない。生活の場に医療の治療や予防の場をつくることは訪問診療だ。さらに家族も含めて〝生活〟を立て直すことが療養だと思う。むしろ「赤ひげ」の総体として福祉に重なってくる。

世界にも近くなる。

そのうえでぼくは、在宅ケアはその人の人生・物語を丸ごと対象としてケアすべきで、その目的を地域医療、在宅医療が担うものと思う。伝書鳩のように往診すればよいというものではない。ただ生死と直結することもあるので、その心掛けは必要だ。

病院在職中は、定期往診と称して何人かの在宅ケアをサポートしていたが、何かあれば入院の考えは残っており、在宅看取りこそ、在宅医療の中心課題である地域共生とは気付いていなかった。

そしてぼくが診療所に入ってから、まずものを見る視角がちがうことに気付いた。どうしても病院からは斜め上からで、診療所では斜め下から見る。頭を下げて家に入らせてもらうと、老夫婦の仲、若手夫婦の仲、孫たちの役割、近所や周囲とのつながりなどがわかってくる。

ここが在宅ケアの面白いところだ。大きい家があっても、家族のまとまりがなければ訪問診療は長続きしなかった。家が大きく家族が多ければ、看る場所、看る人も多いから在宅ケアは楽に継続できるというのは、まったく根拠のない皮相的な見方だ。

逆に一人でも本当にあてになる人、情愛のある人、遠くても電話で応対できる人。その一人がいれば安心できる。ということは二人の良い関係をつくることが大切だと以前から経験してきた。

これは時代と共に変貌をとげていく家族の姿でもあるが、また在宅ケアの真髄にも深くかかわっている。

まず時代的変化は、家族の数が多くても、昔のように全体を取り仕切る家父長はいなくなり、新たな家族のまとめ役も生まれていない。このことは現代社会の病相でもあるが、人間は何ごとも薄く明るく付き合っていればよいという流儀が広まっている。山田太一さんはぼくとの対談（『老いの復権』）で、〝薄く明るい症候群〟と嘆いていた。

在宅ではどうだろう、こうした薄くて、明るい関係は家族の絆は弱くなる。オピニオンリーダーも育たない。となれば在宅生活との厳しい面を考えれば在宅に全員が同意してほしい。反対が一人でもでてくるともろく崩れてしまい、在宅は破綻することが多い。都会の核家族に育つ者には到底わかりにくいことだと思う。

その反面、都会では老人二人世帯が大変がんばっており、一人になっても在宅にこだわる人が多い。二人という最小家族こそ、気持ちや考えが同じになれば、一人になるまではがんばる。そして一人になってもがんばる人が少なくない。それは良いことだと思う。ところがここに高いハードルがある。

一人がよいということではない、一人でもサポート体制があれば、在宅でも暮らせるということだ。あくまでも二人が生き合う関係こそ大切だ。

実は病院の目から診療所の目になって、病院からは見えない情景もはっきりしてきた。人や土地にまつわりついているものまで見えてくる。人と人との間も見えてくる。良いことばかりではない、高齢者虐待の諸相も見えてくる。かといって、警察に伝えるほどでもなく、また本人が我慢してしまう。これも家族なのかと思ってしまう。在宅医療は誰にも自分の人生に少なからず襞を与えてくれ、少しずつ医師も自分の心が豊かになれるのではと思っている。

痴呆は在宅の教師

ぼくは認知症者との交流を深めるには在宅医療が最高の場だと思う。もっとも在宅といっても自分の家と限るのではなく、地域密着型サービス（グループホームや小規模多機能、デイケアやデイサービスも入れて）の現場も含めてである。

実はぼくが認知症者に気付き考えさせられたのは、大和病院時代に家庭訪問をしている町の佐藤保健師からである。彼女はある家でのあるシーンにぶつかって驚愕した。まず何を見たかがすぐにはわからなかったという。その家の奥の薄暗い一間に女の老人が寝ていた。「ばあちゃんどうしたの」と声をかけたかもしれない。呼びかければ動くから生きている。しかし鼻をつく異臭で察しはついた。糞尿にまみれて寝ているのだ。この状態に意外にも気にかけたり困っている様子のないこと。彼女は異臭に寝たきりでいることより、それに平然としている人間の姿に驚愕したのだ。

彼女はこの事態に困惑しながらぼけ老人を何とかしなければならないとの思いをぼくに話してくれた。

彼女はさっそく「ぼけ老人家族の会」（大和町支部）をつくった。そして一九八〇年にはぼけ老人をケアして看取った経験者で、ぼけ老人ケアの基本をテーマとした劇団をつくった。「よもぎの会」と呼ばれ、そのリーダーになった。その頃ようやくぼけ老人が全国各地でも注目されてきた。一九七二年には有吉佐和子の『恍惚の人』が大ヒットし、一九七三年には映画化された。「よもぎの会」も人気があり、特にぼけを演ずるおばあちゃんが気迫満点だった。このおばあちゃんが舞台からフロアに降りて、客席に迫ると観客は思わず身を引いてのけぞるようになるほどだった。東北地方から関西地方まで呼ばれて公演をした。NHKの電波にも乗った。

認知症の予防やケアについては、いまだ確立されておらず、今後の社会的テーマであるが、同時に人間の生きている根源を学ぶ素材でもある。在宅ケアから得られる恩恵ともみるべきで、人間とは何かといった疑問にもヒントを与えてくれた。

医療サービスで連携している社会福祉法人桐鈴会のグループホーム「桐の花」で、入居者にとって〝家〟とは何か、何を自分の家と考えているかを調べてみた。

家といえば実家、実家だがいまは人がいない、引っ越した家、グループホームが自分の家、お金だけ集める人など多様である。

もちろん認知力は低下している。そして日々ケアをしているスタッフの観察眼に負うところが多い。

〝家〟とは何か

認知症者には、帰宅願望がある。毎朝自分の荷物をまとめて背負い、玄関を出て実家に行こうとするのはよくあることだった。本当に帰宅とは自分の家に帰ることだろうか。グループホーム「桐の花」九名の意識調査をした。たまたま九人は九〇歳前後で女ばかりであった。〝家〟については複数回答であるが、九人のうち二人は、自分の人生で最もよかった過去の思い出のシーンを、家と思っていることがわかった。生まれたり嫁いできた家ではなく、夫との思い出や姑さんとの思い出が、心のよりどころになっており、帰りたい〝ところ〟となっている。

夫への想いが〝家〟という人は、二人暮らしで子のいない老女だった。夫は医師で教授職を務めた方で認知症もありで数年前に老衰で亡くなっている。スタッフの観察眼は、老女が家のことや、家に帰りたい時には、両手で人を招き入れ、その人からものを受け取る動作をすることがわかった。夫が夕方帰って来た時、うれしくて上着を両手で受け取る時のひとときだったのだ。家といえばその思い出にかえっていく。夕食に心をこめて用意し、さあ帰ってくる時を思っている妻の姿。

もう一人は姑との思い出が家の話。この老女は小さな山村から平場に嫁にきて、普通なら姑にいじめられる立場にありながら、反対にとてもやさしくしてくれた。いつも姑と一緒に土まみれになって汗を流したこと、助けてもらったことがうれしくて、楽しい思い出になっていることがわかり、〝家に帰る〟ことはその思い出にかえることだった。思い出は時間的ではなく、人間関係の場になっている。

こうした高齢者は認知力の程度の差異は越えて、いわゆる認知症者の意識や知的レベルの単なる低下によるものではなく、自分の独自の世界をつくって、それなりに満足して生きている。認知力の低下というより進化と考えた方がよい。自分のゆくところ、「ふるさと」も自分でつくっているのだ。心の通ったあたたかい思い出が、帰りたい〝家〟になっている。

そして在宅の場で生活に入ることが可能になり、認知症者との交流も深めることができるのは、在宅ケアの恩恵で認知力の変化を理解することができる。

もう一つ大切なことは、高齢者の在宅ケアは、家で療養し、その延長に家での看取りが目標になる。その点では在宅療養支援診療所の基本的任務もこの要望に寄り添うことが必要であり、三六五日二四時間体制も看取りの重要な条件においてのことだと思う。

診療所という小さな医療機関では、医師一、二人で方針を決め全力を投ずることができる。しかし病院から訪問しても、とりわけ中小病院では医師不足があり、病床をみたうえで夜中まで訪問し看取ることがむずかしい。結局早目に入院させて看取るか、救急車で連れてこいということになり、温かい家族性の最期の看取りを家で迎えるといった在宅療養の目的を達成できないことがある。

早川一光先生と訪問看護

病院医療をはじめてから、緊急往診には応じていたものの、何か大きなものが欠けているのではと思いをめぐらすようになった。それに気付くには長い時間を要しなかった。

要するに診療所時代に比べて病院の中にいて、患者のくるのを待って何でも病院に来てくれれば治療ができると安易な考えになっていたことに気付いた。

一方、地域に出ていってできる医療がないのはおかしい。往診では、せいぜい一〇分くらいしか患家にいないのだ。時間が問題ではないが、一〇分間とすれば残る二三時間五〇分は一人でいるということになる。医療制度を精査しても、旧来の往診しか地域に出て患者の家に足を運ぶ方法はなかった。

ところがある日、朝日新聞の記事に目が留まった。その趣旨は長崎県のある公立病院が、一〇人の患者に、もう医療は必要ない、あとは福祉にと〝強制退院〟させた。そして困っている患者の記事が載り、それに対して京都の堀川病院では、病院に看護師の居宅看護部があり、退院した患者を訪問し、まだ病状など悪化すれば往診も入院もできるとあった。

最初の訪問看護チーム。さっそうと

ぼくは〝これだ〟と思い、さっそく看護部長と事務長を連れて堀川病院を訪問した。ここではすでにユニークな医療で注目されていた早川一光先生が、ぼくたちを迎えてくれた。この堀川病院は京都の西陣織の地区にあり、「西陣健康会」といった病院のパートナーがあった。この会の要望もあって居宅看護部ができたという。こうした病院と地域との関係にも驚いた。そしてどこまで地域に添えるかが自分の課題とわかってきた。地域が医療をつくった。

見学も大変役に立ったが、むしろこちらの大和病院のことをきちんと調べてあり、文章の資料をつくって待っていてくれたのだ。目の開く思いだった。担当者は斎藤貞夫さんだった。いまでも親しくお付き合いをしている。

堀川病院への感動がさめぬ間に、さっそく地域看護部をつくることに決めた。堀川病院では、なんと七、八名の看護師が保健師を含め訪問に活き活きと活動していた。そこでまず保健師二名を選定し、一年間病棟に入って、内科系と外科系の臨床の研修をしてもらい、そのうえで地域に出ることにした。こうして二名の地域看護部ができ新しい仕事づくりをはじめることになった。

これは余談だが、この人事には組合が異議を申し立て

コラム

介護保険前の往診

「ごめんください、萌気園です」と星野さんの声を背に、ズカズカとリウマチで寝ているクラさん宅の部屋へ。いつものメンバーがそろっている。ハルさんがクラさんに寄り添って民謡を一緒に歌っている。近所の井口さんが腕自慢の笹団子を持ってくる。町議の遠藤さんも顔を出した。

ハルさんが転んで打ったお尻が青くなっているのを皆にチラッと見せて大笑い。血圧も測る。そして楽しいお茶会が。これが卓夫の往診の一景だった。ミニデイケアの一景だ。

た。理由は「保健師は病棟に入ったりして、看護婦の真似をする職分ではない。採用条件に反する」というものだった。組合には説明して強引に押し切った。組合らしい態度は間違いない。しかし二名の保健師は訪問の意義をわかってくれ、快く研修に入ってくれた。あとで聞いたことだが、保健師では最も弱いところ、臨床看護の勉強ができてよかったと話してもらった。

しかしこの時期（一九八〇年頃）は、わが国には訪問看護という制度はなかった。したがって訪問してもその報酬はゼロだった。ただ内科医三人は往診をしていたので、その医師に同行してもらうこともできた。こうした公立病院での訪問看護は全国では初の試みだったと思う。そしてぼくにとっては在宅医療の第一歩だった。

アメーバ方式でスタート

現存する「医療法人社団萌気会」は一九九二年六月一五日に浦佐の街に開業した。坂西茂男のプログラムは動き出した。医師も入れて四人の職員だった。極小のスケールだった。

初めは外来だけで手いっぱいだったのと、看護師は一人しかいなかったので往診も無理だった。ぼくが病院をやめて開業すれば、病院から一人二人くらいの看護師も来てくれるかなと思っていたがそれは幻想だった。当地では公務員の身分から抜けるのは覚悟が必要だった。しばらくすると浦佐に住んでブラブラしている女性の看護師が来てくれた。そのうち、大和病院からもやっと一人が来てくれた。一人ゆえにうれしさも少なからず。そして午後から往診をはじめた。まだ訪問診療という制度はなかった。

「アメーバ方式」でやろうということになった。病院を辞めた時、〝ご祝儀〟として在宅患者を一〇人譲りうけた。それに一〇人ほど新規になってもらったので、二〇人になると結構な数での在宅医になった。

「アメーバ」というのは、目立たず静かにどんな隙間にもどこでも這っていくことだ。町長選挙ではかなり「お騒がせ」になったので、今度はアメーバやもぐらのように動くことにした。

そうこうするうちに、往診と訪問看護に月二、三回訪問することはできるが、あとは家に寝ていることになり、いくらぼけていて寝たきりでも、居場所としては相応しくなく、家族もがまんに限度があることはわかってきた。その対策はデイサービスしかないと考えるようになった。デイサービスの役割は、本人のため家族の負担軽減などで在宅療養の継続につながるものだった。アメーバ方式とも矛盾はしなかった。

その手始めが「地蔵の湯」だった。これはぼくの趣味や古民家の価値と文化財の保持を兼ねたものにもなった。また介護保険制度が成立する前であったので、運営も自由で職員も楽しく、高齢者と共に人生を改めてつくっていくような気分になっていた。いまでもそうだが、一つの空間に一〇代から一〇〇歳までの男女が集うという珍しい場にもなった。また自然発生的に生まれた〝泊まり〟をやってみたらすごく喜ばれ、制度なしで実行した。仲良し二、三人で泊まる。家からも解放されて、極楽だった。デイで泊まれることを〝泊まデイ〟と称した。

仲良し同士というのが最大のサービスで新鮮だった。雑誌などで「地蔵の湯」が古民家で温泉付きと紹介されると反応があった。とても素敵な人たちで、専門職も含めて、あっという間に全国からスタッフが来てくれた。アイデアも次々でてきた。〝泊まデイ〟もそうだし、職員の幼児をみる「かめちゃん保育」も始まった。

ミニデイケアが面白い

また訪問診療もタンポポの花のように、風にふかれて着地したところに芽が出るといった広がりもあった。Mさんはリウマチでベッド生活、家政婦さんも一人いて、息子さんの対応もよかった。ぼくが訪問する時には近所から数人が集まり世間話に花が咲いていた。血圧を測ったり、膝の痛い人には関節内注射もした。毎回町議さんも顔を出した。和気藹々のミニデイケアになっていた。また浦佐から二〇キロメートルくらいの小千谷（おぢや）では、尼寺がその場になった。尼さんをはじめ、檀家さん、ご近所さんから集まり、お寺で、尼さんもいるという特徴あるデイケアになっていた。

その後、萌気会は古寺を移築し、地域交流センターとして活用するようになった。

この時期がぼくにとっても、スタッフにとっても楽しい介護の場、多様で助け合える場、いまでは地域共生の場とみることができる。

二〇〇〇年には介護保険制度が成立し、サービスも整理され、多様になったが管理は強化された。

二〇二三年では医療法人社団萌気会は診療所三、介護事業所一三、浦佐認定こども園一と別法人で温泉旅館と温泉付きデイサービスを運営している。職員数は約三五〇人。

診療所は二つが在宅療養支援診療所、一つが発達障がいに特化した「生活サポート外来」で専門医が対応している。「あやめ診療所」と命名された。

改めてわかってきたことは、診療所からの風景は人と人との関係がよくみえた。遠近だけではない、たとえば家に入ったとたん、その温かさが見えるのだ。心の温かさも、経済の苦労の温かさもよくわかる。医療はどう使ったらよいかもわかってくる。

老人との関係も、小さい子（孫・ひ孫）までケアチームの一員になり、子自身の成長にも大きな影響を与えることができる。診療所も地域での生きものとして受け入れられるのにそう時間はかからなかった。

もう一つは病院での医療の人間性や患者へのサービスの質、露骨に言えば、医療の安全性や検査のリスクなどもよくみえてくる。医療との信頼関係も深めることもできる。

在宅の道づくりから場づくりへ

ぼくが在宅医療に関心をいだき続けたのはおそらく父の姿、半農半医や医者の資格をとっても僻地の診療所から、外来と、足での往診を二五年間コツコツとやってきたことと無関係ではない。父は車の運転もできなかったので、当たり前の外へ行く医療、歩く医療が「往診」と呼ばれていたにすぎなかった。江戸時代では〝往療〟ともいい「赤ひげ」は病床もあったが、〝出ていく、歩く医療〟のイメージの方がはるかに濃厚だ。

ぼくは地域に出る、患家に入ることに関心があった。したがって大和町診療所時代は、まだモータリーゼーションも未熟であったこともあって、幼児の夜間の発熱でも往診依頼は不思議ではなかった。一夜で多い時には五、六軒もあった。

ぼくの方針は「往診は断らない」だった。これは沢内村の増田先生に教わったことでもある。「この程度で往診は不要。連れてこい」ではなく、「一度目は無条件で往診し、よく診てから、この程度は心配ないので……」と患者や家族に直接説明をしたほうがよいと教えてもらった。これは「赤ひげ」方式になる。

しかしぼくはスピードを出し過ぎて往診先での滞在時間が短かすぎた。ぼくの足も速いので看護師も小走りでついてきた。運転手も人には嘆いたとのこと、「おら先生は、往診にこんにちはと入った時、TVのコマーシャルが終わらないうちに患家を出ていく」と。看護師も「先生もう少しゆっくりしてもらえばよかった」と愚痴をこぼしていた。

それでも大和病院ができれば、とにかく連れてくればなんとかなるとの思いが残っていたが、現実的ではないことはすぐわかった。「老人で、熱がでて動けない」「すぐ連れてきてくれ」は無理だった。逆に往診すれば、熱のでかた、症状はわかる。処方は水分をとる。熱さましの頓服を飲んでもらう。で多くは翌朝には回復している。逆に連れてくるのは、救急車は別として、当地では車もなければ、誰かに借りるかタクシーになる。結構負担は大きい。

要するに家で治す、家を場とすることが必要だ。近代在宅の元祖佐藤智先生はひと言「病気は家で治すもの」と断言している。

そこで内科医三人で相談し、急の往診は断らない。夜の当番を決めて対応することになり、その後訪問診療も実施するようになった。

「赤ひげ」の頃に比べれば往診は保険で往診料はとれるが、内容は貧弱で「赤ひげ」に比べれば一〇分の一もなかった。もっとも往診料も貧弱だった。

そこで「こんなはずじゃなかった」と誰しもが悩むいまの医療制度ではできない。「赤ひげ」は現代ではない。しかし赤ひげは、まず患者の住む〝まち〟を聞いただけでその場での病人の想像ができた。まず患者の枕元に座り、家族をみる。母ちゃんが寝ている。父ちゃんはいない、子たちは飢えてキョロキョロしている。その空気を吸っただけで病状も丸ごと飲み込んだ。病状を聞く、養生を説く、漢方薬を調剤する、一つひとつ飲み方を教える、そのうえお礼も相手次第でとらない。一人で診たて、養生説法、調剤、お金のこと（福祉）も背負う。そして若い医師の教育が使命だった。

全国在宅ネットをつくる

一九九二年（平成四年）六月、萌気園診療所を開設して間もなく、ＮＨＫより出演の依頼があった。番組の趣旨は医師会・開業医の活躍を三回にわたって放映するものだった。その第三回が開業医の往診だった。実情報告が二診療所でぼくがコメンテーターになった。

実はこのコメンテーターは自分で十分できる、また診療所の経験は国保診療所六年、病院一五年、開業医としては三年目だが、よくわかっていることだと思い込んでいた。

しかしそうではなかった。名古屋の映像をみてびっくりした。〝話がちがうじゃないか！〟と叫びたくなるものだった。

診療所玄関をくぐるとコーヒーラウンジでコーヒーの香りが漂い、コーヒーが飲めた。前へ進むと円形になっており、一周で受付、外来、検査、相談などを通過して、会計となる。まわりはサービスエリアで、中心部（ドーナツ様）に事務系が入っている。この形とそこに秘められた思いがはるかにぼくを超えている。頭が下がるばかりだった。

おまけに二階には病棟があり、入院の目的は外来から、あるいは他医より紹介されて在宅をはじめる時には、まず一週間くらい入院して病状の確認と介護の基本を家族に教えて、安心して在宅患者になれるという仕掛けだった。

この「あいち診療所野並」の畑恒土院長、そして藤村淳子看護師は経営相談役の仕事もしていた。

もう一つ、大阪高槻の「なかじま診療所」は正攻法でつくられたものだった。クリニックのひも付きではない患者や地域の有志により市民主体の会をもっており、診療所のサービスへの発言権もあり、勉強会にもなる構造をもっていた。

とてもしっかりした診療所であることがわかった。市民と共に歩む典型的で真正面から受け止める医師だと納得した。中嶋啓子院長、中嶋久矩事務長だった。

ぼくは両診療所の存在に大きな夢をいだけるような気持ちになった。二つで驚くなら、診療所の全国ネットワークをつくろうと思った。この番組を企画したＮＨＫの福島広明さんに感謝すると共に、今後のネットワーク形成にも力を貸してもらえると確信した。

ぼくは自分の経験から、まず診療所という診療形態が医師の思想や個性を活かせる場だ。また当時は病院医療への不信が高まっていた。医療不信の改革は市民と密着している診療所からでなければできないのではと考えていた。

さっそくその中核づくりにこの三者とNHKディレクターの福島さん四者で大阪会議がもたれた。ついでネットワークの第一回準備会を一九九四年（平成六年）名古屋で、結成大会（西嶋大会長）を九五年九月東京で開催も決定した。ぼくがネットワークの代表になった。

ネットワークは一般団体から二〇〇二年（平成一四年）NPO在宅ケアを支える診療所・市民全国ネットワークになり、さらに二〇二一年（令和三年）に「全国地域医療研究会」と合併し、NPOはネットワークそのものを活かして、一つの組織「NPO地域共生を支える医療・介護・市民全国ネットワーク」に改組されて、二〇二三年名古屋で亀井克典大会長の下、第一回（実質新NPO初回）大会を盛況裏に開催された。NPO代表は共同小倉和也・亀井克典代表になり、ぼくは名誉会長に就いた。

一方「日本在宅ケアアライアンス」が全国的に在宅医療推進のために在宅関係諸団体を一本にまとめて二〇一五年（平成二七年）三月に結成された。諸団体とは職能別の団体、学会、NPOなどを指す。当NPOもその一員である。日本在宅ケアアライアンスと称し、議長に新田國夫が就いた。

こうした組織的な活動を支えとして、一〇年前より、在宅医療がわが国の「第三の医療」と認められ、便宜的に外来・入院を第一、第二としてそれぞれの役割を担うことになった。また在宅医療は理念として、あらゆる医療に浸透し、在宅医療なくして日本の医療が成立し得なくなっていることを断言したい。

ぼくが在宅医療の源流から今日の発展まで、パイオニアとして歩んできたことをアピールさせていただく。

「若月賞」をいただいて

二〇〇四年（平成一六年）第一三回若月賞を受賞した。受賞記念講演が行われた。この記念講演は義務ではなかったが、講演すれば副賞に百万円がもらえると聞いて早速受諾した。

この講演には注文がついた。ぼくの人間としての歴史

コラム

若月浄土

私にとって若月先生は二五歳年上、地域医療の元祖として特別視していた。彼の発言はすべて文の最後に「民主化」がついていた。その意味がやっとわかった。彼が大病（腹部大動脈瘤、心筋梗塞）を克服し、臼田の街を静かに歩きながら、今私は大衆と共に一日一日を幸せに感じ、誰しも幸せを味わっている。これが「民主化」で「浄土」だと語っている。ああそうだったのか。若月先生が九〇歳になってからである。

的歩みを語ってほしいということだった。

ぼくにとっての若月先生は大学では二五年先輩で戦中派、松本高校から東大医学部へ、ぼくは松本深志高校から東大医学部へ。医学部時代に「ソ医研」として佐久病院見学に行き、その報告を五月の学園祭・五月祭で発表した。

先生はまだ若く矍鑠（かくしゃく）としていた。

実は六〇年安保では全学連主流派と反主流派（日共系）に分裂し、若月先生は、本人は佐久に微動だにせずに座して闘争の行末には思いをめぐらしていたと思う。また若月先生は、学生運動を評価していなかった。労働者や農民が立ち上がらねばだめ、学生は気まぐれに騒ぐだけとみていたことは間違いない。そんなこともあり、若月賞受賞はまったく考えてもみなかった。しかしぼくの生涯を語れとも言われていたので、そうだ、自分が語れる絶好のチャンスと頭を切り替えた。

その結果、受諾講演が「大地の子と地域医療」となった。『大地の子』のストーリーから、主人公の陸一心は自分の同志で、同じ思想ではないか。死なかったという運の良さも同格だった。

その後のことだったが、昭和が終わり、昭和天皇の死と歴史をめぐって、マスコミの報道は南方戦線中心だった。とりわけ満州・北部戦争の負けっぷり、国民を棄民としたうえに、関東軍の家族、軍族が真っ先に逃げ帰り、ソ満国境近辺には、やっと八月九日夜に知らせることになり、その翌日（一一日）には、林口の空爆で開拓団避難民の四分の一が殺された。

そしてぼくの弟や妹のように、何もわからず、子でもわかるわずかのことすら親から何も聞かされることもなく、逃げ出して二カ月足らずで悲惨に死んでいった。四歳でも六歳でも、なぜこんなにひどい目にあったのか。どうして家もなく、食べるものもなく、何も助けてくれない親になったのか。暗い、暗い恐ろしいところへなぜ行くのかと小さいからだでもわかって死んでいったと思う。

こうしたことを昭和天皇の死に際して、静かに語ってほしかった。そして自分の子どもたちも真実を知ってほしい。そこでせめてもの気持ちから、『医者の父から七人の子どもたちへ　いま言いたいこと』（一九九一年、教育史料出版会）を出版した。

陸一心が「大地の子」となれば、ぼくは「雪国の子」か、いや「地域医療の子」かなと思っていた。

第十五章　地域共生と「おふたりさま」

高木清一さんの『和解ある老いと死』

ぼくはもうひと言を添えたい。ぼくの著書『和解ある老いと死』では、和解がキーワードである。清一さんが主人公だ（本章の実例はすべて仮名）。

孫娘（看護師さん）が第一の介護者で、ぼくや訪問看護師も「看護婦さん」と呼んでいた。毎日毎日介護日誌をつけてくれた。そして清一さんの話題は、その人生のピークらしいことは何も語られず、ぼくも淡々と足を運ぶ医療に徹していた。ぼくの医療は聴診器ではなくかんじきだった。

清一さんの妻は肺機能障害者で在宅酸素だったが、夫の横に昼も夜も暮らしており、第二の介護者だった。第一介護者である孫娘の妹二人と近所の親しい人たちが第三の介護者だった。

清一さんの介護はたくさんの人たちが行っており、自前の〝看護師〟も生まれ、医者や訪問看護師が訪問するから成り立っているものではなかった。

「訪問する」という単純な行動ではなく、本人、家族、ご近所、友人たちでつくられた「在宅療養の場」が大切だった。医師の訪問は、場ができる、皆で介護する者たちが手を取り合う場の触媒の役割だった。

主人公、清一さんは、亡くなるまで一度も自分から注文や訴えはしなかった。訪問開始は四月一日、亡くなったのは四月三〇日で、寝たきりになって三カ月が経っていた。

訪問して一週間くらいのこと、清一さんはぼくたちに「お世話になって……」と泣いた。「どこか難儀のことは」と誰かが聞いても、二回ほど「自分で自分の身体を動かせない」と答えてくれた。

四月中旬、カルテには「清一さんと家族と医療者との三つ巴の戦いが続く」とある。戦いとあるが、お互いの

和解とはお互いに距離をおいてわかり合うこと

我慢比べなのだ。三者とも自分の意思と感性を抑えることによって、ようやく維持される「力くらべ」とみることができる。

清一さんは叫ぶかわりに、苦しそうな表情と荒い息づかいで表現し、口からとる水やジュースを飲みたくない時だけ首を横に振った。

四月二九日（木）脈拍一一八不整あり、血圧六〇／四〇、体温三八・四度、呼名反応あり、ときどき苦しそうに首を振る。

四月三〇日（金）容態心配にて朝八時往診、血圧五八／四〇、脈拍一二〇不整、努力呼吸、呼名反応なし、体温三八・五度、午前九時三〇分永眠。

死亡診断書
高木清一　大正五年六月一〇日生
死亡年月日　平成五年四月三〇日
死亡場所　自宅
死因　病死
病名　脳梗塞
その他の病状、慢性気管支炎、褥瘡などで発熱が持続
平成五年四月三〇日
浦佐萌気園診療所　黒岩卓夫

「和解」
〝大往生〟はない
ぎりぎりのところでお互いに和解する過程が
老いであり死である
高木じいと看取る家族、医師と看護婦が
〝煩悩〟を抑えながら和解するところに初めて
一人の死が実現する

山口アキ子さんから学んだもの

大正一四年一二月一七日生　令和四年五月八日死亡

平成二八年四月二〇日初診

グループホームにやってきた。もの静かで寡黙で上品なおばあちゃんだった。ぼくから名乗って軽く頭を下げた。山口さんはぼくを真直ぐ見つめて軽く頭を下げたが発語はなかった。

「おや？ 山口さんはしゃべれないのかな」と思ったが、質問にははっきり答えてくれた。

「山口さん、お変わりありませんか」「自分のこと、よくわからなくなり困っています」「山口さん、家族の名前なんかもすぐ思い出せないですか」山口さんは首を前へ振ってそうだと意思表示する。

自営業の夫を助け、子ども四人を育てた。夫が亡くなってからは一時うつ病と言われた。その翌年からアルツハイマー型認知症といわれていた。平成三〇年には軽い右片麻痺をきたし、一過性脳虚血発作（ＴＩＡ）と診断された。

グループホームのスタッフとの交流のなかで、「私は何が何だかわからなくなります」「教えてもらって不安にならずに過ごしたいです」

そして、この発言はああそうだったのかとやっとわかったことは、「歌を聴くと踊りたくなります。演歌や民謡、童謡を聴きたい」「世間話をして楽しく過ごしたい」とポツポツと質問に答えてくれるうちに気持ちがわかってきた。

そのうちにスタッフが「先生、山口さん、歌がとても上手いですよ。いまは歩くのに自信がないので踊りは無理ですが、ベッドに寝ていても手や体は踊りのように動くんですよ」

特に『椰子(やし)の実』を上手にうたってくれた。

椰子の実　島崎藤村

名も知らぬ遠き島より　流れ寄る椰子の実ひとつ
故郷の岸を離れて　汝はそも波に幾月
旧の樹は生ひや茂れる　枝はなお景をやなせる
われもまた渚に枕　孤り身の浮き寝の旅ぞ
実をとりて胸にあつれば　新なり流離の夏
海の日の沈むを見れば　激り落つ異郷の流
思いやる八重の汐々　いずれの日にか国に帰らむ

しかし時間と共に得意な歌も減ってきた。

ところが、たまたま気付いたことがある。ぼくの次男巌志（現萌気会理事長）の末子、万詠(まうた)が生まれて一年が過ぎたころだった。ぼくが万詠の家に遊びにいったら、万詠が上の子と一緒に上手に踊っていた。

「まーちゃん、もう踊れるの、ちょっと前に歩いたよと聞いたばかりだったのに」

赤んぼの万詠が、生まれて、泣いたり、笑ったりから二本足で立ち上がり、歩き、踊り、うたいそして言葉を獲得し人間になってくる。

この過程を逆に歩んで山口さんは亡くなっていったこともわかった。

山口さんは亡くなる三カ月前には食べることもできなくなってきた。口は開けるが飲み込めない。もういらないの意思もはっきりしない。歌の声も出なくなった。しかし歌の拍子に身体は少し反応した。寝返りもできない。しかしぼくが顔を覗き込むと少し表情がゆるんでくれたと思った。

しばらくしてベッドの枕元で主任が歌をうたうとまた首を少し振って拍子に合わせてくれた。

さらに一カ月ほどして、もう首も拍子に合わせてくれない。ぼくがスタッフに「もう何も反応がなくなったね」と問うように話しかけた。しかしスタッフは、はっきりと「先生、まだ表情には出ると思います」と教えてくれた。

ぼくはこの期に及んで、ごく普通に衰えていくものと考えてしまい、反応もすべてなくなるはずだ、ぐらいの根拠で〝もうダメだね〟とスタッフに話しかけたのだ。それに対して、よく観察していると、表情はまだ生きていると教えてくれた。

たとえば人類が神への祈りのために神前で踊る、そして発声・詠ずる、単なる拍子とりではなく、歌となり言葉になる。言葉が人間を生み出す。そのちょうど反対の退化でも、人がかすかに表情を宿して死に至るということがわかった。万詠は活気ある表情から出発した。

二〇二二年に『茨の道に赤い薔薇を』作成時、ぼくが孫たち（小学生以下）に歌をつくった。山口さんの終末期から人類の生い立ちに気付き、万詠の歌詞にさせてもらった。

万詠へ（祖父卓夫作）
人類（ひと）はみな　身振りおどり　うたことば　今おどりしや　孫の万詠よ

ぼくはこの交差する人間の生涯を見て、やっぱりそうなんだ、確かに山口さんに歌を聞かせるといい、スタッフが『椰子の実』の拍子をとるとすぐうたいだし、身体全体で拍子をとり。それが、声が出なくなり、身体だけで拍子をとり、最後は顎と頸を動かすだけの拍子をとってくれた。そして最後はかすかな表情を残して。

亡くなった山口さんに駆けつけた時は、すでに死後の化粧が終わった後で、顔は細くなったが、謹厳で上品で目は閉じたまま、最後の表情に還るのではと思わせた。

心からご冥福をお祈りする。

小林ハナさん、本当だね！

「先生、私の母親は私が二歳二カ月で死んだ」「継母は、私が小学二年の頃にきた」「悪い人とは言えない、よくしてもらった」

こうした話は安心往診三回目頃から聞くことができた。普通は〝表〟の話だけだった。ぼくが訪問したことをスタッフから告げられると、車椅子でTVをみていたのをやめて急いでやって来る。大きな声で、「先生、来てくれてうれしい」と満面の笑みをつくって近づいてくれる。多弁であることはすぐわかる。次々と言葉が飛び出すが、多くは「ご挨拶向け」の言葉だ。「先生、待っていたのにどうして来なかったのか」とか、ぼくが萌気園を開業して間もなくのころ、夫と一緒に外来に来たあたりの話題になる。しかし亡くなった夫のことは話題にならない。

この日の往診は二階の小林ハナさんの個室で落ち着いてからゆっくり始めた。子どもの頃、継母が来たあたりのことになると、人が変わったように、しかも事実関係や時間感覚が崩れないままの話になることがよくわかった。

何か自分が抑えていた話を少しずつ話せるのかなと思った。話しぶりや表情と表向きとはちがう。場の設定だけでこうも話せる内容がちがうのかと驚いた。声も静かになり、思い出すようにして言葉が出てくる。彼女の若い頃の世界に引き込まれると、ぼくも思わず「それでどうなったの？」と訊ねるほどだった。

ぼくはハナさんの村で同じ年頃でいまは医者になっているO先生を思い出した。「ハナさん覚えているかな、子どもの頃遊んだ小さい男の子、ハナさんより三、四歳下で、おそらく生意気で元気のよい子で医者になったOさん」「O先生！　わかるわよ」「私より四歳年下で色は黒っぽい、頭の良い子だったよ」「うん医者になったことわかる」「O先生は立派な医者」

これはスラスラとしゃべってくれた。この話しぶりをO医師にも確かめると、その通りということで、こうも表との差があるとは。

またハナさんは率直に答えてくれた。「好きな人は二人いたよ、一人は同級生のお兄さんで四歳上、もう一人は六日町へ婿へいき、定年間もなく死んでしまった」

ハナさんの病歴をみると、夫を亡くしてからしばらくして、認知症が疑われていた。平成二六年頃より、もの忘れが目立つようになり、食事がうまくつくれない。車の運転が危なくなり、一人暮らしが難しくなった。そして平成二八年一一月二八日脳出血（右片麻痺）になり、脳外科専門病院に入院となった。また平成二九年には要介護Vと認定されている。少しオーバーな認定かと思うが。

その後ハナさんの昔の話を聞くと、継母は子四人（男二人、女二人）を生んだ。四人とも面倒をみる立場になった。姉ちゃん、姉ちゃんと呼ばれた。ハナさんは本が好きで進学したかったが、家の経済や四人の弟妹を思うと断念して仕事に就くことにした。本当は学校の先生になりたかった。文学少女だったのかなとぼくは想像した。

小林ハナさんは意識的には二重生活をしている。世にいう認知症の世界で裏向きの本当の自分と、表向きで要介護Vの世界に住み分けている。しかし彼女の人間の世界は認知症として抑えこまれてしまった世界の中に存在するのではないか。

誰しもその世界は、いまの人間関係や、もの静かにできる環境とか、話の聞き手への信頼や安心感のいかんによって開かれる世界だと思う。安心に包まれれば認知症者として、取り戻した自分として存在できる。

こうした会話は往診に同行する医療クラークが記録してくれる。

クラークが「ありがとうございました」。ハナさんは「先生に言っておくから、この方（先生）にまた来られるようによろしくお願いします」。そして玄関まで見送ってくれ、靴のことまで気遣ってくれた。

二人で来る外来の〝安心〟

現在、介護・医療界は、地域づくり、あるいはコミュニケーションの深化をめぐって、おおいに議論されている。キーワードは「共生社会」「家族会議」「看取りと死」などである。

ぼくは診療所の外来で〝あること〟に気付いた。一人暮らしのお年寄りがどうしてと思うくらいにゆったりし、安心し、時ににこやかに外来にやって来るのか。それはお年寄りの一歩あとから付添いでくる人がいる場合が多い。お年寄りといっても女が大部分だけど、「一人暮らし」なのだ。昼も夜も一人で気楽に暮らしている。付添いはほとんどが近くに嫁した娘さん、嫁の場合もある。

何かあれば電話一本で安心したり、心配であればすぐ来てくれる。

そして〝一人暮らし〟だが実質は〝二人暮らし〟であることがわかった。一人でいるか二人でいるかだけではなく、安心度が大切で、一人暮らしでも、何かあれば近くに住む娘に繋がれば何の心配もない。見た目一人、暮らしは二人だ。

そうか実際に「二人」であればまったく問題ない。ということで外来者の構造を調べてみた。

こうして「お二人さま」の提案を、自信をもって勧めることができるようになった。その報告を提示させていただく。

「1」ではなく「2」をkey numberに置き換えてみる。自立支援の目標は一人ひとりですが、そのアプローチの工夫として二人組を手段として、自立支援を始めたほうがよいことに気付きました。看取りもそのほうがよいと思います。

2はアダムとイブの2であり、「高砂や」のおじいちゃん、おばあちゃんとの2であり、気の合う親子の2であり、仲良い同朋の2であり、一人の親友あれば安心できる2であり、また倍々に増える2です。

映画『おくりびと』の原作『納棺夫日記』の著者である青木新門さんは、〝目の青い透き通った人〟が一人いれば死んで逝けると書いています。これも2の話だけど、男だろうか女だろうか。宮沢賢治からとっています。

ぼくの外来に親子で来るお年寄りはとても幸せそうです。一人暮らしでも安心しています。近くに住む娘さんの場合が多いのですが、その娘と二人の安心感が、一人暮らしでも安心して明るい表情を見せると本当にほっとします。嫁でも良い関係はある。数えてみたところ、こうした二人組はとても多いことがわかりました。

実態を提示します。厳密な計数ではありません。ぼくは二日町診療所で週二回午前外来を担当しています。診ている患者は約二〇〇人。二人組は約三〇。三〇組は良好な仲のよい二人です。在宅療養に移行した患者でぼくが外来で診ていた患者は一〇人くらいなので、四〇人くらいになります。五人に一人はこの二人の力で生活していると考えてよいと思います。

デイサービスの場でも、認知症と言われる気のあった2は、二人だけに通じる言葉が自然にでてくるように思います。

しかし人生の最後を生きていてよかったと思いながら、家族や友人に看取られて逝くとはまったく別のルートがあることがわかりました。それは特養です。家族（に準ずる人）の都合で特養に入り、職員に看取られます。そして多くはうつ傾向になっています。

ぼくが「ここは絶望の家だな」と言うと、スタッフはそうでもないと言っていますが、「あの世」への明らかな玄関であり、送り出す家であり、道程も死の一歩手前までは来ています。特養の門をくぐる人が、厚労省の規定する尊厳は守られ、自立の精神も崩さずに、特養を自分で選んできたとは誰が信じるでしょうか。明らかに自立支援に尊厳保持は幻想でしかなかったと思います。

「特別養護老人ホーム」と村の共生は

介護保険法成立時は、特養への期待と役割は、厚労省が作成したテキストにも明記されている。『介護支援専門員　標準テキスト』第2巻（長寿社会開発センター出版、一九九八年）によると、特養の役割は明るく、地域の高齢者のコミュニティセンター的な場である。一度入所しても、リハビリや社会性をつけて家に帰り、必要あればまた利用する。家族や地域の人たちも出入りする交流の場と謳っている。

介護老人福祉施設の目的・意義・役割（一四〇頁）

「利用者本人の主体的な意志によって選択されるサービスの一つであり……」

「……サービスによって要介護状態が改善され……、自宅に戻ることを可能にして、退所・自宅復帰することを支援する目的ももっている」

「……より多くの利用者が退所でき、施設と自宅を往復できる条件をつくる努力が求められる」（一四八頁）「施設と自宅を必要に応じて往復できる道筋をつくっておくことである」

しかし二〇一五年、法改正により入所条件が要介護Ⅲ（実質Ⅳ）以上と厳しくなった。その結果〝あの世〟へ黙って送られる〝玄関〟になっている。

したがって、介護保険制度のkey wordsの〝自立した個人〟だから自立支援すればよいは幻想だ。仲良しをつくり、その力で良い老後を送り、看取り近くまでいくこと。そこまでいけば自立に近い状態で看取りを受け取ることもできると思う。ちなみにぼくが配置医をしている特養一一〇床では、七年間でやっと三人が看取られるために帰った。看取りに限ってでも三人しかなかった。

さらに厚労省による全国を通しての認知力低下の発症者増大の推測が間違っており、認知力低下への医療的・社会的な対応に失敗しており、制度の理念も空文になっていると思う。おまけにアルツハイマー的な知的障がい者を病人に仕立てるというダブルミスを犯している。生活環境、人的環境が良好であれば、単に知力が少し低下したりもの忘れが多くなるくらいでなんの問題もないと思う。認知力低下者も仲良しの二人であれば、ずいぶん対応しやすくなる。生活の安心の核を1でなく2にして考えたほうがいいことは明らかだ。

地域の景色がガラッと変わると思う。2が目的ではなく、2によって安心感がふくらみ、生活も活気がでる。

Hさん七八歳（女性）は外来の患者さんだった。ある日のこと、「先生、村はずっと前からおかしくなってるよ」「私はがんばって介護サービスを何も受けていません。その代わり毎日午前一〇時頃村中を一回りします」「村の中を歩いても、おら年頃の衆とは一人も会えないし、お茶飲んでいかねえかいなどと呼びとめてくれる人もいません。子どもはもちろん保育園や学校、犬も管理されて、野良猫一匹にでも会えればいい方ですよ」

ぼくもそのことは感じていた。村の昼は真空地帯になっている。高齢者はデイなど介護サービスに、また施設に入っている人もかなりいる。

おまけにデイに行っても、事業所がちがえば仲良しでも会えない。何十年で培った人間関係も切れてしまう。

ところがHさんは間もなく脳出血で倒れてしまった。病状は重く病院へ、そして隣県の施設から胃瘻をつけて地元の特養へ帰って来た時は何もわからなくなっていた。ぼくが配置医を勤める特養でひと言も語ることなく亡くなった。

顧みれば、Hさんは村で「おひとりさま」になり、病院から施設でも「おひとりさま」で家に帰ることもなく「おひとりさま」で黙って亡くなった。

在宅ケア・私論

そこで「在宅医療の価値とは何か」と切り口を変えてみる。とすると三つになる。

一、家で療養ができる
二、看取りが安心できる
三、話に耳を傾けてもらえる

さらに表現を煎じつめれば、場と安心と聴くの三つになる。

ケアの評価
居心地の良さ―安心―家族性
居場所の良さ―仲間―地域性　┐生きがい
今日一日の満足―希望―精神性┘
医療→

次にその価値を解体してわかりやすくしてみよう。

ケアの評価の中核は安心だ。「安心」とは居心地の良さで、それを表現すれば「家族性」である。家族ではない、家族はその家の事情、価値観の多様性から無理である。しかしその家族がつくれる歴史を家族性と認めたいと思う。家族全員でということではない。家族の中で一人でも〝家族性〟を担ってほしいといったほうがあたっていると思う。

次は居場所としたい。自分が生まれたり、育ったり、過ごしてきた家がよいは当然だと思う。しかし単に生まれた家と建物にこだわることは非現実的である。建物は新築したり他所に引っ越すことは少なくない。

とすると地域と表現するもの、家族・血縁・地縁がある。同級生がおり、仕事場もある。それも建物ではなく地域性を友達や仲間との関係を考えてほしい。仲間がいる、仲間ができやすいことが「地域性」だ。

もう一つの「希望」は一般的すぎるが、やはり生きていくには希望が大切だ。希望も具体的に、今日一日の満足があり、明日を語れることだと思う。

これはあくまで精神的な歓びと不可欠になっている。今日一日良かったなと安らかに眠れることである。

これらは総じて「生きがい」とまとめたいと思う。「ケア」は「安心」と「生きがい」をもたらすものと考えたい。

そして在宅ケアの価値に戻ってみると、「在宅療養の価値を高める」ことと、「看取りの安心を高める」ことになる。そして介護者は聴く耳を持つことだと思う。

ぼくが「在宅医療」のケースを具体的に申し上げたのは、小林ハナさんでは、語り合う場と接し方によれば、認知症者の世界にも入れることができるということ。山口アキ子さんでは、認知症者であれ、患者さんから学ぶことができること、高木清一さんでは「和解」の意味は、人間関係の距離である。

またぼくの先輩にあたる医師は「止める」「ほめる」「触れる＝さする」が患者・利用者とのコミュニケートの原則と提言している。その通りだと思う。

「止める」は痛みなど訴えを少しでもよくすることである。

「ほめる」は誰でも人生や日常の中に小さくてもピークがあり、ほめられることは本人にとって最大の歓びである。

「触れる」は安心そのもの。

安心往診

在宅医療の二本柱は訪問診療と訪問看護だ。このラインをとりまくケアサービスには、日帰りケア、小規模多機能、グループホーム、そしてゴールとしての特別養護老人ホームだ。

この多様なサービスのなかで訪問診療はその血脈になっている。しかしこの訪問を三〇年やってみて、まだ何か不足していると感じていた。訪問診療で最も限界を感じているのは一軒あたりの時間だ。一軒一五分がいいとこだ。ぼくは「ごめんください」と玄関に入り、家族がいなくても患者さんの枕元へ。「今日はいかがですか」と関心を投げかけながらバイタルチェックをして、話題にする。この間の体調や家族との生活でも話題を提供してもらう。身体のことと、眠れないあたりが困っているらしい。そこで眠れないところに話が入っていく。一方家族から昼寝ているからだと指摘が入る。そこで、ではどうしたらよいかと本人に改めて問いかける。

また帰りがけに家族からの要望を受ける。看護師は薬の相談に捕まっている。ここでこちらが時間に追われているのはよくない。またどうしたらよいと断言的な言葉もよくない。どうしても三〇分はかかる。

また認知力の低下している場合、具体的な話し合いに入ってもらうには工夫がいる。認知症が進行している場合には、昔の話、本人が元気で仕事をしたり、また旅行にいったとか、良い思い出に話題を物語にしていく。物語ができれば小さくても成功だ。

なかにはガラッと変わって、昔の世界に入るや何分とは言えない中、一人で休みもなく話し続けてくれることがある。人生で良かった頃は自慢もできるし、また細かいことまで思い出してくれる。過去をほめられるだけで、生きていて良かったと元気になる。

六〇分近くの時間をかけても本人は晴れ晴れし、満足し、疲れも訴えない。こちらもつい話に引き込まれ「それでどうしたの」と本気で聞き、話を掘り下げることもできることがある。こうなれば安心往診は成功する。

端的に「止める」「ほめる」「触れる」が必要三条件、これで安心往診の価値をわかりやすくできる。

安心往診は原則として、一往診一話題（テーマ）がよい。次の機会に持ち越される場合もあるが矛盾はしない。家族も同席してもらえばそれでよいが、しなくても関係は深めることができる。時には相手によっては、政治的なこと哲学的なことも話せるようになる。

安心往診は、二、三年の経験であるが、その価値は十分あると思う。両者が小さくても一つの物語をつくれればよい関係、よい効果ができたと判断ができる。

ＡＣＰ（人生会議）は、ターミナルケアや看取りへの過程で、当事者である患者本人や家族が主体としてケアチームに参加することだ。これは緩和ケアの基本でもある。

高齢者の余命は限られている。当地の特別養護老人ホーム（定員八〇名）を例にとれば、年間三〇人余が他界する。物事がわかる人の多くは、先をあきらめた〝うつ状態〟になっている。肉体的に解体され、要介護Ⅲ以上では自分でコミュニケートするのも困難で、スタッフとの関係だけが期待されて、すべて他人まかせで亡くなっていく。

安心往診ではたくさんの驚きがある。Ａさんは急に認知力が低下して話ができるかどうかと思ったが、時間をかけた安心往診では、ほとんど認知力低下なしと思われるほど生活の核心に及ぶことを語ってくれた。Ｂさんがクリスチャンとは知っていたが、ぼくは障がい児（次男）の死に直面して入信したと思い込んでいた。しかし、そうではなく当事者の実家は六人全員クリスチャンだとわかった。そして息子二人は入信していない。

Ｃさんは独り言の名手で、同居者は敬遠しているが、六〇分の録音ができた。一人でしゃべり続けている。もちろん他人に聞かせたいとも思えないが、他人や死んだ人を次々と話題にしている。なかなか聞き取れない。ストレス発散なのか。Ｄさんは一〇〇歳になるが、「悲しいことありますか？」に、「家族が来てくれず、一人ぼっちが淋しい」と話してくれた。しかし一〇〇歳になってもまだ寂しいと生きていたいとの気持ちもわかった。ぼくは一回も長男さんに会っていない。

ところで少し理論的なことを改めて記してみる。ぼくは日野原先生から教えていただいた。医療はサイエンスとアートの両面がある。医療そのものが古来から内蔵していたものだ。

ＥＢＭ：Evidence Based medicine　科学的・医学的根拠から組立てる治療方針。　生物的生命（Biological life）

ＮＢＭ：Narrative Based medicine　人生から物語を組立てる治療方針で、物語のなかに本人の気持ちや主張を組み替える方法である。　物語られる生命（Biographic life）

安心往診では治療方針とは単純にはいえないが、小さくても物語をつくり、共に心が通うことができれば認知症あるなしに関係なく、うれしくなり目が輝いてくる。そして安心が得られれば〝安心〟という成果、一種の治療が得られると思う。ただ療養方針はアドバイスする。元気になることも安心と同じだ。なお統合医療の帯津良一先生は、医療と養生に分けて当事者に接している。そこでぼくの提案を皆さんに理解していただきたい。

一、こうした趣旨の安心往診の価値を認める（新しい価値をつくれるか）。

　特に高齢者は、検査や薬より、物語をつないで安心できることが第一だ。

二、安心往診時には家族やスタッフも参加してもらいたい。しかし多忙などでできない時は問題点だけ報告する。

第十六章　医療と宗教を考える会

両親癌死――仏像をつくる

人の命の深刻な問題は思いがけなくぼくの身の近くにあった。命の問題は心の問題でもあり、死の問題でもあった。そして医者の使命にも色濃い影を落としていた。

ぼくがこの土地にやってきて、山崎正一君（仮名）はこの土地を語り考える仲間の一人だった。

正一君は大百姓の長男だった。ところが父親が膵臓癌になった。癌の中でも治療しにくい悪性の癌だった。

ぼくは正一君の父親の病状を知り、すぐ病床を訪ねた。父親は二人部屋の窓際のベッドに寝ていた。

腰を丸め窓際を眺める格好だった。入室前に担当の看護師から状態を説明してもらった。案の定、腹が痛く、腹は大きく膨らんでいた。いま痛み止めのモルヒネを一本打ったところだった。

看護師がぼくの来訪を伝えた。「先生、もうダメだ。早く楽にしてほしい。痛み止めの注射をもっと使ってほしい」とはっきりした声で訴えた。

彼の訴える通りだ。いまから考えれば当時はまだ日本では麻薬の使い方の研究はほとんどされていなかった。モルヒネを使う以外の総合的なケアも未確立だった。したがって緩和ケアの言葉もなかった。

正一君の父君はこの土地の農民では剛の者で、何かと地域の人の声や若者の声を聞いてものを考える人物だった。こうした地域での人物が、いまや別人のようになっていた。痛み止めを打ってもらうためだけに生きているようなものだった。正一君も妻にも納得のいく医療としての対処は何もできなかった。

医者もぼくも枕元へ行っても何もできず絶望するだけだった。看護師は義務として一日何回かは枕元へいくが、彼の要望とは反対にモルヒネの害を説き、なるべく打たない努力しかできなかった。

こうして正一君の父親は空しく死んでいった。

その後半年ほどして驚いたのは、正一君の母親もまったく同じ病気になった。一体これはどういうことなのか、仏や神はその答えをもっているのだろうか。医者は無力感を一層深めることになった。実は医療者皆そうだったのだ。

ぼくは副院長の斎藤芳雄さんと相談した。癌死の問題、とりわけ生と死の問題は医療者だけで知恵をしぼっても良い結果にはならないのではないか。病気が医者の手に負えないとしたら、死をどう考え、何ができるのか。

思い切ってあらゆるジャンルの有識の方々、宗教家も含めて話し合える場をつくろうということになった。この二人の他に東京に協力してもらえる友人も一人いた。

その立ち上げの準備がはじまった頃、ぼくは正一君の家を訪ねた。短期間に両親を膵臓癌で喪うという悲劇にあった正一君の悩みや考え方を聞かせてほしいという気持ちもあった。

家に入ってみると、お仏壇の前にきちんと正座して手を合わせているところだった。線香を焚いた紫煙が仏間に漂っていた。ぼくも思わず正一君の後ろに座って手を合わせた。しかも仏壇の脇には新しく彫った観音様が立っていた。

それに気付くとドキッと胸に響くものがあった。しかもこの仏像はぼくが地元の仏師に願って彫ってもらった薬師様に感じはよく似ていた。あとで同じ彫師だと教えてもらった。ぼくは正一君もこの仏師を知っていたんだと何かほっとした。

そこで斎藤先生と話し合っているうちに、やっぱり日野原重明先生にお願いしようと意見が一致した。はっきりした会のビジョンがあるわけでもないが、日野原先生なら通ずるのではないかとの思い込みから実行することになった。当日は東京の友人と三人でお会いできることになった。実は二年ほど前、講演にお招きしたことがある。病院ができるころ、カルテのつくり方を教えてもらったこともあった。

故日野原重明先生動く

日野原先生は、もの静かにぼくたちの発言をふんわりと受け止めてくれた。自分もまだ現場の第一線でやっており、癌のこと、癌患者のこと、ぼくたちも良く考えている。医療も宗教も人間にとって不可欠のもので、心を通して深く連なっていると理解していただいた。ぼくたちもこれなら日野原重明先生中心に良い会ができると確信した。この会の基本は、医療から宗教へのメッセージであることだ。また先生がクリスチャンであることもプラスではと思っていた。

会の名は「医療と宗教を考える会」とした。会の趣旨は斎藤芳雄さんがまとめてくれた。

まず会の構造は、基本的には医療界から宗教界へ呼びかけることと、同時に医療界から救いを求めるメッセージでなければならないと考えていた。そして何が医療界で問題になっているかを素直に語り合いたいということだった。一つには医学の最先端が切り開いた脳死や臓器移植、遺伝子操作などに人類社会はどう対処したらよいのか、二つには癌死のように不治の病に対する心の救済、三つには高齢化社会で死に至るまでの病と老いの長い道程、ここでの不安の対応はどうしたらよいのかの三点を共通のテーマにすることになった。さらに死んだらどうなるのかも浮かんでくる問題だった。

そして先生に会の代表になっていただくようお願いした。日野原重明先生は早速動いてくれた。そして当時ご活躍しておられた、それぞれのお立場の先生方に参加していただいた。敬称略でアルフォンス・デーケン、遠藤周作、片山文彦、李羽倭文子（きばしづこ）、中川米造、中野東禅、早川一光など。また名誉顧問には山田恵諦（延暦寺天台座主）、阿部野竜正（高野山真言宗官長）に就いていただいた。

発会は一九八四年一二月一三日だった。

こうしてこの会の活動は毎月一回東京で各界の講師を招いての勉強会を中心とした。これを軸として多岐にわたる活動になり、東京・大阪で全国的なシンポジウムも挙行し、大きな反響を呼ぶことになった。

当時新潟県長岡市では、長岡西病院（医療法人崇徳会、理事長田宮崇）で日本で初めての仏教ホスピス（緩和ケア病棟）建設を宗教界のビハーラ運動として推進されており、こうした具体的な行動とも連携することができた。なお仏教ビハーラ運動、いわばホスピス運動にあたる概念の代替語として「ビハーラ」を提唱したのは、田宮崇先生の弟さん、仏教学者の田宮仁さんだった。

この運動によって新潟県の中越地方で多くのお寺さんも積極的に参加し自己改革を含め、お寺さんのありかたの改革にも成果を挙げることになった。

会の活動について報告させていただきたい。月例勉強会は六〇回を超えている。会の活動は約六年間で終了。

例えば日野原重明先生の「病と死と文学」、中川米造先生「宗教の生理学と病理学」、早川一光先生「畳の上で大往生」、山折哲夫先生「宗教と性（セックス）」、和田寿郎先生「心臓移植と脳死」、アルフォンス・デーケン先生「死への準備教育」など。

ひと言皆さんにお伝えしたいことは、当時九〇歳代の延暦寺天台座主山田恵諦師には山から遠路東京までお出でいただいた。師は「私は目も耳も年をとって不自由になっています。原稿を読ませていただきたい」として六〇分近く実直にお言葉をいただいた。「空飛ぶお座主」とも呼ばれ、「一隅を照らす」運動をされた立派な宗教者だった。全国規模のシンポジウムを東京・大阪で各一回開催し、そのまとめとしてそれぞれムック版が一冊ずつ考古堂から発刊された。

こうしたイベント的な活動への準備として、ぼくの病院では月に一回、ビハーラの会からご法話に来てもらった。墨染の法衣を病院内で見かけると、患者さんのなかには、「あれまた誰が死んだんですか」と問われることもあった。また、数が少なかったが、亡くなった患者さんのお通夜に参加させてもらい、心をこめて、亡くなられた方の生と死、そして病いを語らせてもらった。反応はとてもよかった。これは「満足死」を提案、実践している高知県の疋田善平先生の真似でもあった。

「医療と宗教を考える会」の新潟版は、仏教者、医療者、市民の会としていまでも続いているが、当南魚沼市ではお寺で四回、神社で一回、萌気会内で一回挙行した。名称は「医療の心を考える会」。その後少し趣旨を変えて「新潟いのちの物語を紡ぐ会」となっている。

新潟、長岡、上越、魚沼のお寺さんで持ち回りで、年二回の例会を開催している。〝紡ぐ会〟となってからは、ぼくは顧問となり、代表は各界から選ばれている。会の趣旨もまず自分の人生を語り合おうということで、グループワークもとり入れて進められている。

良寛　自分を見つめる人

ぼくが医者として良寛さんに関心をもったのは、当時考古堂が発刊している「雑誌　良寛」に短文を寄稿してからだった。これまでは良寛は子どもの遊び友達だ。詩文や和歌の天才だ。千年に一度の偉人だといったバラバラの印象しか懐いていなかった。そして寄稿文のテーマは「良寛の最期」だった。この短文を書き始めてから二つの驚きがあった。衝撃といってもよいほどの驚きだった。

まず良寛は「普通の人で正直な人」だということだっ

た。二つには現今日本は高齢化社会で、日本の老人対策は介護保険制度など国際的に評価されているなかで、江戸時代後期、日本海に沿った寒村で、良寛の看取りが現在的にみても最高の多職種連携のレベルでなされていることだった。ぼくは唖然として、「いったいどういうことだ？　良寛が特別な人だからあり得たことなのか」と頭の中が混乱してしまった。

実はもう一つ驚かなくてならないことがあったのだ。良寛は男で高齢者で貧乏な一人暮らしだった。おまけに七四歳の大腸がんによる癌死だったのだ。このいくつかの条件が、いまの日本社会では当たり前のように扱われ、孤独死となり、一方ではマスコミに出るのも珍しいことではない。

ぼくが驚いた第一のことは、次の良寛の手紙と詩を見ていただきたい。良寛はきちんと医者にもかかっていたのだ。まず主治医の宗庵に宛てた手紙である。

「昨夜丑時分、丸薬を服候。夜中四たびうらへ参り候、初めはしぶりて少々くだり、二、三度はさっさとくだり、四度めは少々くだり候、腹いたみ、口の中辛く　且つ酢く候。今朝はみなよろしくなり候」

（前年八月十六日）

この手紙の文面をみてどう思ったか。ぼくは自分が医者ゆえにこれにもびっくりした。自分の病状、便通の報告だが、実にていねいに事実を時間の流れと共に、客観的にみており、同時に自覚症状を説明しているではないか。おそらく現代の医者は良寛の年令と慢性であることがわかれば、誰でも病名を言い当てることはできる。それほど正直で誠実で的確な表現なのだ。

そして次は詩文を見ていただきたい。

「この夜らの　いつか明けなむ
この夜らの　明けはなれなば
おみな来て　尿を洗はむ
こいまろび　明かしかねけり
長きこの夜を」

（前年一一月　木村家裏屋にて）

この文は詩に間違いはない。最近亡くなった高名な詩人は「この詩は近代詩を越えている」と感動していたことも事実だ。

良寛は信仰厚い浄土真宗の木村家の別棟に何もかもお世話になっている。当主お二人と複数の下働きの女性のケアを受けているのだ。この詩は亡くなる一カ月くらい前のもので、冬の厳しい寒さと暗い夜、一人で座敷に病に伏している。腹の苦痛に耐え、もう歩いてトイレにも行けない状態で、一刻も早く朝になってほしい。朝になれば誰かが来てくれる。早く夜が明けてほしいという心を詩にしたものだ。

ついで良寛の看取りはどうだったのか。その時、良寛の枕元にどんな人が集まっているかで推測はできる。

良寛の死は一八三一年一月六日だった。枕元に集まっている人は、まず良寛に膝枕を提供している唯一の弟子遍澄。遍澄の計らいで良寛は国上（くがみ）の中腹五合庵にいた時から庵への登り降りが無理ということで平場の乙子（おとご）神社草庵に移った。そして一人で暮らすのは限界ということで遍澄が地域の有識者に話して、現在の福祉の泊まれるところと同様なケアを呼び掛けた。それにすべてをお引き受けしますと申し出てくれたのは木村元右衛門さん宅だけだった。その話を聞くや、その日のうちに素早く引っ越したとのこと。浄土真宗に敬虔（けいけん）な木村家で安心したのではないか。遍澄の右隣りが歌の弟子であり心から信頼している貞心尼。左隣りに背を向けているのが唯一の生き残りの実弟由之。それと木村家のご夫妻である。医師はこの席にはいない。

役割としては、遍澄がスーパーケアマネージャー、貞心は心の看護師、由之は唯一の肉親で兄思いの実弟、木村家が福祉ホームでご一家がケアを提供する。

これだけのメンバーが枕元に座り、役割をみれば、現在の包括ケアのモデルではないか。江戸時代の厳冬の寒村で実現されていたのだ。

葬儀は一月八日、大雪の日で参列者は千を超し、先端が墓地についても後列はまだ木村家を出なかったとのこと。読経した僧侶宗派は十六カ寺、木村家は参列者に一石六斗の米飯をあてたといわれている。

この盛大な葬儀、誰かが音頭をとったわけではない。黙って一石六斗の米を参列者に感謝の気持ちからお布施になったほどの木村家を賞賛すべきものではなかったか。

良寛さんの辞世の句は、貞心が発歌する形になっている。

生き死にの境はなれても住む身にも
　さらぬ別れのあるぞかなしき（貞心）

うらをみせおもてをみせて
　散るもみぢ（良寛）

本当の最期の筆を折ったのは、
降る雪の降る雪の

降るとはすれど積むとはなしに
　その雪の　その雪の……

と伝えられている。

良寛死後四〇年にして、同じ年で死を迎えた貞心の辞世の歌は、

　来るに似て　かへるに似たり
　　沖つ波　たちゐは風の
　　　吹くにまかせて
　　　　　明治五年　柏崎にて七十五歳

棟方志功　女性を呪縛から解放

棟方志功といえば、度の強い眼鏡をかけ、床を舐めるように腹這って、何かを彫っている姿だ。描いていることもあるが本業は板を彫っているのだ。

青森の刀鍛冶の一五人中六番目の子で、絵を描くことが好きで、友達には「絵バカ」と言われていた。ゴッホの絵にほれて「わだはゴッホになる」と言って、友達と東京弁を勉強して上京した。

志功の画家への第一歩は、帝展に入選することだった。それには五年の苦行を要した。そして一九二八年一〇月第九回帝展に「雑園」という油絵が入選した。

目標を果たした志功はその足でやっと青森へ帰郷し、父母の墓に跪き泣いて感謝した。こうしてなんとか画家になれそうに思われたが、以前から関心の深かった版画に転向するのはその後まもなくだった。

ぼくは志功の生まれや育ち、そして苦行する人物として共鳴しつつ、特に全身からじわっと滲み出る味わい、また躍動するマグマのような、〝始原のエロス〟の噴出に惚れてしまった。志功がのみ一本で生み出すもの、ぼくが聴診器一本で生み出すものが同じではないかと、そんな自分を勝手に想定してしまう。版画家になって国際的に有名な作品に「二菩薩釈迦十大弟子」がある。

志功は日本の辺境に生まれ育ち、貧乏生活にめげず、自分の将来へ志をいだいて上京した。そんな人としての生涯にぼくは共感をもっていた。志功の版画は宗教的な、神話的な、また文学的な逸話などを背景に、命の源である女人、女体を思う存分躍動させ、天地に届く画像だった。特にぼくが気に入っている「湧然する女者達々」一九五三年（昭和二八年）は仏典「大蔵経」に依拠した作品で、なかでも主な六つの経典を妙・如・溢・湧・飛・馳の仏教思想で、六人の女体として表現した大作だ。

円顔で豊満な姿の女性が、志功の内から溢れるように生まれてくる迫力は、豊穣多産を象徴するように描かれている。志功も自分の作品のなかで裸の女人では一番好きなものとのことだった。

　この作品は女性をとことんまで呪縛から解放することのモニュメントではないか。こうした思想は戦前から体制をも顧みず自己表現として貫くものであり、志功の核心にある志だった。

　またふるさと青森で信仰信心の厚い祖母、信心深い刀鍛冶だった父の影響を受けており、神仏や般若心経が身近にあった。こうした要素が複合し仏教にまつわる仏や、日本神話に由来する神、また文学や詩の世界を全身で受け止め、多様な作品を彫り出すことができた。「二菩薩釈迦十弟子」「鐘渓頌」「群生の柵」など代表作となる版画が生み出された。

「千児観音」高屋肖哲（たかやしょうてつ）の生涯

「千児観音」とは初めて見たものだった。二〇一八年（平成三〇年）九月一五日。この画があることを知り、初めてみたのは「泉屋（せんおく）博古館分館」だった。実はこの美術館が読売新聞で紹介された。その記事に「千児観音」画も紹介され、その作家は「高屋肖哲」であることもわかった。

　びっくりしたのは自分も高屋肖哲の画を所蔵していたが、どんな画家で美術史からもどう評価されているかなどまったくわからないままだった。三〇年も前になるが、東京の千駄木のだんご坂にある古美術に立ち寄った時、店主に紹介された。ぼくが信頼できる数少ない画商だった。

「先生、この画はとても良いものです。画家も無名に近い方ですが仏画では一流の画家です。十態の立位観音像があります。決して分散させずに大事にしてください。この観音図に加えて高屋肖哲の遺言ともいえる文書も添えてあります。またこの画家は仏画の模写を博物館（国立東京博物館）の仕事としてやっていました。国宝級の模写ですから一流の画家です。そのなかに一幅国宝『普賢菩薩像』もありました。これも一緒に持っていてください」

　と念を押された。

　ぼくにはどれもすごく立派なものとしか理解できぬままで、箱入り十観音を大事に維持してきた。そこでさっそく美術館に出掛けた。美術館のエントランスに「千児観音」が大きく展示されており、その大きさといい、新聞ではよくわからなかった千児（幼児）の顔、顔また顔の圧倒だった。観音は千児に数えきれない顔で足元を囲まれ、顔は美しい観音様を見上げるように描かれていた。

ぼくが館長さんに事情を説明したところ、大変関心をもっていただき、近日中に見に来ると約束していただいた。『『狩野芳崖と四天王』――近代日本画、もう一つの水脈――』というカタログを買い求めて帰った。

ゆっくりと「千児観音」を眺めていると、スラッとしなやかに立っている姿、現代的な面相に優しさとかすかに微笑みを湛え、わずかな足元への視線は調和がとれている。

この画像のオリジナルが、肖哲の師であった狩野芳崖の「慈母観音」だ。芳崖は一児を産みおとしたような構成になっているが、千児はまったくちがうと思った。

何度か眺めているうちに「はっ」と頭に閃きが走った。「ちがう、ちがう、そうじゃないな！」そしてイメージが広がったのは、この素晴らしい観音が、千児を愛おしく見守っているのではない。「不幸な子たちが、そして不幸な母も、その願いと祈りがこの観音を生みだしたのだ。それが千児観音だ」と心を衝いた。

まさにそう思う以外に千児観音はありえない。不幸な子と母と観音菩薩との関係を逆転させる価値観の〝革命〟がおきたのだと確信した。

そして「高屋肖哲の『千児観音』チャリティ美術展――母と子の悲しみと慈しみ、在宅ケア障がい児と母に支援を――」が南魚沼市の「池田記念美術館」と、また萌気会と連携している桐鈴会とのコラボレーションとして開催された。そして新発見の「十種観音図」は本邦初公開となった。

「千児観音」の画家高屋肖哲の生涯と人間性に深く共鳴する者として、ぼくから肖哲の生涯と思想を紹介させていただきたい。

肖哲は一八六六年（慶応二年）～一九四五年（昭和二〇年）で現在大垣市の士族の次男だった。数え二一歳の一八八六年（明治一九年）二月、一流の画家を目指して笈（おい）を背負って上京し、五月に狩野芳崖に弟子入りする。そして現在の東京芸術大学一期生となる。有名な横山大観も同期だった。師狩野芳崖が没し、日本画界も西洋化の大波に翻弄され、人間関係づくりも不得手だったのか孤立し、おそらく仏道に帰衣して独自に観音像をコツコツ描き、市井にあって観音画を求める者には与え、いわば良寛に似たような渡世を歩んだのではないか。

時代はちがうが、ぼくが満州から引き揚げ、山猿少年から高校、大学と東大をめざし、志を曲げずに、また医師になってから、自己変革を一本の聴診器とかんじきにかけたように医業を歩んできたことと、肖哲の生涯と合共鳴するものと思う。そんな敬愛を肖哲画伯に懐くものとして千児観音を大切にしたいと思う。

このチャリティー美術展を通して、「不幸な子に幸せな母はいない」「不幸な母に幸せな子はいない」「千人の子と母は一人の慈母観音を生み出した」ことを銘記したい。

しかし肖哲は沈黙のまま日本美術界から忘れられていった。しかしぼくが手に入れた肖哲の遺された文面は、自分の生涯を振り返って、日本の美術をいたずらに洋風で味付けなどせずに、さらに日本美術を仏画として深めることを一生の使命としていたことが告白されている。

さらに自分は三つの作品を残し、後世の志ある若き画家の修養のためになりたいと書かれている。

一つはぼくが所持していた「十種白画観音図」である。この十観音図は十態十様で姿体、顔の向き手の動きなどすべてちがっている。要所には採色の指示も記入しているもので、心血を注いで四〇年の研磨の結晶である。そのどの図も見る者の心を洗うような清麗で透明感のある図像である。

遺言書の冒頭には、十種観音下絵（白描）は肖哲一生かけての作である。そして肖哲の遺言書の最後に、

「観音面相は梧道により願わるるものにして掌に持ちたる蓮花の形の如何或は掌の上下の振り方、又は全体の姿勢等により面相は各々異様に変わりて一致したるものにあらず、唯長年月の研究の間に自然に現わし得たる面相なるを持って世々秘蔵せしむ所以なり

千児昭和己卯十四年仲秋

年七十有四

高屋肖哲　識」

と記されている。

二つには両界曼荼羅図とあるが、この図の所在は不明である。

三つには、いま説明した千児観音図である。これは金沢美術工芸大学が所蔵している。多様に描いているので複数幅が確認されている。

地蔵の湯　旧庄屋の古民家

萌気園診療所の仕事をはじめて二年目の暮れ、一九九四年（平成六年）一二月、事務長坂西茂男と一緒に、親

しくしている不動産屋さんが訪ねてきた。「先生いい話があります。先生の趣向に合っていると思いますが」。早速三人で見にいった。古い庄屋の家屋敷が空いたとの話だった。

引き戸を開けて土間に入ると、ぼくは「あっ」と息をのんで声が出なかった。要するにものから衝撃を受けたのだ。居間と座敷を仕切る一枚板の鏡戸がずらりと並ぶと、その迫力にはただならぬものがあった。不動産屋からひと言の説明なくても事態と物件のことはすぐのみこめた。居間には空いた酒瓶が投げ出されているのに気付くと、男が一人で酒を飲んでいる姿と、家を手放す運命になったことを雄弁に物語っていた。

庄屋古民家を改装したデイサービス「地蔵の湯」、天然鉱泉利用

売値は決まっているという。家主が抱えている借金を年内に現金で用意することが条件だ。金額ではないこともわかった。言い換えれば、「言い値」で買って欲しい。しかも三日間での勝負ということだ。

事務長はニヤニヤしていた。〝金はある〟という表情だった。それで決まった。家屋敷で四千万円だった。裏の山も付属しているとのことだが、急な斜面になっているので広くはなかった。裏には倉の二つくらいはあったはず。

内は囲炉裏も使えた。ただ住人は二階を改修して洋間二、和室二をつくり、屋根はブリキでふきなおしてあった。だから茅葺ではないので外観は普通で、中は昔の庄屋屋敷だった。柱や梁や戸など建材も含めて頑丈につくられていた。

しかしデイケアに改築したので、費用は思ったよりかかり、居間、土間の改装、大きな男女の入浴室や調理室、

二階への階段の建て替え、また上質な冷泉を利用する装置など、買値の三倍もかかってしまった。

泉質は「含硫黄ナトリウム塩化物、炭酸水素泉」で、検査官をして「先生この泉質は稀有でレベルの高い素晴らしいもの」と言わしめた。

しかしぼくの失われた「ふるさと」はいまや廃村となり、容易に復活するものではない。その代わりに山村の思い出や木でできた古民家などが、ぼくの〝ふるさと〟を思い出させるものとなり、高い買いものにも不満はなかった。ぼくの心のよりどころとなった。手づくりの木の空間が、時の長さの色調となり、庄屋宅の片鱗を残してなおぼくにとっては十分なものだった。

一九九五年（平成七年）七月、デイケア診療所として開設した。日本文化と伝統を大切にして、村のお年寄りが日々やってきて、また帰っていく、楽しみの居場所としてデビューした。

親鸞の古寺　夢草堂（むそうどう）と往還堂（おうげんどう）

「医療と宗教を考える会」の全国的な活動と共に、地元の現場でも医療から宗教へのメッセージを送る活動も試みられている。社会福祉法人では、桐鈴会（理事長黒岩秩子）「ケアハウス鈴懸」についで建設したグループホーム「桐の花」に連結して「地域交流センター」として浄土真宗のお寺を移築した。

この古寺は何宗の寺とか選んだものではない。保有していた小村が住職不在となり、捨てるような形で業者に売ってしまうことはできない。何とかお寺さんの心を大切にして福祉に役立ててほしいとのことだった。

さっそく吉川町へお寺を見にいったところ、無住のお寺なので見るからに寂しくみえた。しかし中に入ってみると、すばらしいケヤキ材を使い、力強い簡素な彫刻も施されていた。ご本尊阿弥陀様などすべて譲りうけることになった。円照寺といい築二五〇年。柱などはすべてケヤキ材で黒光し、龍の彫りの欄間や小さい山門もある。地域交流伝承館・夢草堂と命名した。

新潟県の日本海側の村には浄土真宗の寺が多い。親鸞が流刑され漂着した居多ヶ浜（こたはま）が近いからだった。

桐鈴会は、この土地の障がい児の親たちの会（共に育つ会代表世話人黒岩秩子）がつくったもので、全員がボランティアとして参加していた会だった。メンバーは誰でも集える夢のハウスをつくりたいとの希望から、夢をみれる草（中国故事）からとった寺名（夢草堂）になった。

地域に開放され、会議、葬儀、展覧会、音楽会などに利用されている。

もう一つの移築は萌気会が行った。寺名は親鸞の思想に敬意を表して、「往還堂」とした。往相還相からとったものである。

その後萌気会は、移築したお寺との関係ではないが、二〇一一年（平成二三年）地震で本寺が倒壊し、取り残された「経蔵」も移築した。高床式で雪対応として、お堂を守る外棟付になっている。

この経蔵のお経は七千余巻ある。とくに大般若心経など六〇〇巻が宝物だ。大般若心経は一〇〇巻ずつ背負える木箱に収納されている。幕末に一〇年かけて写経された貴重なものである。村史に記載されている。かつては年一回、六〇〇巻のお経を背負って村人の家を巡回したそうだ。

萌気園のデイサービス（地蔵の湯）の建物は、元庄屋

社会福祉法人桐鈴会、鈴懸、桐の花、夢草堂

コラム

往還堂

これは何ですか。吉川町の親鸞の山寺を萌気会に移築し、「唯念寺」が改名したもの。「地蔵の湯」の隣りに表向きは「地域交流萌気館」です。萌気の僧侶榎本宗俊により開眼式（御移徒）が執行されました。開設は信州高井郡出身の亮禅から七代目の恵応が開祖。

高田本誓寺の超賀に従ってやってきた。およそ二五〇年前のことである。寺宝としては、親鸞上人真影聖徳太子、蓮如上人、七高僧御影となっている。（福）桐鈴会の夢草堂の姉妹寺にあたる。

の古民家で裏続きに往還堂があり、左方裏の小高いところに経蔵が移築された。このエリアにさらに夜も人が住むグループホーム「ふきのとう」があり、一体として歴史的、宗教的なものになっている。

ギャラリー「花と生命のスペース」

ぼくはかねてから、「花と生命」をモチーフとした小さな美術館をつくりたいと思っていた。

ぼくは医者として、人の生命にかかわっているので、日々人の生命の強さとまたその脆さにおどろきつつ、生命って何だろうと問いつづけてきた。

花はやすらぎのシンボルであり、また人の生命をやさしく包んでくれる自然からの贈りものでもある。

また生命は、医療福祉を通して、あるいは文学や宗教を通して、その本質を垣間見ることはできても、その全貌を認識するのは難しい。

「花と生命のスペース」は、曼陀羅を中心とした仏画と、外山(とやま)康雄さんの花の絵「折々の花たち」を主役として、また医療の歴史の一端として、昔の医薬の道具類が展示されている。

また古くから医聖（神農）とも呼ばれ、中国から伝承している穀物と薬物の神様もある。江戸時代から明治にかけて、日本の医療界、東西を問わず貢献した著名人の掛軸も展示が可能だ。

ぼくが所持している軸は、緒方洪庵、華岡青洲、森鷗外、松本良順などの書である。グラビアに華岡青洲と森鷗外の軸を紹介させていただいた。

第十七章　ふるさと高地と「半農半医」

高地——川をめぐる仙境

現在は大町市の高地地区は旧高地村で、外部からのアプローチはいまの大町市ではなく、古来高地人は高地中心部の滝壷に無数の沢の水を集めて東北に流れる当信川を遡行してきた。

日常の交流もこの川を介してであった。当信川は大きな犀川に流入し、北へ下って川中島で千曲川と合流して信濃川となり越後の日本海に流入する。

また信濃川沿いの長岡市から魚沼妻有地区は、その豊かな河岸段丘があり、越後縄文人の遺跡が点在し、有名な火焔式土器の産出の地でもあり、その土器群が国宝に指定されている。新潟県では唯一の国宝だ。

したがって昔は人々の流れもこのルートを巡り、山谷を踏み分けてその登りつめたところが若栗峰だった。そして日本で最長の信濃川の源流の位置でもあった。

そこで長野県北安曇郡小谷村出身の国文学や郷土史に詳しい相澤亮平先生（地方紙に掲載）の文章、〝高地論〟を引用させていただく。

「晩春初夏のころ当信川源流の高地渓谷を訪れる人は、山吹の枝差し交わす花陰に河鹿の忍ぶ音を聞き、古歌『かわずなく神なび川の影みえて今か咲くらむ山吹の花』（万葉集）さながらの仙境を実感するだろう」

そしてこの高地村は父の故郷であり、ぼくの故郷でもある。どのような故郷なのか？　それぞれのふるさとだ。しかしぼくのふるさと、父のふるさとの意味はちがう。父にとっては棄てねばならない原郷であり、ぼくには愛おしい望郷であった。

ぼくにとってこの信州の山村高地が心のふるさとだ。しかしいまはすっかり廃村となり住む人のない山谷に還っているが、それだけ心には深く刻まれていた。いまや幻郷になっているのではないか。

そこでさらに相澤先生の高地学の一端を引用させていただく。「高地―川をめぐる仙境」の冒頭は、

「『高地』の文字が当て字だとすれば話は簡単で語源的には分かりやすい。カワウチ―カワチ―カウチ―コウチと音韻転訛した語。即ち河内であろう。川をめぐらす一帯の地、川沿いの平地の意。まさに高地地区にぴったりではないか。またこの言葉は由緒正しい古語でもある。万葉集巻一、柿本人麻呂が吉野の自然（と持統天皇）を讃えた長歌に、『山河の清き河内』との歌あり、これもそのまま美麻高地に振り替えられる。……」

実は高地は相澤先生のイメージとは少しちがって沢や谷川は幾条も流れ下っているが、広々した平地ははるかに少ないのが現実だ。高地はタカチと明治まで呼称されていた。

しかしほとばしる清い渓流、尾根の傾斜地に小さな平地を見出し、三、四軒の家が集落として並んでいる。

同様な谷川と尾根の傾斜地に平地を見つけて、人の住む小さな村が信州には多数ある。

海から大河へ、そして支流も遡行し、谷川から渓流をのぼり、峰にたどり着く。そこに若栗峰がある。そこにある二軒の茅葺の、一軒の間借りにぼくたち四人は暮らすことになった。

河内の典型は有名な上高地であり、神河内の意とのこと。また上高地の北壁としてそびえる穂高岳の山頂には、穂高神社の嶺杜、中腹の上高地には奥の宮があり、お宮は明神池に祀られている。本宮は穂高にあり、有名な観光地だ。

五感というより「生活感」で

ぼくの場合、記述したように古い記憶としてのふるさとがあった。

たとえば食事でご飯を食べ終わると、そのお茶碗にお湯を注いで、そのお湯を飲み込む。お湯には茶碗についていた特有のご飯の香りと味が溶けている。安心感を与えてくれる。〝安心感〟そのものが古い記憶を呼びさまし、それが〝安心〟という感覚となるのでは。ついで漬物の野沢菜を入れ、それでお茶碗の中をきれいにぬぐい、またそのお湯を飲み干して、「ご馳走様」となる。オコツ

オさまと言った。そのお湯には、まずご飯である米の香りが、そして野沢菜の味が口の中に広がり、それをゴクンと飲み込む。

この口のなかでゆっくり味わって嚥下するという一連の行為がごはんや野菜の味と混然として、家族が一つのテーブルで今日一日を期しての朝食の姿を鮮明に思い出させる。古い記憶は古い思い出となり「ふるさと」の姿にもなってくる。

これは昔からあった箱膳の習慣によるものだと思う。しかし箱膳の姿だけではなく、味覚・嗅覚そのものがぼくの人生の感覚として残されている。

父の従兄弟（いとこ）にあたる久保田九一（くいち）おじさんがいた。ぼくが中学生の頃、九一おじさんは、若栗の峰から真東をゆるやかに谷川へと下っていく尾根の中腹に、炭焼き小屋を構えていた。冬は炭焼きを、夏は杉材の屋根板割りを一人でやっていた。お昼時には味噌汁をつくり弁当を食べた。九一おじさんの杉材を板にするコンコンと響く音は、谷を渡ってこだまのようにぼくの家にまで届いた。

ぼくは日曜日など、ひまができるとその小屋まで遊びに出かけた。子どもが足早に下っていけば一五分くらいだった。九一おじさんは、いつ行ってもにこやかに手を休めて「また来たな、卓ちゃは近くに友達いなくて寂しいな」などと言いながら話相手になってくれた。冬の炭焼き窯から襲いかかるような熱気に驚いたり、冷たい手を窯で温めたりした。しかし強烈な思い出は味噌汁だった。沸騰している鉄鍋に味噌のかたまりを無雑作に投げ入れる。そこへ秋から軒に日陰干ししてあった大根の葉を投げ入れる。鍋は威勢よく煮立てる。その匂いは、まず味噌の新鮮な匂い、そして日干しした大根葉の匂いだ。この匂いはおだやかな秋の太陽の匂いがしみ込んでいて、それは味噌汁から湯気として広がってくる。この秋の日差しがつくった匂いと大地から生まれた味噌玉の味が複合してぼくの体にしみ込んでいた。

そしてこの味や匂いの記憶はさらに九一おじさんの人柄の味としてぼくの物語になっていた。

こうした物語が古い記憶の世界になっている。

記憶とは何か。脳科学として考えてみよう。記憶は脳生理学では、二つの記憶があり、脳の三カ所の共同作業で記憶が誕生し、死ぬまで残存すると言われている。

三つの脳の働きとは、虫類の記憶といわれる脳幹、馬の記憶と言われる大脳辺縁、人の脳といわれる大脳皮質である。虫は生命そのもの、馬は喜怒哀楽など感情、人間にしかない知性の脳（五感、運動、言葉、記憶、思考など）となる。記憶の対象はすべてまず大脳辺縁にある〝海馬〟にキャッチされる。海馬はその生の記憶が整理され、必要なもの、印象深いものが選び残される。そして改めて大脳皮質にファイルされる。

胃から身体全体へ〝生活〟という感覚をゴクンと飲み込むことによって〝安心〟といった感覚が伝わる。これは根本的な「いのち」の記憶だと思う。

郷土史家　黒岩正彦氏の記憶

黒岩正彦さんは黒岩系の郷土史家で戦前の村を語ってくれた。

高地の大方は百姓だった。百姓の生活は朝早く夜の明けねえ暗え内の五時前には女衆は起きて飯ごせをした。じきにオトッツァマも起きて地炉の鉤付けに鉄瓶を掛けてヨー沸かして濃い渋っ茶を飲んだむんだ。人によっちゃー鉄瓶一つも空っぽにしたという。

仏壇にお茶をあげ、線香か「おこのは」を揉んだ粉末を焚いて今日の無事を祈った。

「おこのは」とは桂の木の葉でこの葉っぱを乾かして揉んで抹香のかーり（代わり）にして熾きの上に撒いた。

百姓の時期にゃ朝飯前仕事にやま（畑）へ鍬や鎌を担いで父っさまが先に出掛け、そのいと（合間）に飯ごせを終えたおかさまが出かけた。

畑を耕すのは鍬でうなったむんだ大変な重労働であった。

秋は馬に鋤を引かせて起こしもしたが、たてっこ（急勾配）でつくり（耕土）が転がってしまい大変技術を要した。その馬耕もごく一部の家しかやらなかった。

ひと仕事終えたら畑の土手の草を刈って藤蔓などでまるけて（縛って）背負ってけえって馬や牛にくれた。子どもや年寄衆がお膳（箱膳といって茶碗・箸・皿などを入れる蓋付の箱）を並べて親のけえる（帰る）のを待っていた。

おっかさんが飯やおつゆをそれぞれに盛り「おとっあま」の号令で朝飯を食った。

学校へ行く子どもがいるうち（家）は七時には飯ょーを食い終わらなければならなかった。飯ヨー食った後は茶碗に「およ」（お湯）注いでむらって大根漬けなんかで茶碗をまてーに（きれいに）拭いて箸も口でぬぐってその湯で口もゆすいで飲んで茶碗・箸を箱膳に収め戸棚

黒岩応援団、廃村を訪ねて（2023年10月22日）。後列左から安達昌子医師、野田正彰先生、成島出映画監督、黒岩秩子・卓夫、黒岩正彦、塩原義夫社長。前列左から、鶴岡浩樹医師、同優子医師、冨永理生子映画プロデューサー

の前に重ねた。

箸や茶碗はたまーに洗ったがその洗った水もまてーに（無駄にせず）馬や牛にくれた。

家畜の糞尿は貴重な肥え（肥料）で尿は一カ所に溜めた。完全な循環型農業であった。

水は井戸や沢水で勝手場に「水こが」と呼ばれる水瓶が置かれそこに天秤棒で桶を担いで貯めて使った。水汲みは女しょうや子どもの仕事だった。泥を底っこに沈殿させて使った。水はでーじ（大変貴重）で一滴の水も粗末にはしなかった。

水質は鉄分が多く鉄瓶の底に鉄分がこびり付き（固着）その厚さは一センチにもなった。

水源は沢水がおーかたでカエル（ゲーロ）・がに（蟹）やめめず（みみず）・昆虫が流れ込むことはしょちゅであった。雨が降れば粘土が溶けて泥水となり汲み置きして泥がこずんだ上水（うわみず）を使った。そんな水を飲んでも九〇歳まで長生きした人が多くいた。そんな鉄分を含んだ水であったから白いものを洗濯しても白くは仕上がらなかった。

家伝と習慣

腹が痛い時には富山の薬売りが置いていった「毒消」か「胃酸」。歯が痛くても「正露丸」を詰めた。手袋や靴が買えなく農作業に傷は付きもので切り傷擦り傷は日常的に多く出血には蓬（よもぎ）を手ですり潰し止血とした。打ち身捻挫には「マムシ酒」が特効薬で何処の家にもあり古いものほど効くといわれた。

これは臭くて子どもには嫌われた。

「すばこ」という筋肉の痛みには「のりで」（ぬるで）の葉茎を患部に押し付けてその汁を刺した。肩こりには

民間療法がいろいろあり、その秘伝を伝える人がいて治療してもらった。関節が外れた場合もそれのできる人にやってむらった。その他梅酢を麦粉で練って患部へ当てたり「まじない」（呪い）もやった。漆にかぶれた時は沢蟹を潰して塗ると治るといわれた。漆の木より樹液を採る漆かきも木曽方面や輪島から来た。

信仰の対象も多岐にわたり崇拝した。各集落にはお堂があった。特に弥陀（和田）の阿弥陀様はやり（流行）病にご利益があるという評判で村外から大勢の患者がお参りにきたが、流行り病が移ってはいけないとのことで村の名の弥陀を和田に変えたと言い伝えもある。お寺は美麻にはなく大町の霊松寺や天正寺で、津和の玉泉寺にも檀家があった。

畑でできたむの（物）も人の背で背負ってけえった（帰った）。馬や牛を飼ってる家では年一回はこえ背負いといって馬屋にできた堆肥を畑へ運ぶ作業をしたがこれも近所の女衆を頼んで背負って畑に運んだ。手伝ってもらった労力を同じ労力で返すことを「えい」（ゆい）返しといった。この時背中当てという藁でつくったチョッキ状の物を背中に当てて堆肥をたねて（縄で結わえて）運んだ。馬で運ぶ時には鞍に二本の棒をくびり（結わえ）付けそこに小さくつくった筒状の網を縛り付け底を縛って堆肥を入れて下ろす時にはその縄をほどけば落下する仕掛けを使った。

馬や牛・羊・山羊・鶏の糞尿は貴重な有機肥料で家畜はほとんどの家で飼っていた。

にわっとり（鶏）の卵は自家用に使うことは稀でたまに来る背負いあきね（行商）に物納として渡した。生んだ卵は籾殻の中に保管し、二〇円くらいで売れ貴重な現金収入源であった。放し飼いのにわっとりの生んだ卵はきいみ（黄み）がでかく濃い黄色で茹でると黄金色をして美味かった。また貝殻を砕いて食べさせたので殻も硬く簡単には割れなかった。夜に狐や狢に食われるので牛や馬の厩の上に止まり木をこし（作）て寝かせた。そこに上り下りするには朝晩梯子を掛けたり外したりした。元気のいい鳥は羽根をはばたいて飛んだ。よく仕込まれた鳥は人の言葉を理解して言うことを聞いた。その鳥の後に付いて、他も並んで上り下りした。

畑の土はねば（粘土）で鍬や鋤で起こしても塊となって種蒔きや苗を植えることができねえでくれっ（塊）こわしといって塊を壊す杵（くれんずち）を使って土くれをほぐして種を蒔いた。斜面の畑がほとんどであったがその内でもなら（勾配）のいい（緩い）一番いい畑に麻をつくった。その畑を麻苧（あそお）といった。

麻の成長は速く三カ月くらいで二メートルくらいにもなった。夏の終わりにはその麻を麻（お）こぎといって茎を持ってねっこ（根子）から引き抜いて根を切り乾燥させ、まるけて（束ねて）冬におがま（麻釜）に入れて蒸して皮を剥いだ。その仕事は男衆でそれから女衆がおかきば（麻掻場）で表皮を麻掻包丁で一枚ずつ削り取った。この仕事は外仕事できない冬の屋内でするが暖房がなく小さい火鉢と手洗い鉢におよ（お湯）を汲んでその中に手を入れて温めるが手はあか切れでえれー（大変）仕事であった。この麻は雪の上に晒し漂白して乾燥・計量してまるけて（束ねて）出荷できるようにした。麻の葉は溜め（人糞を溜めて置く土壺）に入れて腐らせて堆肥にした。この葉を地炉にくべることがあったが麻薬成分で酔ってしまうこともあった。麻の実もいまほどうるさくなく炒って食べたりもした。

また、戦後間もない間は蚕を飼った家もあった。蚕には桑の葉をもいで朝晩くれた。その葉が雨で濡れていると蚕が病気になるので葉を乾かしてくれた。蚕は蚕棚という簡単な台を家の中に置いてお蚕様（かいこさま）といって大事に育て人は隅に寝た。

蚕が桑を食べる音がバリバリと家中に聞こえ、その音で目が覚めるほどであった。

自給自足

食事はほとんど自給自足で大麦・小麦粉・野菜が中心で、たまの盆や暮れに魚（干物や乾物・塩漬け）を食べた。飼っていた鶏・羊もたまーに食ったが女衆は食べない人が多かった。野生のウサギや山鳥・雉が捕れた時は近所に配った。蕎麦も食べたがお客が来た時とか祭りに打った。そばは手が掛かって忙しい時にはできなかったが焼餅はしょっちゅう焼いて食った。あんは大方野菜で粉をこね、あんをくるんで焙烙（ほうろく）で炙り「わたし」で焦げ目を付けてへえ（灰）ん中に入れて蒸し焼きした。夏の暑っい時に地炉端で焼くのは暑っつくて汗だっくになって女衆はえらかったがへえの中で焼くへえころがしは香ばしくて美味かった。

年寄衆は四つ足の生きものは食うと仏様に嫌われるといった。ウサギは耳を羽と見立て鳥と同じ一羽二羽と数えて食べた。捕獲は鉄砲かくくり罠であった。

山羊や羊も一時はやって（流行）飼ったが、山羊には男でも女でもない両性がいて乳が出なかった。羊は羊麻痺という病気で足腰が立たなくなり塩を舐めさせた覚えがある。

竹輪・日干し・塩イカ・ひ菓子・飴・塩・醤油・酒・タバコを売る店が二軒あった。酒や醤油は計り売りといって、一斗樽や焼きものの樽から一升瓶へ分けてもらった。

終戦直後にはどぶろくを醸造して消防やお祭りに皆で飲んだこともあった。

味噌・醤油も自家製で味噌は春に麻を煮る釜で豆を煮て足で踏んで潰し円錐形に手で丸めて藁で編んで天井に吊るし硬くなるまで乾かした。その味噌玉を洗って埃とカビを落として臼で潰して塩を混ぜて木桶に漬け込んだ。味噌玉をつくる時には近所の子ども等が集まって賑やかに楽しく過ごしたあとは煮物などをおこっつおになった。豆を煮た汁は「あめ」といって、石けんの代わりにして顔や髪の毛を洗ったものである。

主食の飯は麦飯で大麦を割った割麦を七・八割入れて炊いた割飯で黒くこそっぽい食感で食べにくいものであったが押麦ができるようになってそれを食べるようになった。

その麦には一本筋が入っていたが色は白く食べやすくなった。田んぼをつくる平地がなく米はほとんどつくれず大塩や大町の田んぼまで行って米をつくった。田起こし代掻き（しろかき）は各戸が行い、水見を地元の人に頼んだ。これを「通い作」といった。早朝の三時とか四時に起きて出かけた。化学肥料が出回るまでは肥料に木の若葉のついた枝を田に踏み込んだ。この枝を「かるしき」といって馬や人の背で運んだ。春の田起こしの時踏み込んだ枝を掘り出し燃料にも使った。

おとうし、ぶっこみ、にかけうどん

夜はうどん・焼餅を食べた。うどんは「おとうし」「ぶっこみ」「にかけ」でいずれもおこうといって沢山の野菜と一緒に食べた。野菜はせんぜ畑といった家のぐるった（周囲）の畑でつくった新鮮なもので冬は屋内にある「むろ」や外の畑の穴に貯蔵した。

料理にはほとんど油を使わなかった。食料油は高価で買えなかったこともあるが、油気のある食器を洗った水は馬や牛が嫌ったからでもある。

山菜は豊富にあったがわらび・こうみ・蕗・うど・たらの芽・きのこ・のびろ以外はあまり食べなかった。

いまのように油が豊富に使えればたらの芽・こしあぶら・うどを天麩羅に揚げてもっと食べられたかもしれねえ。

少し遠い畑に行く時にはめんぱに飯を詰め、味噌と味噌漬けやだいこ漬けなんかお菜に持っていった。暑い時には鉄瓶にお茶を入れ回し飲みをし、めんぱの蓋に味噌をのせ水をかけて溶いて味噌汁として飲んだ。葦の茎や木の枝の皮を鎌で削って箸として使った。春先にのびろを採って箸に巻きつけ味噌を付けて食べるのが美味かった。

おこびれ・そさび（おやつ）といった副食には薄焼きが焼かれた。弁当には蕎麦薄焼きに味噌を塗って持っていき「わたし」で炙って食べれば香ばしい匂いと味がして喜ばれたものである。昼に食べ残したものを晩方同じように炙って食べると背負って歩いた人の汗が染み込んで、ことのほか美味いといわれあばつって（争って）食ったむんだ。また、焼餅は朝晩くらい食べて飽きた人が多かったが、町場では珍しいので白いおにぎりと交換することもあった。

一家の主人の権限は強く飯時も親父様も号令が出るまで箸を手にすることができなかった。長男は次男や女姉妹より優遇されていた。末っ子はおとっことといわれた。長男は跡取息子といわれ大事にされて育てられた。

戦後の家庭には子どもが多く上の子が下の子の子守りをするのは当たり前で、学校へ連れていった人もある。親がやま（畑）へ行っている間は「つぐら」に入れられたままで、おしめも交換せず乳も数時間与えられずにいた子どもも丈夫に育っている。

親戚を増やすと付き合いが大変であったので、できるだけ親戚を増やさない縁組もされていたが、戦後は自由に結婚できるようになった。小川。信級方面との縁組が多かった。

葬式の香典は現金や布地が使われたが、お見舞いやお礼には粉や豆などの自家で収穫した穀物を紙や布の袋に入れて贈答した。鶏の卵も大事な食糧で日常は口にできず風邪を引いたり病んだ時にしか食えなかった。子どもへは栗を茹でて干したものや芋干しが喜ばれた。干し柿の皮も干して食べたり沢庵漬けに入れた。渋い柿も塩漬けにしたり「さわし」て食べた。

交通手段は徒歩がほとんどで急病人は戸板（板戸を外したもの）に乗せ、棒二本を二人で担いで大塩まで行った。そこからは自動車で、病状によっては大町まで三時間もかけて行ったむんだ。馬に乗せることもあった。医者を呼ぶにも電話がなかった。

縄文食への接近

ぼくは後になって、高地人の食生活は縄文人に近く、五穀や山菜だけでなく、山の動物のウサギや山鳥などもよく食べていることもわかった。満州から引き揚げて黒岩の分家の一軒によばれてご馳走になった。その時、お客さんがきたとのことで若手がさっそく鉄砲担いで山へ行き、山鳥をとってきて食べさせてもらった。その肉が刺身として供されたことには驚いた。子どもでもおいしかったといまでも覚えている。またウサギはその習性から獣道に針金の輪を仕掛けておけば、走ってきてその針金の輪に頭を突っ込んでしまうと後ずさりせず前へ出ようとするから、首がしまって死んでしまう。朝早く見回りすれば、毎朝ではないがウサギが一匹くらいはとれたのだ。

また古代史の歴史学者では定説になっているが、人間は弥生時代になり米をつくるようになって、田んぼを農地として所有し、定住するので、貧富の差もでき、争いが起き、〝戦争〟というものが発生するとのことだ。

また柄澤和子先生は、高地の人たちは、子どもおとなの別なくとても思いやりがあり、やさしいと断言し、いくつかの具体例をあげてくれた。同時に仲良いせいか、けんかしてもすぐ仲直りをするという。

縄文人は土地に定住しない。山の木の実、栃の実、栗、胡桃、草や根や茎などを食べ、魚や動物、自然界にあるものを食べる。高地人はそれに近い生活を続けてきた。その点では自然に寄り添い、生まれたところに工夫して定住している人たちということになり、面白いと思った。ぼくは小三からはそれに近い生活で、「山猿」と称しているが、残念ながら自分は怒ったりケンカもする。でも子どものうちは穏やかだったように思う。

高地とりわけ若栗のように、米はとれない、電気はないというと、自ずから〝縄文文化〟を思い出す。この二つの条件で縄文と似てくるが定住生活はしているのだ。

高地は、米がないので雑穀を食べた。米は買うので当然倹約になるか一見豊かにみえるくらいだ。麻や養蚕は副業である。

高地の若栗は稀有な生活経験を提供してくれた。

父にとっての高地とは

一方父は満州に医師として仕事を始め、わずか五年で帰国を余儀なくされ、一〇〇%捨てた「ふるさと」へ引き揚げ者として帰り、実家に三カ月、他家での借間生活を若栗で約八年を過ごした。その間無職となったが半農半医で何とか生活し、五八歳で正式の日本の医師になった。

ここで改めて父の行為を考えてみると、父はぼくと同じ故郷の美麻村の高地がふるさとだった。父は、この「ふるさと」から二重の負担を背負って訣別しなければならなかった。

一つは前近代的な村の土着的な生活から這い出ること。二つには母の遺言「医師」をめざすという、近代社会での市民になることだった。これは宿命だった。

父が社会の大きな変動からはじき出されてこのふるさとに帰ってきたとしても、独学して医術を学び満州帝国の医師になったことだけで母の遺言を十分果たしたとぼくは考えている。

父の母は親としては二一が専門の学校に学べる環境づくりは何もできずに、単に医者になること、常識ではありえないことを遺言として残して逝ってしまった。

また半農半医であっても、国が自分の都合とはいえ、近代医学の学歴抜きで満州帝国の医師として認めた以上、日本のふるさとで、その医術を村民に与えることに、どこに問題があるのか。満州帝国では医師で、日本ではできない医療上の理由はなかった。「半農半医」のふるさとでの八年間のことは、その献身性を国としても認め感謝すべきことだったと思う。そもそも無医村があることは国の責任なのだ。そして経済的、制度的な援助は何もしなかった。しかし父はさらに努力して、日本の国家試験に合格し、正式に日本の医師になった。この時が父の宿願を果たした時だった。

その後八二歳までの約二五年間、僻地の医師として一生を終えた。この二五年中、七七歳から約三年間、生まれた美麻村の国保診療所に医師として帰った。しかしその時は既に生まれた高地地区は、挙家離村で無人の山に還っていた。したがって、父は村を出てから自分の生まれた「ふるさと高地」へは帰ることはできなかったが、美麻村第一号の医師になり、母の「医者になれ」の遺言には十分応えて五八歳で実現したのだ。

父は、一九七八年一〇月二二日、十日町市の吉田診療

所前の道路で夕方、車に撥ねられ死亡した。本当に残念だ。名古屋の兄の近くに引っ越す準備もできての不幸だった。

満州帝国の医師になる

父・黒岩二一は明治二八年一一月五日、美麻村高地の屋敷平竹村新次郎とかつのの次男として生まれた。六歳の時、母かつのは第四子の堕胎の失敗で亡くなった。その時二一を医者にしたいとの遺言を託した。

そして二一は九歳の時、父新次郎の実家へ養子に出される。実家は保屋集落の黒岩家本家だった。主は黒岩岩太で子がなかった。美麻本校の分校（小一～小三）に入学、型通り六年まで学び、そのうえ二年ほどの高等科に在籍して農業関係の勉強をした。家業の農業に従事したが二一は軍への召集を心に期していた。二一は出来もよく、体格も二〇歳の徴兵検査は甲種合格だった。

二一の実兄竹村静雄は、長男の立場にもとらわれず、警察署長になっている。二一も兄同様、頭がよいといわれていたので、二一は村を出るチャンスを持ち続けていたと思う。実家の長男静雄さんに聞いておけばよかった。

二一が二年間召集されてからの、一兵たる者の行為は十分評価にあたるものだった。二一歳盛岡騎兵二四聯隊、看護学修業兵、二四歳で上等看護兵となる。そして除隊時には「看護長適任書及び善行証書」を授かる。入隊の二、三年で素早くこうした実績を残し勉強したことは、学歴にはならないが、よく考え行動したもので、人生のキャリアにはなった。二一の目指すことを宣言したとみてよいと思う。

大正一一年朝鮮総督府道巡査、昭和六年退職。朝鮮警察衛生担当となり、退職後は恩給をもらえる六年間を務めた。この間初婚の妻はいたが、子はなく離婚した。

こうして陸軍や警察職でのキャリアをとったことは、当時の日本の国是、帝国主義的軍事的政策に合致したものとなり、後の県の財団、県書記、社会部社会課恩賜財団長野県診療所勤務に採用されることになったと思う。

そして昭和一七年三月三一日には、満州帝国の医師資格を取得している。この段階で十分、母かつのの「医者になれ」の遺言を果たしたことになると思う。実に立派な半生だった。この時四七歳である。その名誉ある時点で家族・親族関係からのお祝いは何もなかったのも不思議ではないか。ぼくの記憶だけのことだが。おそらく満州へ家族全員で渡ることへの不安を払拭できなかったからだと思う。

しかしここでの一家を挙げての渡満で開拓団の職場を選んだことは、誰しも大戦の大きな流れに乗ることに精いっぱいの情況だから、その流れに抗して生活の道をつくることは不可能でもあった。

しかし父は諦めなかった。昭和二一年一二月、葉子と満州男を満州で喪い、四人で着のみ着のままで引き揚げてきて八年、父は「半農半医」を貫き、生業へは創意工夫を尽くしてなんとか生活してきた。ぼくもその一人として、小四から中三までがんばってきた。

半農半医から日本国の医師へ

父が六歳で母かつのと死別した時、「二一を医者に」の遺言を胸に秘め、小卒だけの学歴にもこだわらず、生活、仕事を医に寄り添う心掛けで生きてきた。

四七歳で満州帝国の医師の資格を取り、満州開拓団の医師に就任した。

六歳のぼくの記憶に残っている、診療所の診察室に腰掛けて患者を診ている父の姿は確かに白衣を着ており、子どもでも医者ということはわかった。母たかは白い前掛けをつけて父の近くにいたのも憶えている。

しかし父は一年足らずで佐渡開拓団から宮城県関連の開拓団に移って、昭和二〇年八月九日まで働いた。ソ連参戦、日本の敗北、子二人を喪って四人で二一年一二月、二一の生家に引き揚げてきた。文字通り着のみ着のままで厄介者になってである。要するに引き揚げ者だった。

満州帝国の免許証は満州帝国が消滅するや無効になった。土地もなく、家もなく、仕事もない人を何と呼んだらよいのか。素浪人とか無宿者とか失業者とかどうも相応しい名がない。生家の竹村家には三カ月お世話になり、一家四人は若栗の一軒に間借りをして生活をはじめた。これがランプ生活だった。

ある日の夕方、父の養家の近くのおじさんがやってきた。母親の体調が悪い、黒岩先生に往診をしてほしいとのことだった。中学生になっていたぼくは、父がときどき医者をやっていることは気付いていた。しかし母からも説明を受けたことはなかった。急いで父のいるところに駆けつけた。この頃父は畑の片隅に掘っ建て小屋をつくり、そこを畑の休憩の場と勉強の場にしていた。父は読んでいた本を閉じて「わかった」と返事をした。すぐ往診に出掛けるかと思っていたが、夕方薄暗くなってから黒い鞄を下げて出かけた。夕食には戻らなかった。

後に母から聞いた「父ちゃんはわざわざ夕方行くんだよ。患者さんを診に行くんだけどね。その時拍子よければ夕食もいただけるし、運が良ければお酒も一杯飲めるんだよ」と言って、二人で思わず笑ってしまった。

父にすれば笑いごとではなかった。「お礼には野菜などもらうことが多く、現金のことは少なかった。だから食事も収入だし、お酒など飲めないものだからありがたいんだよ」と教えてくれた。

実は父が亡くなってから発見したものは、医学書二冊と中絶に使う器具だった。父が本当にこうした医療行為をしたかどうかわからない。

父のやっていることは文字通り「半農半医」だ。これを偽医者と呼び、制度を無視した許せぬことと決めつけることはできないと思う。ぼくも「父はこれまで偽医者だったんですよ」と友人に話したことはあるが、いまは反省している。

高一の一〇月に父は日本国の国家試験に受かり、正式の医師になった。五八歳だった。

医師になってからは、長野県下の国保診療所、六カ所にて勤務、最後はぼくの近くが良いとの判断から十日町市の吉田地区の診療所。

父は満州から故郷に引き揚げてきた。しかしまたこの村を飛びださなければならなかった。満州帝国の医師から日本国の医師になるには、戦前からの既成のレール以外に道はなかった。しかし戦後の日本の医師たちの社会は混乱していた。しかしこれまでの指定の高等学校から医学専門学校を卒業して医師国家試験を受けるというレールは変わらなかった。要するに旧制中学から一高のように帝国大学を受験できる高等学校で学ぶことが前提になる。しかし大戦でそのレールが曲がったりバイパスもできた。

そこで戦時下の戦争用の多くの軍医は「医専」と呼ばれる大戦用の促成医大三年制がほとんどの帝国大学の附属にできた。その卒業生も戦後は同格の医師になった。そこして海外から故国に帰ってきた軍医などがいた。そこへ父のように少数であっても特別枠をつくって、罪ほろぼし的な国家試験に合格した医師（一定のキャリアと受験回数三回以内）たちもいたのだ。そうみてくると父の資格は例外的であっても、日本という国が国家試験を実施しての資格であり、差別して取り扱うものではなかった。

したがって黒岩二一は一九五三年（昭和二八年）一〇月一二日に医師登録（一五〇九六六号）の医師になった。

そして昭和二八年一〇月のある日、若栗峰で母たかに、震える手に握っていた白い一片の紙には家族への責任も含めてのすべてが込められていたのだ。

父は、高地というまだ古い時代の因習の村を這い出すこと、古い村の因習を断ち切ること。さらに母かつの遺言、「医師になれ」を果たしたこと。この二つのしがらみ「宿命」を解き放つという大業を成し遂げた。

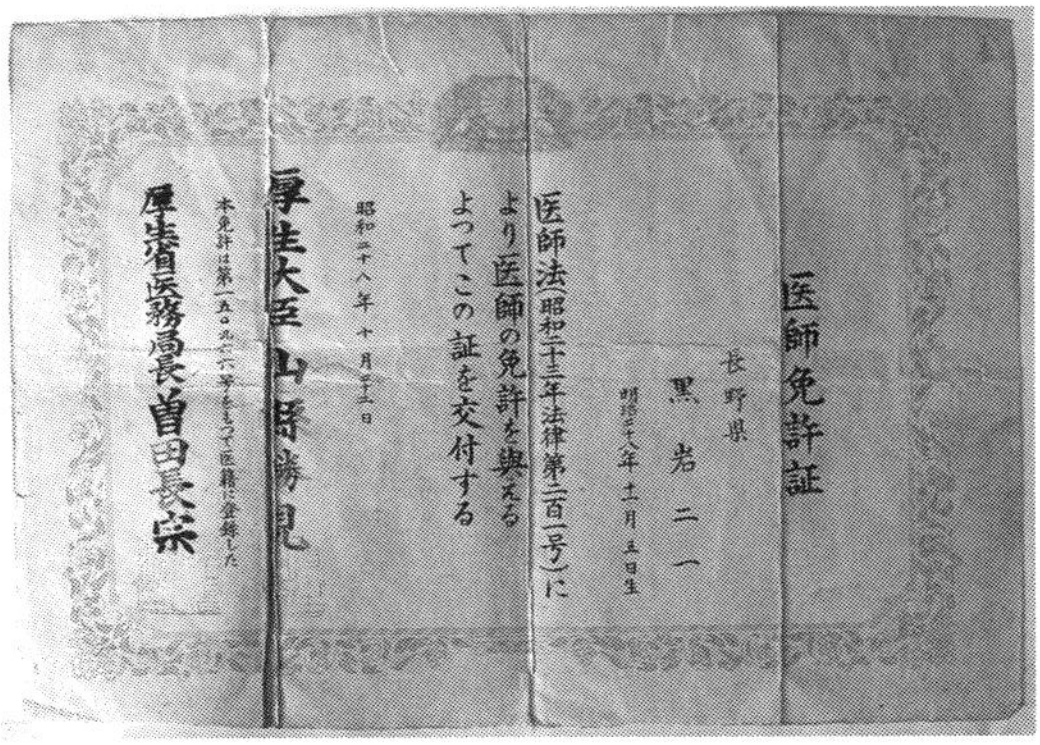
医師免許証
長野県
黒岩二一
明治二十八年十二月五日生
医師法（昭和二十三年法律第二百一号）により医師の免許を与える
よってこの証を交付する
昭和二十八年十月二十日
厚生大臣　山縣勝見
本免許は第一五〇九六〇号をもって医籍に登録した
厚生省医務局長　曽田長宗

父二一は農家の次男、6歳時に亡くなった母の“医者にしたい”の遺言を実現した。58歳だった

いわば父にとってのふるさととは源郷であり幻郷でもあった。

ちなみにぼくの医師登録は一八二二〇五号だ。

父母との記憶を拾う

ぼくの記憶といっても、あとで頭に入ったこともあり、純粋な六歳までの男の子の記憶だけではない。また少しは説明文も入ってくると思うのでご承知ねがいたい。

一九四三年（昭和一八年）三月、一家六人、父母兄ぼく妹弟で満州へ渡った。次姉信子は女学校在宅中で一人寮に残った。長姉は結婚し、一児の母であり、終戦時には北朝鮮平城に住んでいた。

出発は信州の飯田市からだった。父の勤務の都合で借家に暮らしていた。飯田線を下って豊橋へ向かった。なぜ一家が旅にでるのか、父がどんな仕事をするのかもわかっていなかった。記憶にはあるはずの姉との別れもまったく覚えていない。生きて帰って耳にしたのだが、姉は寂しくてさびしくて毎日泣いていたという。

姉は一五歳だった。しかし母も別れで泣いているようなシーンの記憶はなかった。

母は苦労にもめげず、明るい性格を失わず、楽天的に生き、子たちを育ててくれた。しかも夫との不和や二人の連れ子での悩みなど、よく耐えてきたと思う。当時のぼくにはまったくわからないことだった。

父は出張や単独渡満で一人天下の日も多かった。母は映画が大好きだった。昔の映画館は一階二階となっており、升席が多かった。昼間ごちそうをつくり、重箱に詰めて子を連れて出かけた。途中にお墓の中を通るところがあり、子どもたちが怖がるのを楽しんでいた風もある。よく覚えているのは「九尾の狐」といういまでいう妖怪物だった。お墓の中、石塔の間を歩く時のスリリングな時間、母は好んでこわい場面を自分で創って演出してみせた。それがとても上手だった。

お重の夕食を皆一緒に食べるのもとても楽しかった。ところでぼくは母と二人だけという思い出はほとんどなかった。母がいつも弟や妹のことで手いっぱいのせいかと考えられる。

母は弟満州男の乳離れが悪いといって、自分のおっぱいに恐ろしい鬼の顔を描いたり乳首に苦い薬をつけたり、面白そうにやっていた。どうも効果はなかったようだ。

あるいは暮れに大きな柿を買い、一人に一つずつ渡し、正月まで食べずに隠しておくことになっていた。発見した者は食べてもよいとなっており、これが最大の脅迫だった。ぼくも本気になってどこかの隅にかくしておいた。そして一日でも早く食べたいがルール違反は許されなかった。たしか元旦になって皆一斉に隠してあった柿を持ちよって食べるのだ。その美味しさは忘れられない。人によって熟しかたも少し差があり、自分の柿が一番美味しいと自慢もした。とても楽しい母の思い出だった。

ぼくも一時幼稚園に行った。その時の大きなカバンは肩掛けで、たしか黄色だった。近所の友達は良寛という名の子だった。母は家にある布でカバンをつくるといい、黄色でなく紺でつくった。ぼくは同じ色でなければ目立ち恥ずかしいのがイヤだとごねていた。ところが当日、良寛が「たくちゃん行こう」と呼びにきた。玄関に入るやカバンが鮮やかな真っ赤だった。ぼくはおどろいてごねるのをやめた。

こうした家族が地の果て、満州の開拓団に行くことは、父二一の生涯の目標であればやむを得ないが、こうした母と子の楽しい時間も奪われてしまうことは、子にとっては想像もできないことだった。

ぼくにとって六歳までの父の記憶は五つほどしかな

かった。鮮明なのは朝背負われて散歩に出た。その時近くの生垣に鳥の巣を見つけた。可愛い雛鳥、口をいっぱいに開けて呼びかけているようなところ。見るだけで興奮した。あとでモズではと耳に入った。二つ目は内廊下にバナナの房がぶら下がっていて、いつも父親に抱かれて自分の手でとったこと、三つ目は父親に連れられて中耳炎で医院に行き、鼓膜切開をして排膿させた時。クレゾールの臭いのベッド上に寝かされ、嫌がって大声でわめいている自分を押さえつけている看護婦たちの顔を見上げた情景。

さらに銭湯に父と行き、なぜか父が浴槽の中へ抱いているぼくを落としてしまった。びっくりして、たしかお湯を一口くらいは飲んでしまった。

こうした瞬間は記憶に残っているが、事件は覚えていても物語は覚えていないのか。

自分だけの記憶だが、家のまわりに野良猫がいた。確か黒毛だった。ある日この猫がもしや縁の下にもぐっているのではと思い、そろそろと縁側の端まではっていき、そうっと首を出して縁側の下をのぞいた。いたのだ！「いた！」と絶叫した。漆黒な床下に二つ光る眼をみたのだ。

日本を離れて満州へ向かうことになった。電車から降りた豊橋駅前の風景で、馬車が止まっていて、全体がほこりっぽい駅前だった。そして汽車で下関経由、船で釜山に上陸、不思議だがこの船旅はまったく覚えていない。

列車は北上した。そして朝鮮から中国（満州）へ渡る鴨緑江の鉄橋から川を眺めた時、恐ろしいほど川面から高い橋を渡っており、その川の水色が濃い青緑で、その青緑に高所から引き込まれるような、目が回るような恐ろしい思いが残っている。高所恐怖症かもしれない

第十八章　柄澤和子先生の文化革命

柄澤和子先生と卓夫の思想

ここで時代・世代も少しずれているが〝高地〟を愛し生活した高地分校の女の先生を紹介したい。

柄澤和子先生は安曇地方のミニコミ誌である「仁科路」第（3）号（仁科路研究会、二〇一二年一月三〇日発行）に、素晴らしい回想録として「高地追憶〜高地は消えても〜」を書いている。

柄澤和子先生は当時二二歳くらいだった。一九五八年（昭和三三年）四月（夫智先生と共に）赴任し、約一〇年間高地分校が閉校となる一年前までがんばった。

柄澤先生のお父上も教師で、柄澤先生に、「教師は何ごとも生徒や地域の人たちを大切にして土地の人たちと共に歩むことが大切だ」と教えていたとのこと。そしてこの高地に赴任し、地元の方々と、学校のことだけでなく生活上のことでも話し合い、いつの間にか高地人になったような気持ちで仕事をするようになった。

柄澤先生には、ある男性のつぶやきが心に響いた。「先生は『高地の衆は、よくこんな山奥に暮らせるね』と一回も言わないから、俺たちはとてもうれしかっただいね」

先生は「私たち二人は高地へ赴任する時、私たちも高地の人と同じものを食べ、同じ衣服を身に着け、山の人々の気持ちに寄り添って暮らす教師になろうと思っていました」。この言葉はぼくが東京から雪深い越後に一人で赴任する時の考えと気持ちもまったく同じだった。

ぼくはいままで身に付けていたものを、衣を脱ぎ捨て、聴診器一本でこの土地にやってきたことと軌を一にするものだった。両者の志が同じだったのではないか。

柄澤先生は、第一には田んぼのない山間の傾斜畑地で平地の倍以上の体力を要するところで懸命に生活していることにおどろき、第二には青年層との交流が単に教師としてだけでなく、お酒の席も厭わず、夫君の協力もあり、村民の集まる場、新しい文化を持込む場に分校を仕上げてきた。

卓夫・秩子も村の青年たちを大切にした。まず数人で「百円の会」をつくった。月一回くらいわが家へお茶菓子代として、百円玉を持って夜間集まった。そのうちにテーマによっては月一回といわず何かと集まることになった。しかし部屋は散らかっているので、下品館(迎賓館)と呼ぶようになっていた。知識や文化の面白いたまり場になった。

第三は最も大切なことで、彼女自身が驚いたことだが、本校の生徒から、分校はバカだとか、遅れているなど差別されていることに気付いたことだった。それは彼女自身にとっても許せぬことだった。

ぼくの妻の秩子は男女差別、障がい者偏見と闘っていたので柄澤先生と同じだったと思う。

高地への偏をどうするか

柄澤先生はどうしたらよいかと夫と相談した。差別する側を怒ったり、仕返しするようなことはしない。その代わり高地の子たちはこんなに素晴らしいことができる。頭の良い子がいるといったやり方でなく、全員で演技・ダンスなどできることをやってみよう。ということで、毎年開催され、全員が集まる村民運動会に的を絞った。そこで一年から三年全員で歌とダンスを披露することになった。全員の猛練習になった。おとなのベテランは指導者として惜しみなく協力した。

その日がやってきた。当時はこうしたイベントには村民全員が集まり楽しんできた。そして高地で選ばれた曲目でのダンスが披露された。音楽と共に全員が動き出した。その動きは整って、きれいで活気あることに、村民全員があっという間に惹きつけられて、息をのみ、聞き入り、運動会の場は音楽以外はシーンと静まりかえった。ご存知のように、人は美などに心を奪われると、一瞬息をのみ言葉を失う。

ところが短時間の停電があり、音楽が止まるとその時の姿勢のままピタッと動きがとまった。そして音楽がよみがえると、また何ごともなかったようにダンスは一瞬止められた姿勢から進行した。終わった時には割れんばかりの熱烈な拍手が沸いた。これを機に村中でダンスがはじまり、それが盛大な村民運動会でも毎年発表しあうイベントにも成長した。

こうして高地への差別はなくなった。

ぼくが満州から引き揚げて三年生の三学期だけ高地分校で学んだ時、これは先生方の配慮から、大戦の敗北と償いのようなものがあったかもしれないが、ぼくが開拓団から避難し、途次妹と弟を喪ったことを作文に書いたことが本校生徒にも伝わり、今度分校にはとてもできる子が来たといった評価をよんだ。差別があったかどうか自分ではわからなかったが、これも両者の雰囲気を大きく変えたとのことだった。しかし柄澤先生の全員によるダンスは、ぼくのような個人プレイではない、全員での説得力と迫力があったと思う。

また先生は、この土地は教育にも昔から熱心だったと書いている。一八七三年（明治六年）に学制が発布されるや、父の養家で祖父にあたる黒岩忠吾が、すぐ自分の家を開放して、小学校にあてた。また父の生家で祖父にあたる竹村新次郎は、幕末から明治初年まで私塾である寺子屋を自宅でやっていた。その功を顕彰して、若栗峰には大きな筆塚が建てられた。

さらに敗戦時坂井政市さんはまったく一人で私財を投じて一九四六年（昭和二一年）四月に分校を新築した。なかなかできることではない。

柄澤先生は一九五八年（昭和三三年）四月赴任し、六六年（昭和四一年）三月、前年に生まれた一歳の息子を抱いて、高地分校に別れを告げた。閉校は六八年（昭和四三年）三月だった。夫は一人最後まで残った。難破船の船長ではないか。それが赴任時約束の一〇年を立派に果たしたことでもあった。

柄澤先生の古代ロマン

松下寿一さんはぼくが訪問した時も「ああ、先生、俺の家の先祖様は、アイヌだっただいね。俺は父親から聞いていた」、そしてびっくりしているぼくたちに「俺の身体は、アイヌと同じように白いし、毛深いところなんかアイヌそのものだいね。俺の祖父もそうだった。先生も知っていたと思うけど……」とほがらかに話をしてくれた。

彼はぼくより三歳ほど若く、役場の職員でもあり、高地には最後の一人として踏みとどまった人だ。廃校になった高地分校を温泉宿として、一時は日帰り客で賑わったこともあった。

さらに柄澤先生の推測として「隣りの越後の国に住んでいたアイヌ（縄文人）が、出雲族（弥生人）の討伐を受けて、北へ北へと追われていったが、その時南へ逃げた人たちが信濃の国の山深い高地に辿りついて暮らしていた。そこへ後から上杉謙信の残党などが落ちのびてきたということも考えられる」と述べている。

信州と越後の境界地である犀川流域から安曇地方は、戦国時代には上杉、武田両者の戦線上にあり、支配者が変わるとともに、山中にも物見台や砦や小城が多数築かれた。黒岩城もあった。

こうした推測はぼくの心情に響くものであっても、歴史学や民俗学からみて是非を問うほどのものではない。しかしぼくは自分の故郷の伝承をそのまま受け止めて、一つの物語を発見し、ロマンチックであっても、語ってみたいと思う。現に目の前に座っている同郷の男性のお年寄りが、自分の村ではアイヌ軍神を祀っていた。そして自分の家の祖先だと言い切る伝承のある高地という歴史の面白さを大切にしたいと思う。

また越後の縄文人はパワフルだったという。その証拠は信濃川中流の中魚沼地区（十日町市など）で発掘され、かつ越後では唯一の国宝に指定された火焔式土器群や、糸魚川地区の姫川から採取されたヒスイによる勾玉などが縄文時代から全国に流出していたことは、越後縄文人の生活のレベルの高さと強力であったことを物語るものである。このことは梅原猛さんの『日本の霊性』（新潮文庫）でも指摘されている。

なお最近の研究によると、アイヌの原郷は南方ではなく、オホーツク海を越えたシベリア方面から渡来したものと、DNA型から証明されたとのことである。したがって越後縄文人は南西諸島や朝鮮半島経由で渡来したものと推定されている。また長い歴史のなかで、世情としては、アイヌが縄文人の代表のごとくに単純化され、流布されていることを受け入れてもよいのではないか。

アイヌ神と「御社宮司様（みしゃくじさま）」

松下寿一さんの住んでいた村、日里（小集落松合、日向、日陰の三つを一つとして）には、「御社宮司様」を祀ってある石祠があり、その神様がアイヌの軍神で、村の神様でもあった。しかしそうではなく、近くにあった小堂に木の仏像三体と共にアイヌの軍神は祀ってあったという。この説のほうが信憑性があるようだ。

御社宮司様とは何か、日本人が生活してきた日本列島に縄文時代から日本人の精神の底に、陽に陰に生きている精霊だ。姿・形・呼称を変え、時には愛欲の、時には闘いの時には守りの神であり、あるいは鬼や怨霊にもなる。特に有名なのは諏訪地方、北アルプスの東側の安曇地方に色濃く、関東地方にも広がっている。関西では姿・形など変身して土俗的な世界にある地霊荒神である。さらに神事には深く連なる祭司・芸能の神として存在し、祭事を司って天皇制を支える一方の柱でもあった。このことは中沢新一著『精霊の王』（講談社学術文庫）に詳しい。

日本では江戸末期から明治にかけて、北海道の自然に適応し、生き残っていた先住民族がアイヌである。日本はアイヌを社会的に解体し、アイヌの日本人への同化、換言すれば絶滅政策を遂行したことを考えれば、そのアイヌを信州の小村で軍神として祀っていたとの伝承は、ただ珍しいということだけではなく、日本の現代史上、従来の歴史観にも疑問符をつける面白いことだと思った。このアイヌの神も御社宮司と考えれば説明できるものだった。

単なる伝承、どこかで間違って生まれた小さな伝承であったとしても、長野県北安曇郡美麻村大字高地という、きわだった峻厳な山村に育まれたことは、日本人の祖霊をまつる歴史と信仰の生命力が生み出した古代の〝神様〟の逸話として受け止めたい。

そこで吟味すべきことは、社宮司神の素性、役割である。高地人はアイヌの軍神として外敵からの守護神とみなしている。しかし単純に外部から入ってくるよそ者への防衛とか、村との対立への守護神と考えるのは疑問が残る。

元来社宮司様は、賽の神のグループであり、村の境にあって守護神とされており、どちらかといえば倭人が追い払った蝦夷の再侵入を防ぐための賽の神、〝アラハバキ神〟の仲間でもあるのだ。ぼくはこうした日本に土着している神々とは歴史家の言う方向とはちがった、逆方向に語られ、伝承されてきたところに、高地という山村の生い立ちと深い関係があるのではと興味のそそるところでもある。

さて、高地分校に夫妻で昭和四五年から八年間教師として勤め、村人から慕われて地元に密着していた柄澤和子先生が、このアイヌ伝承を発見した。

同時に柄澤先生の分校教師としての生き方、お人柄に大変魅かれていたので、どうしてもお会いしたいと思っていた。

幸いにして父二一の実家の新宅にあたる黒岩正彦さん（ぼくより五歳年下）は、郷土史に明るく、いまでもコツコツ調査研究をしている。彼も柄澤さんのアイヌ説に取りつかれていたので、このテーマでも意気投合しており、ようやくスケジュールを合わせて、二〇一七年（平成二九年）一二月一〇日に松本市でお会いすることができた。

柄澤先生と面談

ぼくは朝七時九分で浦佐を発ち、東京で「ＮＰＯ在宅ケアを支える診療所・市民全国ネットワーク」の理事会に出席、帰りに松本に立ち寄って夜遅く帰宅した。

柄澤先生は家族にアクシデントが発生し、事情で松本市内の有料老人ホームに入居していた。ぼくより五歳ほど年上で体調を崩しているとの情報もあり、心配しての面会だった。正彦さんの友人も加わり、三人で老人ホームを訪ねた。松本深志高校のある、懐かしい場所でもあった。

初めてお会いし、期待も大きかったので、少々緊張もしていたが、先生は落ち着いた感じで普通に話し、普通に笑い、普通に気を配ってくれた。ときどき言葉を思い出せないようであったが、話の筋道など明るく期待以上のお話をしてくれた。三人ともほっとして感激もした。

アイヌに関してもさらに調べているようで、新たに書き加える予定で、できれば本にしたい意向とのことだった。

一方八五歳の女性にとってはアイヌ神はすでに高地の時空を支配しており、同時に、自分の身体にも住み着いているようだった。彼女の関心はさらに高地人の由来にあった。以前より高地では伝説的に語りつがれていた「高地女に鹿谷男」という言い伝えをとらえて、古朝鮮にある伽耶（かや族）と結びつけ、高地人は渡来人と見なすようになっていた。

高地の北に隣接する当信川の下流、信濃川の分岐である数キロ上流、当信川沿いの村である。現在は長野市の信州新町に合併した旧鹿谷村のことで、要するに高地女は川を下って鹿谷村の男に嫁いだということだ。

また鹿谷より高地に嫁いだ人も多い曲尾四軒、保屋二軒ある。

この鹿谷は古朝鮮三国時代に存在した伽耶の国との関係が以前から語られていた。柄澤先生は確信をもって古朝鮮の伽耶から来た人々で、高地人そのものが伽耶の人だとの説をとっている。ぼくは歴史家ではないので、半分空想でよいと思っているので、こうした古代からの伝承はアイヌと同様に古代のロマンとしてあり得るものと思っていてよいと思う。

諏訪大社と松下勝森家

松下勝森家は、この村の知名人で最近まで美麻村村長でもあった神官の家であり、曾祖母は、県内の鬼無里（きなさ）村の神官の家から嫁いできているとのこと。この家の娘さんがぼくと同級生だ。松下姓は諏訪大社をとりまく、古部族といわれていた時代に下社の八幡杜の祝で、祭司を取り扱っていた有力な家系だった。

さらに布石として面白いことがある。

一つは日本でも古社である諏訪大社との関係は、この北安曇郡はいまでも深い関係がある。なぜなら、北安曇郡の北端は糸魚川に接し、糸魚川、姫川といえば、ヒスイであり、その土地の女王であった奴奈川姫（ぬなかわひめ）に連なる。

また古事記にも記載されているように、出雲の大国主命がやってきて、奴奈川姫に求婚する場面がある。結婚して生まれた第二子、建御名方命（たけみなかたのみこと）が諏訪大社の祖神になっている。北安曇郡の北端の村、小谷村にある諏訪神社は、諏訪大社の御柱（おんばしら）大祭と連動して不可欠の神事を担っている。このお宮は建御名方命が己の母を拝しなつかしむ位置にあると伝えられている。

諏訪神事の御神体といわれるものに「薙鎌（なぎかま）」がある。七年ごとの諏訪大社祭の際に、姫川沿い信越の国境、小谷村の諏訪神社に、この「薙鎌」が配られ、大祭の前に諏訪神社の一つ、中土諏訪神社に奉納し、その翌日戸土諏訪神社に至り、「薙鎌」を杉の大木に打ち込む。こうした大切な役割を持っている。

ここまで北安曇郡美麻村は、わが国の縄文時代の原住民であるアイヌの切口と諏訪大社、奴奈川姫、ヒスイの切口に符合する。そしてアイヌ神の伝承は松下家と諏訪大社の関係がある。さらにわが国でエミシと思われる部族の記述は、実は諏訪大社の歴史書に具体的に残されている。

『アイヌ民族誌』（上）緒論のアイヌ研究史で、一、諏訪大明神縁起絵詞、一三五六年（延文元年）小坂円忠作に縄文時代の部族の生活が紹介されている。アイヌは三派あり、そのうちの一派は和人に類し、ただ毛深いだけで、言語もほぼ通じると書かれている。

元々縄文の時代に存在した部族として大社が語られ、縄文時代の祭祀の資料が保存されている。それが神長官守矢（じんちょうかんもりや）史料館である。

そのお祭りの一つに、狩猟民である証拠でもあるが、鹿の首を七五頭祀って、盛大な神事が営まれていた。

神長官守矢史料館

この章の話は実に不思議な〝事実〟で、史料館になっており、諏訪大社の歴史を語るには史実であることの背景に、おびただしい資料が保存されている。守矢とは諏訪古部族の長（大祝）で、その中で「神長官」という最高位を表しており、現神長官は七八代守矢早苗氏である。

まず史料館に足を踏み入れるや、一瞬にして〝古代〟の世界へ迷いこんでしまったのかと驚かされる。面する壁には鹿と猪の頭がズラッと並んで掛けられている。他にも神への献物としては、鹿や猪に加えて白鷺、山鳥、フナ、ブリ、エビなどがあり、列席者には餅、かや、山菜などがあった。棚には白ウサギがお尻から頭への串刺しの姿で一羽復元されている。さらにウサギの両側に妙なものが置いてある。右は動物の皮を焼いた料理、左は海草の〝あらめ〟とのこと。また木の桶の両側には、猿の頭皮を切り開き焼いたもの、左は鹿肉を切って焼いたもの、さらに木の高台の皿には〝脳和〟という三種の肉料理がある。これらは当時江戸時代の有名な旅行家の菅江真澄（一七五四年〜一八二九年）がたまたま訪れてスケッチしたものを復元している。〝脳和〟は鹿肉を茹でて、別の鹿の脳みそを別に熱湯に浸したものを和えたものとのことである。

こう説明してもよくわかってはもらえない。かつての諏訪古部族の中心的お祭り、〝御頭祭〟の一部の資料である。実際にはいまでも残っている廊下のような長い建物を宴壇として、その長い壁に鹿の生首を七五頭をはりつけ、その中の一頭は耳が裂けているものとされていた。あらゆるご馳走とお酒での大宴会だったのことである。

縄文時代云々より、このお祭りが語るように、狩猟部族であり、神を祭り、ご馳走から生贄を含めて捧げもののあふれていた神事であった。

またこの諏訪地方の縄文遺跡からは発掘された土偶の中で「縄文のビーナス」「仮面の女神」も国宝に指定されている。ちなみに新潟県の「火焔式土器群」も国宝だ。縄文の国宝は全部で六体認定されている。

この項で諏訪古部族の歴史的な資料を紹介して、美麻村高地の三つの小集落が共同で祀っていた「アイヌ神」の言い伝えを契機とし、美麻村をめぐる古代ロマンをピックアップし、この鎮めとして「神長宮守矢史料館」を自由に連想して古代ロマンを描いていただきたい。

改めて列挙する。

①美麻村高地でのアイヌ祖神の伝承
②御社宮司楼
③アイヌ民族誌より、諏訪大明神縁起絵詞にアイヌの日本で最初の記録あり
④建御名方命（諏訪大社祖神）
⑤諏訪大社と松下家
⑥奴奈川姫と大国主命
⑦安曇族
⑧神長官守矢史料館

安曇族とは

安曇郡は七世紀前後、信濃に進出してきた安曇族により建郡されたといわれている。安曇の語源が海の神をさす海積（あまつみ）であることから、生粋の海人族である。日本には中国、朝鮮との重大な交易などからも数多くの海人族がいたが、それらを統率する宰の立場に立つ強大な氏族であり、天皇族との血縁関係もあった。第一四代・仲哀天皇の妻は神功皇后とされている。五、六世紀の大和朝廷にあっては、蘇我氏、大伴氏などと並ぶ力をもっていた。安曇族は単に土地に進出するだけでなく、稲作の普及、弥生の発達した農具などの技術を活用して、単なる侵略ではなく総合的に開拓を推進する氏族だった。こうした歴史的経緯は間違いないものと考えられている。

「安曇郡」とか「安曇野市」といった地名などではなじみは深い。また臼井吉見（一九〇五年～一九八五年）の長編小説『安曇野』では、明治の開化、西洋文化の導入のさなかで、安曇野の生活の変遷を人物模様のドラマとして描ききっている。

しかし卓夫の半生のなかで、安曇という言葉で訴えられるものは少なかった。安曇野という風景と彫刻家荻原碌山の青春と作品を心に刻まれた程度のものだった。

ただ海人である安曇族がなぜこの日本の内陸深くまでやって来たのかなど、歴史上の関心は十分あった。

なぜ安曇族が日本のあちこちに分散したかはわからないが、その中心が現在の南北の安曇郡であり、南安曇郡の穂高神社がその神の宮である。この神社は舟や海の神を祀っており、お祭りの屋台は舟形である。

この海人族がこともあろうか信濃国の山中、南安曇郡の穂高町（いまは安曇野市）に族神を穂高神社に祀り、峰の宮は穂高岳山頂に、奥の宮を上高地明神池に祀っている。

安曇族は弥生時代の部族なので、おそらく諏訪族とは

ケンカをしないように、日本海側から信濃川を経て犀川と遡上してきたものと推定されている。しかし別説もあり、海人としては九州から富山に上陸し、高山から穂高岳を越えて上高地に下ってきたとのことである。

安曇族のルーツは中国の呉の国とされ、海運術を駆使し稲作と鉄工術をもって、侵略というよりも移民としてやってきた。そして単に土地を奪ったのではなく、植民をはかり、稲作や鉄工術と共に中国や弥生がもっている文化を広め、開拓も移民も継続して支援してきたいわば総合商社的な存在だったと考えられる。

海賊や山賊ではない。弥生文化の移植者で、人も道具も技術をもってきた。同様に弥生文化を伝播して移民・移住を支えていたとみられている。

大国主命を象徴とする出雲の国からの移入とはかなりちがっている。出雲族は侵略、征服の色合いが強かったのではないか。奴奈川姫への求婚は征服とみられており、侵略の亜形と思われる。奴奈川姫も最後は殺されているのではともいわれている。

美麻村、北安曇郡の歴史、また特に美麻村の高地地区は、大町の他地区とはちがって、北方の日本海に注ぐ犀川流域とも深い関係があり、高地という山谷に囲まれ孤立しているような地区は、古い歴史が伝承され残されていた可能性もある。そうした位置にあることから、諏訪部族との関係も逸話的にはあったかもしれない。

この章は、高地の小集落に、「この村の神様はアイヌだ」の発言と、それを発見した分校の先生の文面から生まれた。ぼくの趣向にも重なる話だった。満州では棄民にされ、「ふるさと」も姿を消してしまったぼくにとって、祖国や「ふるさと」をどう扱ったらよいのか。はたして心のよりどころになり得るのか、地域での伝承や日本の歴史をたぐることに意味があるのか。

そしてアイヌから古代ロマンを追いかけるような気持になり、少しばかりの勉強ではつかみどころなく、わかるところを文章化したにすぎない。むしろ草稿の段階で関心ある方からアドバイスでもいただければ幸いと思っている。

以上を美麻村のアイヌ軍神をきっかけとして、安曇から諏訪にかけても古代ロマンを想像して楽しんでいただきたい。

第十九章　萌気会三〇周年――三代黒岩巌志の抱負――

三〇周年記念誌　新理事長の文章を抄出

萌気会は、二〇二二年六月一五日に三〇周年を迎えることができた。理事長も黒岩卓夫から次男、黒岩巌志が就任して二年目になる。文字通り世代交代によって萌気会全体が若返った。人の顔が変わったことは当然だがそれだけではなく、組織の物事の決め方が変わり、例えばイベントのやり方も変わり、一人一人が世代交代の流れに納得し、新しい萌気会へ確実に歩きはじめた。（卓夫記）

北海道を離れ萌気会へ（新理事長　記）

私が、高校卒業から二二年間過ごした北海道を離れ父の後継者として生まれ故郷に戻ってくるまでの経緯について書かせていただきます。

萌気会創立の一九九二年、私は二〇歳、札幌医科大学医学部三年生でした。父が町長選挙に落選し診療所を始めたと聞き、父にとっては本意ではないのかもしれませんが、次のステージで活躍してほしいと札幌から願っていました。

一九九六年に札幌医科大学を卒業し同大学の附属病院で内科医として働き始めました。私が所属していた内科は循環器、呼吸器以外の領域を広く診ていて、消化器・血液・各種癌・糖尿病・膠原病などの診察をしていました。医師になって五年目の二〇〇一年、当時父が世話人代表をしていた地域医療研究会の全国大会が北海道の弟子屈町（行木紘一大会長）で行われました。弟子屈町は摩周湖、屈斜路湖がある道東の小さな町です。当時住んでいた旭川市から参加しました。帰りの釧路空港で父が、「近い将来新潟に戻ってこないか?」と真剣な眼差しで私に問いました。

当時私は、約五〇〇床規模の旭川赤十字病院で消化器・血液内科医として癌の化学療法、内視鏡的治療、急性白

黒岩厳志２代理事長、2022年４月、30周年を前に

血病の骨髄移植などに携わっていました。また、大学病院の研究室にも属しており、新規癌治療薬の開発に繋がる研究に従事していました。父の問いに対し「いまは北海道でやらなければいけないこと、やりたい医療があるが、将来故郷に帰ることを前向きに考えたい」と返事をしました。

二〇〇三年に赴任した東札幌病院には緩和ケア病棟があり、また全国レベルで活躍している緩和ケア専門の看護師、医療ソーシャルワーカーが勤務していました。その方たちから多くの学び、大きな刺激をもらいました。病態変化が急速ながん終末期患者において、迅速に患者・家族が抱えている不安・問題を抽出して、それらに対し多職種が車座になり、とことん話し合い、解決策を導き出す。私は、緩和ケア病棟に携わりながら、癌終末期の患者に、自分らしさや尊厳を守るケアを多くのスタッフと共に知恵を絞って工夫して提供することに全力を注ぎました。ここで在宅看取りを初めて経験しました。医師として難病に立ち向かうことだけではなく、人として患者・家族に寄り添うことにもやりがいを感じながら、故郷で在宅医療をやってみたい……と考えるようになりました。

二〇〇六年一〇月、私が小樽市で消化器内科医として病院勤務していた時に父から声がかかり、月一回萌気園二日町診療所の胃カメラと腹部エコーを担当することになりました。二〇一二年四月に北海道から当地に移り、二年間新潟県立小出病院内科で勤務したのち、二〇一四年四月から萌気会に常勤医として入職。二〇二一年四月、父からのバトンを受け理事長に就任し、いまに至ります。

現在萌気会として診療所三（在宅療養支援診療所二、発達障がい児者専門一）、介護事業所一三、認定こども園、病児保育棟、別法人（萌気医療・介護サポート社）として温泉旅館、介護事業所二を運営しています。当初四人だった職員は現在二法人合わせて約三三〇人にまで増えました。

在宅緩和ケアに尽力（新理事長 記）

東札幌病院での経験を活かし、当地ではまだ不十分である在宅緩和ケアに注力してきました。

最期まで在宅にこだわった三〇代男性患者とその家族、在宅チーム結束の一枚（写真上）。医療必要度が高く在宅療養が困難な状態でしたが、家族が気力体力とも限界の中で必死に支え自宅で看取ることができました。

在宅で看取った。家族とスタッフと。亡くなる６日前

また、今年私の自宅で咲き誇った朝顔です（写真下）。昨年秋に私が自宅でお看取りした小児悪性脳腫瘍患者が生前育てていた朝顔の種を母から逝去後にいただいたのです。

看取りした悪性腫瘍の子どもさんの朝顔の種をいただき、逝去後まいて花が咲いた

最期は家族に、近所の人たちも加わり大勢に囲まれての旅立ちでした。私が呼ばれたのは旅立ちの一時間後。家族と近所の人たちだけの理想のお看取りとなりました。

小児がんの場合、家族の不安も大きく、新潟県ではほとんどが病院で最期を迎えていました。コロナ禍により病院だと限られた人しか最期に立ち会えない現状の中、いままで病院で最期を迎えていたこのような例も、在宅での最期を家族が希望するようになりました。

この間、在宅緩和ケアチーム「すずらん」がつくられました。萌気会と薬局「クオール㈱」とで、医師、看護師、薬剤師、栄養士などで新理事長中心に学習と経験を積み重ねてきました。

これから一〇〇年続く萌気会を（新理事長 記）

二〇二一年四月、萌気会が今後一〇〇年続くためにいま何をすべきか？を考えるプロジェクトは、当時広告代理店大手電通社員、弟の黒岩乙水(いつみ)に協力してもらいました。プロジェクトの一環として、萌気会はどのような理念を持つべきか？を皆で考えることになりました。

各事業所から数人ずつが集まり二回にわたりグループワークでとことん話し合いました。グループワークでは、企業価値を高めるには？地域は萌気会に何を求めているか？人材が集まる職場とは？萌気会の強みは？萌気会は地域にどんな価値を提供できるのか？そもそも萌気会とは何者なのか？などについて皆で意見を出し合いました。

そこで出された意見を元に、電通の担当者、黒岩卓夫会長、私とで萌気会の新たな理念を決定し、二〇二〇年一一月に発表しました。理念は四項目に分かれています。

ビジョン（理想像）
↓萌気会が実現したいと願う社会・地域の姿　楽しさと生きがいに満ちた魚沼地域の実現
ミッション（使命）
↓ビジョンの実現のために萌気会が果たしていくべき役割　一人ひとりの夢と誇りを育む
ブランド（約束）
↓内外の関係者から「萌気らしい」と思わせていく萌気会の約束　魚沼に、もっとワクワクを
ガイドライン（価値観・姿勢）
↓内部の関係者が共通して理解・実践すべき行動指針　楽しむ

この理念を胸に全員が同じ方向を向いて歩んでいくことで萌気会はより魅力ある法人へと進化していくものと期待しています。

改めて感謝と希望（新理事長 記）

一〇月二三日に行った三〇周年記念式典は大変盛り上がり大好評でした。まさに右記のガイドラインである「ス

タッフ皆で楽しむ」ことができた式典になりました。記念式典の企画、運営を担った島村実行委員長と実行委員の力量には改めて驚かされました。心より感謝いたします。

萌気会には一五年前に関わり始め、いままで多くの出会いがありました。スタッフの皆様や地域の皆様と出会えたことに心より感謝いたします。そして、いままでの多くの出会いを今後も大切にしたいと思っております。

そして誰よりも近くで、深い愛情をもって支えてくれて、多くを教えてくれた父に改めて言いたい。「いままでありがとう。これから先は自分のやりたいことを自分のペースで楽しみつつ、いままで通り萌気会を、そして地域住民・地域を支え続けてください」

いま国は「地域共生社会」実現を掲げ、その具体化に向けた改革を進めているとのことです。地域共生社会とは、世代間、性別、障がいの有無、分野のちがい、支え手・受け手を超えて、人と人が「丸ごと」繋がり、地域住民が多様な主体を超えて「我がこと」として参画することで、住民一人ひとりの暮らしと生きがい、地域をともに創っていく社会です。萌気会および萌気医療・介護サポート社の営みは、既に地域共生社会実現の一助となっており、今後も貢献していく所存です。

この先四〇周年、五〇周年と地域の皆様、そして全国の関係諸機関の皆様、そしてスタッフの皆様とともに歩んでいきたいと思っておりますので、引き続きご支援、ご協力のほどなにとぞよろしくお願いいたします。

四代になるか・巌志の長男 魁(かい)君（卓夫 記）

ぼくがこの魚沼にやってきたのは一九七〇年、大和町の国保診療所から、第一歩、六年後（一九七六年）に「町立国保大和病院」（大和医療福祉センター）ができ、総合病院になったのは一九八三年だった。

そして三〇周年が二〇二二年（令和四年）に挙行された。二〇二一年四月、次男巌志に理事長職を譲った。

黒岩二一から卓夫、巌志、そして魁と四代医師となった。

〝地域〟というと、すぐネットワークとか、包括という言葉がついてくるが、それは横糸にすぎない。縦糸があって、どんな小さな衣でも出来上がる。隣り町には四代目の先生が開業を続けている。初代は農民の青年が医師を目指して笈(おい)を背負って東京へ。二代目は東京帝国大学医学部を卒業している。

ぼくの父は初代で小学校卒の農民だったが五八歳で医

者になった。そして卓夫二代目、巌志三代目となる。細くても縦糸をつないでいる。どんな専門職でも縦糸をつくってほしい。

修行中の魁は昭和大学医学部を二〇一七年に卒業して、血液学を専攻した。きっと患者さんを笑わせたりしながら、楽しい病院生活を送っているだろうと想像している。二〇二四年には学会発表もあり、ZOOMで落ち着いてはっきり報告する姿をみて、頼もしく思った。

画期的な「浦佐認定こども園」(卓夫 記)

「浦佐小学校」の道路を挟んで「浦佐幼稚園」があり、これが取り壊されることとなり、その跡地中心に〝幼保合併〟のこども園を建設することになった。市はその〝こども園〟の経営を指定することになり、希望者を募り、その委員会をつくり、競争入札することを決めた。

萌気会としては、こども園を医療法人が経営できないと思い込んでいた。ところが市の職員で萌気メンバーとの友人である者が法改正で六、七年前から医療法人もできるようになったはずとの助言があった。萌気会は理念として、医療・介護だけでなく、子どもたちの健康育成には強い関心をいだいていた。自分たちができるのであればと急遽相談し、競争入札に参加することにした。開いてみると塩沢にあるベテランの法人と萌気会の二社だった。

入札はこれまでも医療法人が参入したことはなかった。ぼくが短く、萌気のできること、他社ではできないことをアッピールした。萌気の作戦は二つのアッピールに賭けた。

一、医療に関しては最大限の対応をさせていただきたい。

二、保育はまったく未経験者です。まちの皆さん、お一人おひとりの智恵とお力を借りて、共に勉強しながら、よりよいこども園をつくっていきたい。

の二点だった。要するに一は相手にはない。二は立派な経営者でなくても市民の力をかりて、共に育てていく。この二つの未知の選択が勝てるのではと思っていた。結果は萌気会が勝った。あとで耳にしたが僅差だったとのこと。

「こども園」創立一〇周年(初代園長 坂西美和子記)

二〇一一年、当時の理事長 黒岩卓夫・専務 坂西茂男のもと、多くの皆様の篤き想いで浦佐認定こども園は誕

浦佐認定こども園。円形、木造、子どもを真ん中に

生し、保育熱心なセンスある保育者・信頼できるスタッフに恵まれ、共に「子どもをいつも真ん中に！」をスローガンにして、保育内容・絵本・わらべうた研修の〝育みの三本の柱〟を掲げ歩み続けて早一一年目。記念すべき創立一〇周年、今日の日を迎えられましたのは、園に関わってくださいましたすべての皆々様方お一人お一人の多大なるご支援・ご指導の賜物と、改めまして心よりお礼と感謝を申し上げます。「ありがとうございました！」

この一〇年間、こども園から羽ばたいていった卒園児：四七六名

こども園で共に過ごした外国籍児：三五カ国・二五二名（延べ四五三名）

転出などでやむなく途中退園した園児たち、皆さんの将来に心から期待しています。

なお、これからも巣立っていく子どもたち、未来の子どもたちへのメッセージです。

○大きな丸～い園舎で、友達と思う存分遊びこみ、駆け廻ったこと……

○沢山の素晴らしい絵本に囲まれ、いっぱい、いっぱい読んでもらい、絵本の中をワクワク冒険し、旅したこと……

○この魚沼八色の大地、山・川・野原・公園など四季折々豊かな自然の中で「センス オブ ワンダー！」、心身を育んできたこと……

大きくなって、ふとそんな心豊かな幼い日々を想い浮かべ、故郷っていいな～！　自然って、友達って、人間

ていいものだ～と「生きることの楽しさ」「生きる歓び」へのパワーに・糧に・道標になってもらえたらうれしいな～と密かに願っています。

これからも〝子どもだからこそ本物を〟求めつつ「子ども主体」の楽しく「開かれたこども園」としてスタッフ一同、邁進してまいります。

今後とも「浦佐認定こども園」をどうぞよろしくお願い申し上げます。

浦佐認定こども園は一三年目に園長が坂西美和子さんから部下であった中島育子さんにバトンタッチされた。美和子さんは保育理念を持ち「子どもをまん中に、豊かな自然に」それはこどもの心身の健康と自主性を養うものだった。テレビは園内になかった。遠足も子どもたちが自分たちで計画した。

おまけに市内に「国際大学」があり、海外からの留学生や時に教師の子たちもやってくる。言葉、文化がちがい、そのちがいから世界を感じとることができる。新園長の中島育子さんもこの理念を引継ぎ、優るとも劣らぬリーダーシップを発揮している。ありがとう。

第二十章　茨の道に赤い薔薇を

長女萌実からの提案

実は二〇二一年一一月二八日、ぼくの兄嘉文の葬儀が信州大町市の黒岩の菩提寺「功徳林大洞山霊松寺」で執り行われた。兄が亡くなったのは前年一二月名古屋でだが、コロナ騒動で仮法要になり、一年後に本葬となった。

実質的には黒岩系のいとこたちのお斎になった。

こうした共通のテーマがないと、いとこたちが一堂に会するのは難しい。ということでぼく側から六人。姉・兄から四人。葬儀のあとの昼食事の偲ぶ会は、いとこたちの若さと個々人の将来への気持ちが元気よく語られ、同席してくれた高齢のご住職から、こんなに元気で賑やかな「お斎」の会は生まれて初めてだとほめていただけた。

この前夜は葛温泉高瀬館に全員が泊まったので、自分の人生やテーマを語る良い機会になった。

こうした親子たちの対話の波の中で、萌実から改めて両親とゆっくり話をしたいとの要望があった。そこでぼくと秩子がまず手始めの三月に二泊で北海道に出掛け、四人とも心を尽くせる時間となった。

白老（しらおい）では海辺の温泉に泊まり、まだ冬の貌（かお）の海を眺めて、かつて海に深く沈んだアイヌの霊やぼくの関心のある『きけ　わだつみのこえ』で、その遺言集の巻頭を飾る上原良司さんのこと、彼は安曇野生まれの青年で、慶応大学在籍中で「自由主義者がまた一人この世を去る」との遺言を家族と恋人に残し、沖縄の海に沈んでいったことを思い出していた。〝わだつみ〟は海の神・霊のことだ。

白老の白浪せまる海辺の温泉で歌を詠んだ。

白老の湯煙り滾（たぎ）るえぞの海
君聴きたまうやわだつみの声

翌日「国立アイヌ歴史博物館（ウポポイ）」を見学した。

こうした話を聞いて帆姿から、家族全員で語りたいと提案があった。両親に聞いておきたいこと、両親の人生の後期の考えも知りたい。両親から子たちに感謝しつつ、「遺言」を語っておきたい。

そこで二〇二二年四月三〇日塩沢会議と六日町の坂戸城での一泊の大家族会が催された。

第一日目は乙水邸新築のお祝会、一泊は「ホテル坂戸城」で夜を共にした。そこで長女のパートナーである工藤茂広さんから小椋佳の詩をアレンジしたものを、ぼくへのプレゼントとして、その詩に曲をつけてうたってもらった。

医者ではない「パイオニア」

この塩沢会議の記録を帆姿の提案で記念誌とし、帆姿と慶君が編集し、冊子をつくった。その冊子の名は『茨の道に赤い薔薇を』となった。心から感謝！

この家族会の中心テーマは、「卓夫は医者ではないとすれば何者か」。ぼくが日本という国をどう考えているか。少年の頃から満州で〝棄民〟にされたり、ソ連などに敗北してからは〝難民〟となり、日本に帰ってからは〝引き揚げ者〟として、土地も家も職もなく、かつての山村共同体に放置されただけで、電気もない。国からの支援や補助は皆無だった。しかも美麻村高地は一九七九年には廃村になり、「ふるさと」は望郷になっている。

そこで〝医者ではない〟ほど有名になっている医師を二、三人紹介したいと思う。

もちろん医者のまま経営者になったり、文学者や芸術家もたくさんいる。

ぼくの親友石井暎禧は完全な経営者だ。断らない救命救急で有名な医療法人石心会の理事長だ。

佐久総合病院の若月俊一先生は、革命家と呼ぶのにふさわしいかもしれない。彼は、自分は後衛だといって政治家としては前には出なかった。後衛とは政治家を否定するわけではないが、後衛としての政治は大変工夫が必要だったと思う。

日野原重明先生は医者だと思う。しかし芸術や文学が医療と並び得るジャンルとして医に活かしてきた。別の言葉を使えば「人の心を大切にする医療」と理解することができる。心のことがよくわかる医者だ。

早川一光先生は在宅ケアの元祖であり「ぼけ老人家族の会」も提唱された。何ごとにもこだわり、頑固に生きた先生だった。「こだわる医者」だった。

諸橋芳夫先生は「全国自治体病院協議会」を通して自治体医療に力を注いだ。自分で条例を改訂して任期を延長しても信念を実現してきた。制度をフルに利用して、医療を提供できる「制度を活かす医者」だ。

野田正彰先生は、世界的に辺境の住民や、巷の辺境に追いこまれた不幸な子に愛情をいだける精神科医だ。

以上を並べてみると、「経営者になりきった医者」「政治のわかる医者」「心のわかる医者」「制度をわかる医者」「こだわる医者」「辺境に住む者にこだわる医者」とタイプをわけることができる。黒岩卓夫は「変革や開拓を求める医者」と考えてほしい。

そこでぼくへの「諡（おくりな）」は何か。〝おくり名〟は死んでから称えて贈る名だけど、生きているうちに話題になってもいい？

ぼくは医療を変えて来た変革者だと思っていたけど、乙水はそれより、道筋をつけるとか、開拓する印象のほうが実情に合っているとの意見。「社会開拓者」「社会耕作者」をあげてくれた。medical social pioneer となる。

帆姿はすごい名を考えてくれた。

「新道産創一匹狼」とのこと。新しい道を生み出し、創りあげるリーダーで一匹狼と説明。ありがたい提案。狼に関してはまったくの新種だ！

ぼくの名称への案を列挙します。

（イ）開拓者（pioneer）
（ロ）建築家（architect）
（ハ）設計者（designer）
（ニ）帆姿のユニークな提案
（ホ）地域共生社会を考えると（Inclusive social pioneer）

どのような医師になるか——医療を関係性で考えた

一九六二年に医師の資格をとって、どんな医者になりたいかにぶつかった。

ぼくは専門性にはあまり興味がなかった。むしろ医者をどこで誰とやりたいのか。どんな仲間ができるのか、どんな地域で働けるのかと考えた。医療を関係性で考えた。

東大病院、大病院、たくさんの〝優秀〟な医者たちと群れて、何を競って生きるのか。こうした病院社会は好きになれなかった。

またいままでの経験から小さいが目的をもった政治集団でも、同志といいながら、裏切りと背中合わせでいるような、そうした組織には愛想をつかしていた。そうだ。いままで身にまとったものを一度、全部脱いでしまおう。俗に「裸になる」とか、「ふんどし一つになる」という表現はあるが、裸になるのにそう抵抗はなかった。秩子も賛成した。こう決意したのは一九六五年前後だった。これはぼくの自己革命である。

秩子の気性にも合っている。人間そのものとして身にまとう衣が嫌いな女（ひと）だ。

ぼくは一緒にデモをした仲間でも自分はちがうと思っていた。満州開拓団で日本という国から捨てられ、ソ連侵略と敗戦で難民の子となり、妹と弟の悲惨な死を体験して、父の「ふるさと」美麻村へ引き揚げ、土地もなく、家もなく、職もない家族の一人になったことは、自分の生涯を自分のものとして歩まねばならない使命を背負うことになった。

どんな医者になったらよいか、それがわかる環境に身をおくことが正解ではないか。あれだけ必死になった東大や医学部や赤門もそして東京も忘れた方がよいのだ。世にいう「他力」でよいのだ。

こうして「一本の聴診器とかんじきをはいて」が自分の姿として気に入った。特にいま、親鸞の〝他力〟にあやかるわけではないが、〝寺もいらない〟〝仏像もいらない〟〝弟子もいらない〟「ただ念仏六文字だけでよい」と親鸞は唱えた。

聴診器は理念でかんじきは手段だ。だとすれば豪雪で僻地がふさわしい。雪の中どこへでも自分で歩いていけるのだ。一人でもできることはたくさんある。

かつて大和町が六日町と合併した時、町は自慢できる医療を評価して以下のように書かれた。

「医療福祉センターの充実は、単に医療に留まらずあらゆる分野に影響を及ぼすことになります。とりわけ雇用への効果は計り知れないものがありました。

そして何よりも新しい波や元気印の発信が町のポラリス（北極星）として輝きを増していくのです」

（「大和町半世紀の歩み」広報やまと　二〇〇四・七・一版）

母たかの苦楽と半生

ぼくの母たかは、二一と結婚してからは不幸な女だった。したがって、白い一片の紙（一一ページ）にも複雑な気持ちで、素直に喜べなかった。

たかは二一とちがって、長野県の米問屋の五人姉妹の三女だった。父母からも特別可愛がられていたようで、女学校を出るや小学校の教師になった。そこで先輩の男性教師から乞われて結婚した。夫は学者でもあり旧家の長男だったが、たかを自分の娘や妹のように大事にして二女を得た。ところが腎臓を患い亡くなってしまった。

実家に戻ったたかは、二一と再婚した。二一は先妻と別れており、世間知らずのたかを口説いたのではと思う。幼い娘二人を連れた再婚はたかにとっては思いがけない苦悩となり、愛し合う仲どころか、お金や女のことで悩み、いまでいうＤＶの暴力となり、娘二人と泣きながら耐えてきた。

父は普段無口だった。自分の子は可愛がっていたと思うが、ぼくですらもの心つくころには、母に暴力を振るう恐ろしい父親、男とは恐いものとの強い印象を与えた。

話は一挙に飛ぶのだが、母は離婚もできず我慢をしていた。しかしぼくがインターンを経て医師になるや、さっさと六〇歳で家を逃げ出しぼくのところへやってきた。ぼくが一九六三年（昭和三八年）六月に医師免許を手に入れたとたんだった。

ぼくは秩子とはすでに結婚していたので母との三人暮らしがはじまった。それから産まれた七人の孫を母は真剣にみてくれた。家事もほとんどこなしてくれた。母なくしては子七人は無理だった。この子育ては新潟へ来てから本格的になった。

まず萌実、宇洋の双子が産まれた。同時に二人いることは手が二つ必要なことがある。それが結構大事なのだ。母は「もう子はたくさんだ」と呟いた。

しかし越後に行ってから全員をみてくれた。末子の揺光を妊娠した時、産むかどうか、家族の考えは二分した。たかは「八〇歳になったらゆっくりご飯が食べたいよ」と、ことの本音をつぶやいた。揺光が産まれてから五歳

コラム

末子揺光（三九歳）の冒険

自転車で市内を駆け巡り、山越え街に佇み市議会議員選挙に当選。選挙費用三万円という御当地の〝選挙常識〟とはかけ離れ、親でも清々しいものだ。私のいう〝革命〟を乗り越えている。

揺光は「選挙は多くの出会いがある楽しいもの」にすれば、若い者も多くの人が政治に参加できると主張する。

二〇二〇年南魚沼市議会議員選挙、二〇人中七位。

まで、母が入院する日まで可愛がってくれたのだ。

しかし母は友人も増え、きっぷのよい相談相手にもなり、子・孫に囲まれて幸せだったと思う。六〇歳で家を出て、八二歳で亡くなるまでは、母は生きがいを持って、楽しく精いっぱい生きてくれた。また不幸な時期でも母は朗らかな性格なのでなんとか耐えてきたと思う。

しかしぼくの二人の姉は不幸だった。特に上の姉はそうだった。

そしてここでぼくが訴えたいことは、母の苦しみ、再婚の失敗そして二人の娘の不幸は母の人生の選択の誤りとなるのではないか。

父は生育から母親というものを知らぬまま成人になったからかもしれない。このことが、女性や妻への感性が歪んだ関係をつくったのかもしれない。

こうした関係は、子と父との距離も大きくし、父の存在が楽しみでなく、苦しみに近いものになっていた。ぼくの父への記憶も、一般の父子関係からみれば薄弱なものになっていた。

だからその結果、父はますます孤独の人生を歩まざるを得なくなり、やはり幸せではなかった。

そのうえで黒岩一家は大戦に巻き込まれ、分断されたままでいまでも修復されていない。一家はいまだに分断家族だ。長姉一家七人は音信不通のままだ。

親子六人で開拓団に渡り、父の望みは果たせたが、幼い子二人を喪った。残る家族全員が、ただ死ななかっただけだった。

子どもの成長と卓夫の途惑い

秩子は女性差別と立ち向かい、さらに障がい児との幸せを思想とし、保育園、そして自分でつくった「大地塾」に全力を注いでいた。そうなれば子との関係、父親の存在も厳しい見方の対象となっていた。

まずぼくが父親としては失格だった。その失格とは何を意味するか。

子七人となれば、ぼくの生涯への影響は小さくない。なぜなら秩子との関係もあり、ぼくにとっても大きい。親も子と共に育つとなれば、仕事も人一般をあつかう以上、医との関わりも深めねばならない。ぼくの人間的な成長には子どもの生活こそ「教育の坩堝（るつぼ）」だった。

在宅ケアの場である家こそ、子どもの教育に他に替えがたい場である。寝たきりのおじいちゃんやおばあちゃんは、孫やひ孫の貴重な体験の場だと思う。お年寄りにお水をあげた、足をさすってあげた、一緒に楽しく遊べたなどは心をやさしく大きくしてくれる。お年寄りの明日の楽しみにもなってくれる。生命の大切さをお互いに感じることもできる。

秩子はいつも子育ての大切さを訴えてくれた。ぼくは義務的に男だって子育てに関わることを否定することはなかった。しかし秩子は「子どもの笑顔は二歳の時、三歳の時、五歳の時皆ちがうのよ、その瞬間をとらえて成長する姿を見なければ、一生そのチャンスを失ってしまうのよ、あなたが損をするのよ」と教えてくれた。これはアドバイスではない。ぼくにとっては脅しにもなる言葉だった。

家事といっても育児はちがう。しかし負担や責任は女と男はどうするかは共通の仕事だった。振り返ってみれば、一九六六年一〇月一三日双子が産まれた。

双子であることは分かっていたが、実際の育児はどうなるのか、双子だから手が倍かかるのか、二人を上手にみれば、二倍以下になるのかがまったくわからなかった。

まだ元気で六〇歳のぼくの母親がいたので、三人で子二人を育てるのはどうなるのかもよく分からなかった。

秩子はさらに、女と男の双子だから、性別を特に問題として、女だから、男だからと育児は絶対にしない。服の色も性と関係なく、玩具もなるべく同じものにした。同じように扱って、性差はどう育つのかと、実験とするのに大きな関心をもっていた。

この頃我が家族は、東村山市の小平霊園近くの公団住宅に住んでいた。母が東京へ家出して来た頃は習志野にある「高根公団」に住んでいた。双子は近くの私立の託児所に預けていた。

ある日曜日のこと、二人とも泣いていたのかは覚えていないが、ぼくと秩子とで一人ずつを背負っていた。ぼくが女の萌実をおんぶしていたのではと思う。二人共家の中にいたが、母がこの二人の姿をみて、特に断りもせず、ぼくがおぶっていた萌実を背中から奪うように取り上げて、自分でおぶいながら秩子に、「私は男の子をこんな風に育てようとは思っていないから」と、「私がみるから」と言った。秩子もびっくりしたが、そのままにし、その時は喧嘩もしなかった。

後に秩子が言い出してこんなけんかもあった。「二人でつくった子どもなんだから二人で見るのが当たり前でしょ」。ぼくも秩子の論に賛成した。母はぼくが秩子の肩を持ったので、それがカチンときたのかもしれない。

母は自分の部屋のドアをバタンと閉めて閉じこもる。秩子は追いかけていって、「追加があるんだけど」と、とことんやり合う。

こうした母の抗議は二人とも予想していなかった。三人で二人をみるといっても、こうした事態は予期せぬことだった。

子が増えること

またぼくと秩子は仕事をしていたから、二人がわからないことも、あれこれの負担を母に投げていたことは間違いない。しばらくして母は二人に「もう子どもはいらない」と呟いた。その後二人は新潟県のいま住んでいるところに引っ越した。だからというわけではないが、子は次々と増えてきた。増えてきたというと、動物のように聞こえるが、六人目までは秩子がぼくに「またできたわよ」と大きな声で告げると、ぼくは「わかったよ」と応えていた。

ぼくから母に相談したり、事実を伝えることもしなかった。おそらく秩子は母に話したと思う。実際には母は三人目からは、嫌味も言わず、本当によくみてくれた。子どもたちは皆おばあちゃん大好きだった。母をみていると、孫への好みはあった。微妙なこともあったが差別なく心からみてくれたことは間違いなかった。

ところが、七番目の揺光の時は家族の意見はちがっていた。上の双子は反対だった。二人とも確か中学二年生だった。萌実は「私がこの土地にいる間は産まないでほしい」、理由は「お前のとこの母ちゃんまだ子を産んでいるの？」と言われたくなかった。宇洋も反対だった。「いまでも小遣いが少ないのに、また減ってしまう」というものだった。

下の子四人は、赤ちゃんが産まれると聞いて歓迎だったし、特に五、六番目の子は小躍りして喜んでいた。

ところが母は、朝食をとりながら「八〇歳にもなったら、せめて食事ぐらいはゆっくり食べたいよ」と皆にはっきりした声で伝えた。ぼくは自分から考えは述べなかったが、母の気持ちはよくわかった。小さい子が一人でも食卓にいると、あれこれ手がかかって、ゆっくりと食べる気持ちにならないのだ。孫ができてから一五年、八〇歳になったらゆったりと食べたいとの発言は、本当にその通りだなと考えこんでしまった。

しかし母はＴＶ大好きで、食事中好きな人物がでると、さっとお茶碗をもってＴＶの前に座る人でもあった。

洗濯から食事づくりへ

さて、育児以外のいわゆる〝家事〟についてはどうだろう。秩子からぼくへの不満や要求は続いていた。

家事分担では、家族として、父親として秩子からアドバイスというより責められるとか、脅されると思うことが多かった。

まず洗濯だった。一〇人家族だったのでかなりの量だったが、洗濯はその気になればどうということはなかった。ただ居間が二階にあり、洗濯場は一階だったので、働いている姿のアッピールには不向きだった。干す時に子どもに手伝ってもらうことはできた。洗濯も労働するという価値があった。病院で仕事をしていても、夕立がくると、慌てて雨の状態を確かめた。帰宅しても洗濯したものが乾いているかを手で触って確かめる習慣もついた。干しものに自分で触ってみて安心するようになった。その日常的な意識や無意識な行為に気付いて、「ああこれが主婦だな」と納得した。

洗濯の次は食事づくりだった。これも夫婦で半々にしたいと結婚してから二〇年になるが言われ続けてきたものだった。

そこで長野県の信濃毎日新聞がおそらく好意をもって報道してくれたので、その一部をお借りしてお伝えしたい。

「『ゆきぐに大和総合病院』の院長さん、黒岩卓夫さんの一日は一家の朝食づくりから始まる。一家といっても子が七人いるので大家族だ。妻の秩子さんは町の保育園で保母をしている。

朝六時の目覚まし時計の合図で起き、家族の朝食のほかに高校生の弁当もつくる。卓夫さんは得意の〝挽肉コーン蒸し〟や、豚肉の生姜焼きをつくる。揚げものは夕食の残りや、宴会などで残ったてんぷらをドッグバックやキャットバックと称してもらってくる。それを再度揚げ直すと夕食時より美味しくなるくらいだ」

子の育成は、家庭の習慣やしつけが基本だ。家庭で皆ちがうといえるのだ。母親が仕事をしている社会人なのか、夫に仕える主婦かとでは大きくちがう。

秩子の両親は北大路という戦前までは華族の父と庶民の東京娘と結婚した。秩子はその長女として産まれたが、ぼくからすれば、二人の間で考えられた育成理念はな

1995年参院選、秩子東京地方区新党さきがけより出馬

かった。

秩子の父親は男だけの七人きょうだいの六番目、戦後は貧乏華族になった。しかし父親は当然のこと、男社会で男家族の一員として育てられた。母親は良家とかの特別な教育やしつけを受けたわけではない。ただ妻として主婦として、夫大事の母親だった。秩子の目には、母をみて、絶対的な夫の召使いのような、主婦専門の女性としか映らなかった。美味しいものは、時には「これはお父様のものだから秩子はダメ」と言われたという。

だから私は絶対に〝主婦〟にはならない。男に負けない職業婦人や研究者になりたい。だから自分の大学の選定も女子大には絶対に行かないという確信をもっていた。ともあれ女性差別は永遠の課題でもあり、短い期間ではあったが、政党「新党さきがけ」から出馬し、参議院議員にもなった女性だった。

秩子は男女だけでなく社会にある、あらゆる差別へは許さないとの立場から行動した。公立の保育園を辞めて、私塾である「大地塾」は弱者の居場所として全身全霊をもって活動した。

母たかの死・卓夫の孤独

母の持病は心不全だった。タバコについては確信犯で、自分で思うように動けなくなってからは、孫たちを使ってタバコを吸っていた。

大きな事件は、母の死だった。一九八四年四月一八日に母は入院して七日目に心不全で亡くなった。その年は一番上の萌実と宇洋が高校三年生だった。この二人も一年足らずでこの家からいなくなる。この二人とは将来一緒に暮らす可能性は低い。

一〇人家族は一年足らずで七人になってしまう。

ぼくは考えた。子たちは次々と巣立っていき、秩子が生きていても二人だけになるのだ。ボーヴォワールは『老い』という本に、「老いる、とは、人との交流が減っていくこと」だと書いている。その少し先が死と暗示している。残念ながら、ぼくにとって子どもがいなくなる年次まではっきりわかってしまうのだ。これは恐ろしい事実だった。

家族の家事の大黒柱が亡くなり、長女長男がいなくなる。家族のつながりとしては、これまでは仕事が忙しいにかまけて人間関係も薄かった。この時ぼくはまだ四八歳だったが、急に一人ぼっちになるといった〝恐怖感〟に襲われた。

秩子の「子どもは毎日成長し、毎日変化するのよ。三歳の笑顔、五歳の笑顔はちがう。その変化や可愛らしさを一生わからずにあなたの生涯が終わるのよ」という言葉は、グサッとぼくの心を突いた。

この恐怖感は単に一〇引く三は七。そして何年後にはいくつとなり、一三年後には秩子と二人になる。長女長男とは一八年間、一緒に暮らしていたにしては、心の繋がりが細いのだ。単なる一〇から七ではなく、一八年間父親としての時間的空白がその寂しさの本質だった。本当に恐ろしいことに転化した。何年だからと時間を数える問題ではなかった。

この〝おそれ〟は長女が大学二年生の頃になって、帆姿を通して「私はお父さんに一度も愛さているると感じたことがない」の告白になった。四八歳の時点でおそれていたことが三年後に露見するに至った。

考えた末、秩子に宣言した。「私が来週月曜日から、朝ごはんづくりと高校生の弁当づくりをやる」と。秩子は〝えっ、何言ってるの？〟といった顔をしていたが、まじめな話らしいことは伝わった。

ぼくは家にあった分厚い料理の本を覗き込んだ。高校生は二人いた。弁当は、はじめは評判がよくなかった。しかし子どもから情報が入った。「お父さん、お弁当のおかずは三色なければだめだ」と言われた。色を言われてよくわかった。肉系の赤、玉子系の黄色と野菜の緑だった。これは美味い、不味いよりも、見た目にあった。

結構親しい友達と一緒に食べると、お互いに物々交換をすることがわかった。また脂っぽいのはあまり好まないこともわかった。

評判も段々よくなった。子どもとの情報は、お弁当などのことは、一見つまらないように見えても、大切だということがわかってきた。そのうちに下の中学生から「私も早く高校生になって、お父さんのお弁当が食べたい」と言われるようになった。となればお弁当づくりは大成功したことになる。ぼくの面目も保たれ、秩子もほっとしたのではと思う。

しかし秩子は言い方がちがっていた。「私の卓夫教育が成功したのよね」と、友達にはうれしそうに話していた。

弁当を仲介として高校生との会話ができるようになった。

子育ての話は、ぼくにとっては直接介護の問題ではないが、母と孫の心の交流をみていると、双子の二人は、母たかを本当に信頼して何ごともおばあちゃんのことを優先していた。亡くなってからお仏壇に手を合わせるのは特に長男だ。六番目の三女も、弟の保育園に行く時は、おばあちゃんの杖になって一緒に歩いていた。七番目の四男を産むかどうかで、母は「八〇になったらゆっくりごはんを食べたいよ」と言っていたが、自分が入院する朝まで抱いていてくれた。

ぼくが倒れたら、子たちはどうかなと思いながら、自信はないけど改めて行動プランをつくらねばと思っている。ぼく自身の肉体的、精神的衰退、成長ともろにぶつかる。何歳の子のあどけない笑顔。母の死によって自分の老いや死を自分のものとして考える大きなチャンスだ。人生もただならぬものと改めて考えさせられた。

茨の道に赤い薔薇を

「塩沢会議」は大家族会議だった。「卓夫は医者ではない。では何者か」がテーマだった。しかし卓夫たる人物の評価もあり、妻とそして父として子たちとはどうだったのか。それも秩子の子育てからの問題提起もあり、この章を利用して要点を記述させてもらった。

子たちもそれぞれ独自性を、特技性を、家族にも役立つことで考えていた。それぞれの道を歩みたい、上の子と同じ道は避けたい。下の子ほど難しくなる。七人目の揺光が他の同胞とはちがった国際派として思い切った人生を選んだと思う。

そこで妻秀珍（スージン）の不慮な死、千汪（せお）の出産、あずさと再婚、燈夜（とよ）の出産と激動を乗り切った。茨の道もただならぬものだったと思う。ぼくは秀珍の死で、初めて慟哭というものを体験し、巨大なるものにぶつかり、手を合わせて〝神〟を祈る、ひれ伏す以外に何もできないことを知らされた。

先に記したように〝山の神〟に手を合わせたのは感謝であったし、弟と妹の死は子どもながらその悲しみのわけが少しでもわかってのことだった。

黒岩家の墓地。右が妹葉子、左が弟満州男。道祖神にちなんで

　さて、誰しも塩沢会議でそれぞれ存在感を十分だしてくれた。本章のタイトルにあるように「茨の道だった」でもそれぞれ赤い薔薇の花を咲かせてくれた」と思う。本当にありがとう。秩子と共にもう少し元気で我がままも言わせてもらうけどよろしく頼む。

　特に宇洋には、最後に記すように北朝鮮の家族を救ってほしい。誰に遠慮することもない。北朝鮮と国交を回復し、強い外交力と命をかけて道をつくってほしい。

　秩子と落ち着いて話し合うのも遅まきながら八〇歳を過ぎてからかな。ようやく一日でも二日でも良い日があればよかったねといった二人になってきたと思う。家族全体が仲良く楽しく暮らせることが、二人の幸せと思っている。

妹と弟の石仏・道祖神を祀る

　一九四五年八月九日ソ連参戦と侵略。八月一五日、日本の無条件降伏。ここから正式に満州難民が生まれた。中国への侵略者の日本が負けても、どこからの救いもなく死んで当たり前。国際機関もない。あるとすれば日本と日本人が抑圧し、殺戮してきた中国人の好意にしか頼るものはなかった。その結末として、親のない子が助けられ育てられて孤児になった。若い女性は結婚して生きるための嫁になった。

　ぼくとまったく同じ難民になった故中西功は、満州孤児は三回棄てられたと抗議した。三回とは、防衛線の南下と北半の放棄、国交回復しても救済せず、やっと帰国しても冷遇だ。

　ぼくは自分の年令も考え、自分がいなくなっても、子たちに妹と弟の短い生命があったことを忘れずにことあれば祈ってほしいとの気持ちから石仏を彫ってもらうことを決めた。

黒岩のお墓のある大町市の業者に頼むことになった。妹の葉子と弟の満州男。信州にはなじんでいる愛を交わし、手を握りしめる二人の像の道祖神をイメージした。

予期に反して素晴らしい道祖神風の石仏ができた。二人の写真をもとにして彫ってもらったが、とても似ており、石仏を疑うほどの出来で感動した。黒岩家のお墓のよいところに設置し、本当に涙が出た。葉子にはリンゴを、満州男には水が飲めるコップを像前に添えた。

平成五年正月、家族が集まった席で、ぼくは葉子と満州男のことを改めて説明した。子からみればおじさん、おばさんにあたる二人の供養を頼んでおきたかったからだ。

長女和子一家の悲劇

黒岩二一家族は大戦の嵐でいまでも分断家族だ。年令や名前は省略して情況との関係を報告したい。なぜなら情況そのものが誰からも意味があり興味を抱いていただけると思うからだ。と同時に今回はぼくの生涯の物語としても極めて現代的で深刻な過去をもつものだ。

父二一と母たかの間には子六人。上の二人はぼくの姉だ。二人の姉は母たかが再婚時の連れ子だ。父も再婚だが子はいなかった。ぼくには兄と妹と弟がいた。

妹と弟の満州での死については既に記述した。

そこで長姉は女学校を出るやすぐ上京し、東京で朝鮮籍の男性と結婚し、子一人をもうけて平壌に渡り、さらに子二人をもうけ、子が三人のまま朝鮮戦争となり、夫は妻子をおいて南へ逃亡してしまった。長姉は一人で子三人を育てることになった。

北朝鮮の情況は読者にお任せする。それでも一九五四年頃までは文通可能となり、小さいものも送れた。その手紙の中に他人には感ずかれないように夫のことと、長男が腎臓病になったがまったく手当もなく死んだこと。男の子も女の子も石材採取の肉体労働についていたとのことがあった。

ところが、一九五四年頃にぷっつりと音信不通。ましてや荷物もまったく届かなくなった。何年か後で、その年はまさに拉致が発見され確定した頃だったとわかる。この朝鮮の犯罪がはっきりするまでは、あらゆるルートをたぐってみたが埒があかなかった。

当時北朝鮮へはものが言えるといばっていた社会党訪朝団、北朝鮮と仲良い学者グループ、日本赤十字社でさえ手も足もでなかった。日本政府はその下の下というところか。二〇〇二年小泉純一郎首相（当時）の冒険で一〇名弱の拉致被害者の死亡と、五名の拉致被害者の帰国が実現。一〇人だけではどうしようもない。黒岩家だけで、音信不通者が生きているとすれば七人。しかしそのうちの一人の長姉は寿命で生きてはいない。六人は不明だ。一国が一〇人、一黒岩家族で七から六人だ。すでに一人は逃亡、一人は病死している。

いまや生き残りは次姉で九七歳。そしてぼくが八七歳だ。兄嘉文も二〇二一年一二月に亡くなった。享年八六歳。これほどひどい分断家族はそう多くはないのだ。

いま生きている家族には記憶に残るように、長姉一家の石碑を黒岩家のお墓に、生きているとしても記念碑を建立させてもらった。

音信不通の長姉和子家族との再会を祈って

後記　革命とは何か

精神科医の革命論

「革命」とは易々と弄ぶ言葉ではない。中国の故事では、有徳の者が暴君に代わって天子につく。それも天命としてである。天命とは中国では人民の意のことだ。要するに単に権力を奪い合い、暴力をもって人民を支配するものではない。「徳」は心が正しく行いが人の道にあっていること。とすれば「革命」に邪心や権力欲などありえないことになる。

革命のモデルとして、レーニンのロシア、毛沢東の中国が挙げられる。しかしこの二つも革命ではない。暴力によって政治権力を奪ったがその成果をどうやって、何を人民の自治にまかせるかがわからなかった。片道キップの旅行者だった。毛沢東は政治戦略が僻地や農村にあり、運動の形がぼやけただけで、権力奪取の後、社会建設への国民への問いかけや方針がなかった。やはり行きはよいよい帰りはこわいでは同様だった。

一方面白い革命の人間的レベルの報告がある。「革命、社会的離脱症状」（月刊『脳神経内科』九三巻一号、二〇二〇年、一三一―一三三頁）と題してである。まず「どの革命もいままでに社会問題を解決し、人々を欠乏の苦境から解放したことはない」「幸福の追求」のテーマでは「悲しいことに、たとえその時の権力の環境がいかにひどいものであっても、革命の起こったことのない国々の方が自由をよく保持していること、また革命が勝利した場合よりも革命が敗北した国々の方に市民的自由がより多く存在していることも我々はよく知っている」とも言っている。成功した革命はないと言われている。もちろんフランス革命もその例外ではない。

報告者は脳神経内科の医師である。この事象を「社会現象にみられる離脱症状」として説明している。精神科の薬を飲んでいて、急に止めるとその効果の反動という か、意識の異常や痙攣をおこすこと。薬への人間の反応であるが、逆に「多忙な毎日から突然平穏無事な生活に入ることは認知症発症危険因子の一つである」。さらにひと言、「巨大な集団である国民も、個人と同じ法則に従うものであることを忘れてはならない」（東京医療学院：古川哲雄）

そこでぼくの生涯を大小問わず、小さくてささやかでも〝革命〟という要素があると思えることを検討してみたい。また挑戦とか冒険がある。挑戦は目的を定めて、その実現を果たすことで達成すれば〝満足〟になる。冒険は新しいもの、予期せぬものにぶつかり、驚きと発見がある。革命はこうした人の行為に深い繋がりがある。そしてさらに開拓する、先駆する、の言葉がある。

六〇年安保条約のいまは

二四歳で医師になり、一〇年後この越後の雪国にやってきて、好奇心にかられて小さな挑戦を積み重ねてきた。仕事の積み重ねでもあった。そのどの行為の〝相〟を取り上げても友人は、「黒岩君は革命の気持ちを忘れていない」と評してくれた。それは小さなことでも必ず現状を変える気持ちや意識が伴っていたからだと思う。

そこで一九六〇年、日本が大戦の敗北から一五年、六〇年安保闘争の歴史的社会的意味は何か。どんな闘争だったのかを改めて考えてみたい。

この時点では、学生の多くはまだ大戦の体験の近いところにいた。したがって、「再び若者の血を流すな」は、現実性をもっていた。とりわけぼくは、「子ども戦中派」だった。

まず日本の保守政権にとっては、日米関係で、日本の役割を引き上げ米国との地位を少しでも対等に近づけたい改定だった。

この条約はサンフランシスコ講和条約と同時に締結され、一〇年ごとに両者のどちらかの提言で改定が協議できるきまりになっていた。この条約の改定がどの程度に重要だったかは、日本が国際戦略として、再び東南アジアへの進出をはじめる大きな節目だったということだ。

その証左として、二〇二三年一月、「岸田バイデン会談」での内容を知れば一目瞭然、二国の関係は目のまわるほど変貌している。日本の自衛隊が軍隊となり、敵と認知すればミサイルで先制攻撃が可能にまでなっているのだ。さらにこの自衛隊の巨大な基地は沖縄県の宮古島に確固と造設されている。六〇年安保改定から、実に七〇年が経っていることを認識すれば、その内容の軍事化が着実にまた巧妙に構築されていることがわかる。

しかも一九六〇年以降この条約の条項はまったく手をつけずに、まったく別の条約のように換骨奪胎（かんこつだったい）されている。

一九六〇年から実に六四年が経ったいまでも、その会談には確実に一九六〇年の政治的意志が微動だにせず貫かれていることだ。同時にぼくたちの闘いの意味も歴史的に正当なものだったと見ることができる。

この会談を報ずる二〇二三年一月一五日の各新聞の一面には以下のように高々と謳われている。それを裏付けるように岸田は二〇二七年度には現在の二倍に急成長する「防衛費増税」をしゃにむに実行しつつある。

同盟の現代化とは、想定する敵に中国が入ったことだ。

朝日新聞朝刊　①防衛強化バイデン
　　　　　　　②同盟を現代化
読売新聞朝刊　①反撃能力日米協力一致
　　　　　　　②対中抑止・対処法
新潟日報朝刊　①日米反撃能力で連携
　　　　　　　②防衛増税

したがっていまから六四年前の六〇年安保闘争は歴史的・社会的・政治的に重大な節目であり反対運動は全国民の課題だった。これと併行するように日本の産業構造を根底から揺るがす石炭から石油に転換する政策に対する三池闘争があった。国際的な流れとはいえ、保守政権はこれにも完勝し、戦後日本資本主義の怒濤のような進撃がはじまった。

革命か開拓か

しかし死ななかった、の意味は大きい。闘いは紛れもなく日本という国の軍事国家への出発を阻止する歴史的な政治的な闘いだった。女子学生の死の意味を疎かにしてはならない。闘争は頂点に達したと思う。

しかしぼくはそれから一〇年、医学生を卒業し、結婚し医師になり、自分はどんな医師になるかを模索し考えた。

北大路秩子との結婚生活をつくり、職場をさがし、社会運動のために子は産まない、の同意もあった。しかし考えが変わって、六年後には女と男の双子を得た。

ぼくは卒業後席を置いていた東大附属医科学研究所を辞めて、友人の勤めている青梅市立総合病院内科で二年間、研修的勤務をした。

そして仕事をする〝場〟を求め、一九七〇年六月には着地する〝場〟を定めた。これはぼくの言う革命の継続であると同時に新たな出発にもなった。

さて繰り返しになるが、二〇二二年（令和四年）四月三〇日、乙水の家のある塩沢で会議と称して家族会を開いた。全員が集まったわけではないが、子七人のペア、孫は一八人で三四人の大家族だ。

そこでぼくは最近気付いていた「自分は医者ではない、では何者か」を子どもたちにも問いかけた。乙水がまず意見を出した。改革とか革命ではなくパイオニアがよいのではということになった。日本語にすれば「開拓者」「先駆者」になる。メディカルソーシャルパイオニアということだ。

開拓は革命的精神と、人間の生活、情愛や生命、環境を大切にする創造的な変革を伴わなければならない。そう考えてくれば「革命的」の呼称を受入れることはできる。

革命とは何かを改めて問い直しているが、先に記したようにレーニンの革命は都市型、労働者型だ。毛沢東の革命は辺境型、農民型だ。どちらも革命としては失敗した。あるべき将来も不明なままになっている。

そもそも世界の革命の唯一のモデルになっている、マルクス思想を背景としたレーニンの革命は、労働者階級が闘った政治革命だった。日本では同じく六〇年の三池闘争が、日本の労働者階級がプロレタリアートとして闘うラストチャンスだったと評されている。

しかしレーニンの革命も約七〇年で崩壊したが、権力をとって本来すべきことを怠り、労働者や国民を裏切り、暴力を独占する政権として生き残った。体面はどうであれ、深刻な罪を犯した政権であり、革命の使命である人類の飛躍を裏切ったものだった。

暴力装置を操る者が独裁国家の権力者に変わっただけで、人民の革命としては完全な失敗だった。

小さくても権力に接近し、あるいは負けても頂点を極めた党としては共産主義者同盟（ブント）も党の思想として、あくまでも新しい社会建設の道標を示し、人間としての価値を高め、生命や情愛や環境への温かいビジョンを提示する責務を果たせなかった。そのうえ組織のねばり強さを持ちえず、あっという間に崩壊を招くことになった。

前衛と大衆・親鸞の思想

ぼくは六〇年から約一〇年間、自分の新しい生活を築くことと、医療の改革をテーマとして地域社会の変革の志を捨てずに、自己革命を秩子と共に進めてきた。要するに「地域医療」をつくることになるが、医療をつくるというより〝地域〟をつくり、医療を取り込んでいく。

そういった関係をつくっていきたいと考えていた。

満州での戦争体験、信州の山村での「山猿ランプ少年」、高校から大学そして医学部と、いわば一つの頂点を極め、自己革命をしつつ、学生運動に没頭し、その場で「異界の女子学生、北大路秩子」と遭遇し、残っていたしがらみを解放し、新しい活動の場に着地することになった。

学生運動のピークが六〇年安保闘争の六・一五とすれば、小さな政治闘争にすぎなかったとしても、かつ幻想ではあっても、生命をかけた闘いとなり、樺美智子は死亡し、ぼくは重傷を負った。ぼくの人生のピークでもあった。

そして一人で豪雪の地で活動を始めることは前衛的、革命的行動の敗北から、後退的闘いや後衛的活動を含めて、自分に課された仕事に取り掛かったことだ。この上昇と下降、そして寂かな前進が、本来の革命的闘いであり、行動だと思う。

こうした小さな革命モデルは、先ほどの〝脳神経内科医〟の提言にみるように従来の革命イメージを根本から変えることを背景としている。そしてこのモデルは政治革命を「人間の幸福」の物差しで評価したものでもあった。

たまたま文芸批評家であり俳人の井口時男は、著書『金子兜太』（藤原書店、二〇二一年）のなかで革命的俳人の生涯を論じて親鸞の回向論から、金子兜太の俳人としてまた思想家として、俳句を通して前衛から頂点を極め、後衛として歩んだ道程を展開してくれた。

ぼくは俳句に興味があった。そして金子兜太さんの甥である金子桃刀医師と一緒に働いたことがあった。思想的にも金子兜太を尊敬していた。

金子兜太は二〇一八年九八歳で亡くなったが、二〇一五年、澤地久枝の依頼で、「アベ政治を許さない」と揮毫した。このスローガンは全国に広まった。

金子兜太は、戦争でトラック島から生きて還り、死ぬまでこれを原罪のように発句の芯においていた。戦後の前衛的句、多様性を経て頂点を極め、晩年はふるさと秩父で〝生きもの感覚〟の後衛の句をつくった。

ちなみに、

水脈の果て炎天の墓碑を置きて去る

人体冷えて東北白い花盛り

前句はトラック島を去る時、後句は東日本大震災の後、海浜を訪ねて。

井口時男はまたぼくの尊敬する吉本隆明の提言を引き合いにして説明している。

吉本隆明の『最後の親鸞』から「前衛」たる知識人の課題に引き寄せて「〈知識〉にとって最後の課題は、頂きを極め、その頂きに人々を誘って蒙をひらくことではない。頂きを極め、その頂きから世界を見おろすことでもない。頂きを極め、そのまま寂かに〈非知〉に向って着地できればというのが、おおよそ、どんな種類の〈知〉にとっても最後の課題である」

また芭蕉は「髙悟帰俗」に触れて「髙悟」が往相、帰俗が還相になる。

往相とは衆生が阿弥陀仏の浄土へ往生し涅槃(ねはん)を証する自利の仏道であり、還相とは浄土に往生・成仏した後、生死の世界で苦悩する人々を菩薩として救済する利他の仏道となる。この営みが改めて煩悩の衆生を救う生活に入る。

ぼくは以前から、親鸞の浄土とこの世の関係を、往相と還相の考えから、これまでのように、この世からあの世を眺めるのではなく、浄土（あの世）から現世をみること、逆方向にものを見る考えを、死の問題としても、多くの事柄に対しても双方向の思考の必要性をいだいていた。

日常の気付かない革命の芽

ぼくが〝革命〟というのは、大きな政治革命を否定するわけではないが従来の大革命は社会的土台もいまはない。しかし革命とは大小にとらわれず、各人の心の中に生まれる。変われるということだ。変われる芽を認め育てることだと思う。小さい思い付き、やってみる気持ち、小さい喜びを分かち合う。この小さい革命が心から育まれる生きる力、この無限のサイクルがぼくの革命であり、人類の〝革命の中の革命〟と称してもよいと思う。

そのうえで、魚沼にきてからの小さいささやかな〝革命〟を挙げてみたい。

革命は単なる空想や幻想ではない。日常、生活の中に変われるという革命の芽は無限にあると断言したい。

既述した「やまとぴあ」への小さなチャレンジは、皆変わる要素を持ったもので可能性を秘めていた。

さらに大和町の医療理念を一つ例としてあげてみる。「大和医療福祉センター」をつくる時、その理念として、「自分たちの健康は自分たちで」と「予防と治療の一体化」であった。

これまでは県立にお任せの習慣にこの理念が大きな衝

撃を与えた。まさに意識革命だった。

誰にとっても、それぞれの小さな挑戦や冒険が日常から生まれる。驚きや喜びが変革であり革命である。

これが本当の革命の芽だ。

六〇年安保闘争を頂点として親鸞の思想を手引きとして具体的に考えてみたい。

ぼくの場合は、満州から山猿ランプ少年までを生育の土台とし、高校・大学・医学生、安保闘争と頂点を極めることを往相と考える。

その頂きに達し異界の女性北大路秩子に遭遇し、自己革命に気付き自分を変えながら頂きから寂かに着地に向かう。「聴診器一本とかんじきをはいて」が理念と手段。これまで身にまとったものを脱ぎ捨て、一人旅として着地に降りる。そこから寂かに歩き出すことを新しい革命の道程とみたい。親鸞の思想の還相にあたる。

六〇年安保闘争でのニューレフトが目指した新しい革命的闘いも、往相だけに終わり、頂きを極めてからの悟りや還相にいたる過程を大切にすることができず、後退戦や後衛に生きることをひと言も訴えることができずに、人間の価値とは何か、生活、情愛、環境の安心の歓びを訴えることができなかった。

コラム

唐牛健太郎

昨日六〇年安保闘争のヒーローを題材としてのテレビ録画を見ました。映像でみると、全体像がよく伝わってきたね。学生たちが空港になだれ込んで歌ったり、労働者、女性たちもみんな街にでて声をあげたり「主権在民を実感した」というとこは胸が熱くなったけど、唐牛さんの最後が悲しかったな。彼は何も悪いことをしていないし。非暴力的な運動を指揮していたと思うけれど、でも、反体制の旗を最後まで背負って生きていくんだね。

六〇年安保はお父さんが書いていたみたいに、本当に一瞬の閃光のような運動で、あっという間に日常生活に戻っていったんだね。「上を向いて歩こう」があんなに悲しい歌だったなんて……。

長女　萌実

二〇二四年六月五日、父からひと言、ありがとう。ただこの闘いの全学連は、武器は持っていないが暴力を否定はしていなかった。革命への幻想はあったたね。

またフェミニズムに関しても、ひと言も触れることなく、女性の役職を組織につけることもまったく考え及ばなかった。

したがって「革命」とは何かを改めて問う以外に安保闘争の答えは出てこないと思う。

いま、安保闘争の映像をみて

そしてさらにひと言付け加えたい。二〇二四年六月三日、ＮＨＫ総合で『映像の世紀』「安保闘争　燃え盛った政治の季節」が映し出された。

六〇年安保のカリスマ、唐牛健太郎はヒーローの姿を去って生活の困苦の途次、北海道で漁師になっていた時、「これから何をしたいですか」という記者の質問に、唐牛はしばらく考えてから「何もない」と答えていた。肉体労働で鍛えた逞しい顔に一抹の寂しさを漂わせていた。

この孤独で諦めた表情は、革命的闘争のリーダーであったが故によるものではなかったか。

安保後のある局面で彼と遭遇したが、心を交わせるチャンスにはできなかった。残念でならない。

放映された映像は、単なる過去の世界でないことも訴える迫力はあった。ぼくの子たちがみてくれたことに心から感謝したい。

おわりに

生涯の生々しい記憶から、〝子ども戦中派〟の立場から小さな自伝的物語を介して一冊の本で語ることができた。

「在宅医療」とは何か。日本の医療は第一が外来、第二が入院、そして第三の医療が「在宅」と命名されている。この三分野が三つの区分にされて相互に協力しあうとみてもよいが、〝在宅医療〟なるものは一足す二とは、また三足すとどうなるかと単純に組み合わせるものではなく、在宅は理念としてどの領域にも浸透して存在するとみなければならない。

私は二〇二二年一〇月、小堀鷗一郎さんの知遇を得て、在宅医療の対談をすることができた。この対談は、朝日新聞社の『一冊の本』小堀鷗一郎氏の「人それぞれの老いと死」の連載シリーズに二〇二三年四月号と七月号の二回にわたって「黒岩卓夫氏との対談」として掲載された。

私はこの時、初めて小堀さんにお会いし、初めて在宅医療について予期せぬほどおそらく深いところで話し合うことができた。

私はある一つの試みについて関心を抱いていた。小堀さんのキャリアが私とまったくちがうので、私との差異が在宅の現場でどう現れるのか。ここ十年の間、在宅医療界に彗星の如く現れ、そのまま地平線に消えたわけではない。私の試みは在宅医療を担う人間として、在宅医療をどう受け止め、医者が変化するとすればどのように変化するのか。敢えて私と比べてみたいと思いついたからである。

小堀さんは森鷗外のお孫さんだ。さらに画家であるお父様の来歴が、江戸時代の茶道の徳川家の指南役である小堀遠州にあるとすれば〝どうする家康〟ではないが、〝どうする鷗一郎〟と語りかけたくなる。

そして相手となる黒岩卓夫はこの著書で再三触れている信州山村の〝山猿ランプ少年〟となれば、改めて〝両者はいったい何者か〟と問いたくなるのも不思議ではない。

両者に共通するのは、大学と医学、そして年齢一九三七年生まれだけである。そして際立ってちがうところは、小堀さんは食道外科の権威であり、四〇年ひたすらに食道の手術に献身した。しかしである。この四〇年間〝死〟なるものを一回も考えたことはないという。その医師が定年後、友人の病院から頼まれて在宅の世界にとらわれ、〃名もなく、誰にも顧みられずに死んで逝く人たち〃の挽歌をうたえる者は在宅医だけであると断言できる人間だ。食道癌で癌を取り除き、生死をさまよう患者を生者に蘇生させるマジシャンだった。だから〃死〃とは無縁だったかもしれない。その人物が始終、死に取り囲まれている医療の場にやってきてその思想がどうなるのかを見届けたい誘惑にかられたのが黒岩卓夫だった。

その答えが彼の著書『死を生きた人びと　訪問診療医と355人の患者』（みすず書房、二〇一八年）に書かれている。しかし私は人生の後半で高齢者の一人として四六一人の死を克明に記録するという気持ち、その精力、体力の重さを量ってしまう自分を考えてしまう。私はすでに多くの死にゆく人たちの近くにいて、心の中には無数の生も死も埋まっているといった自負と、克明に記録するその重みにいまでは耐えきれなくなっている自分を処しがたく、戸惑っていたと思う。

さらに彼は、私の書いた『和解ある老いと死』（教育史料出版、一九九五年）が自分のバイブルだ。自分が急に在宅医療の世界に入って、何をどうしたらよいのかまったくわからず、成書を探しているうちにこの本に巡り合った。『ああこれだ』と悟って自分の指針にすることができた」と伝えてくれた。

たしかに鷗一郎さんの言う、人生のピークや挽歌は、私は同じ言葉は使っていないが、当該書ではセミドキュメンタリーのテーマが一二章にわたって書かれている。それぞれ一人のお年寄りが登場しているが、その人の人生を称える形になっており、彼が追い求めていたものになったのではと思う。

最後に、いま思えば長すぎた人生かもしれない、というより死なななかったから長い人生といったほうがよい。また、いま八七歳とすれば、八十余年の記憶の一人旅を辿ってきたことになる。しかし一人旅は予期せぬ物語に掴まり、自分の姿を見直し、世の中を見つめることもできた。

誰でも生死の境を彷徨ったとか、死にそうになったとか、運よく死ななかったと自分の生涯を回顧する人は少なくない。

なお本書の出版にあたって、本をつくることの大先輩である精神科医の野田正彰さんに貴重なアドバイスをいただき深謝する。

本書のタイトルは妻秩子、子たち、友人の精神科医野田正彰さん、魚沼基幹病院初代院長内山聖さんのヒントやアドバイスによるものです。私は北アルプスを毎日眺めて育った少年で、内山さんは私のことをなぜか以前から透明感が漂っているとおっしゃっていました。

山村若栗峰での「山猿ランプ少年」をバネとして東大医学部、六〇年安保闘争、異界の女子学生北大路秩子と出会い、自己革命に挑戦し、豪雪の地魚沼に着地しました。ここで「一本の聴診器とかんじきをはいて」が生み出すものを書くことができました。

私の場合は子ども戦中派で生きてきた。しかし、私に祖国はあるのかは、答えを出すことができなかった。次世代に期待する。

最後まで読んでいただいた方々に心から感謝してペンを措きたいと思う。

――卓夫のこの本を　愛と志を込めて
異界から来た秩子と　家族の皆さんに捧げる――

黒岩卓夫年譜

西暦	卓夫	主な出来事
1894（明治27年）		8月1日、日清戦争始まる
1895	父・二一出生	
1904		2月10日日露戦争始まる
1931（昭和6年）		9月18日、柳条湖事件、満州事変 11月7日、毛沢東主席、中華ソビエト共和国臨時政府樹立
1932		3月1日、満州国建国宣言 5月15日、5・15事件、犬養首相暗殺
1936		2月26日、2・26事件
1937	4月、黒岩卓夫出生	
1941		8月、日中戦争始まる 4月3日、日ソ中立条約調印 10月18日、東条内閣成立 12月8日、太平洋戦争始まる
1942	父・二一満州帝国の医師資格合格	
1943	4月、黒岩家渡満、佐渡開拓団ついで鹿島台耕野開拓団	

西暦	卓夫	主な出来事
1945（昭和20年）		4月1日、米軍沖縄上陸 7月26日、ポツダム宣言（米英中） 8月6日、広島原爆投下 8月9日、長崎原爆投下。ソ連満州帝国に侵略 8月15日、日本降伏
1946	ハルビンにて生活、父はボイラーマンで管理室の中二階でランプ生活（8月まで）。8月末帰国始まる 12月27日、長野県北安曇郡美麻村高地屋敷平、父の実家、竹村静男宅に投宿	
1947	1月～3月美麻南小学校、高地分校にて 4月、若栗に転居し中3までランプ生活6年間（通算12年間）	
1953	4月、松本深志高校入学、間借りし兄と共同生活	
1956	4月、東大理Ⅱ入学	ソ連20回大会、スターリン批判
1958	4月、東大医学部へ、Z旗を掲げて 6月27日、砂川基地突入闘争（全学連、森田実指揮）	日本社会主義学生同盟（社学同）結成大会 12月10日、ブント創立大会（45名）。書記長島成郎
1960	1月16日、羽田闘争、北大路秩子とスクラム 6月15日、樺美智子死亡、卓夫重症 10月、北大路秩子と結婚	1月15～16日、全学連委員長、唐牛健太郎他76名逮捕 6月18日、日米安保条約自然成立、33万人デモ（国会包囲デモ）

年	事項	社会
1962	3月、東京大学医学部卒業	
1963	医師国家試験合格（インターン1年後）。東大附属医科学研究所外科（旧伝研）へ	
1966	10月、長女萌実、長男宇洋誕生	
1968	青梅市立総合病院、内科2年研修	
1970	6月、大和町診療所赴任。冬の後山出張診療で雪国の医療に目覚める	
1971	2月、次女海映誕生	
1972	2月、次男巌志誕生 8月、大和町診療所所長	
1974	5月、3男乙水誕生	
1975	8月、3女帆姿誕生	
1976	5月、大和病院開院、院長就任、八色園、農村検診センター加えて「大和医療福祉センター」命名	
1981	1月、4男揺光誕生	
1982		上越新幹線浦佐駅開業
1983	12月、「医療と宗教を考える会」発足 ゆきぐに大和総合病院（200床）	
1989（平成元年）	「健友館」開設、「健康やまとぴあ」開始	
1992	4月、大和町長選挙落選、「ゆきぐに大和総合病院」辞職 6月、浦佐萌気園診療所開所、所長	

西暦	卓夫	主な出来事
１９９５（平成７年）	在宅ケアを支える診療所・市民全国ネットワーク結成	
１９９９	二日町診療所開所	
２００２	宇洋参議院議員就任、その後衆議院議員に転身	
２００４	７月、若月賞受賞	10月23日、中越地震
２０１１	浦佐認定こども園開園式。ＮＰＯネットワーク会長勇退、名誉会長に	
２０１２	萌気会20周年記念事業	
２０１３	浦佐診療所新築移転。経堂完成（大槃若心経６００他７００巻）	
２０１５	魚沼基幹病院開院	
２０１６	９月、スージン出産時急死、揺光、千汪と帰国	
２０１７	地域医療研究会全国大会in魚沼	
２０１８	あやめ診療所開設（発達障がい）	
２０１９	東京プレ大会in安田講堂、堂垂伸治大会長（捲土重来）	
２０２１（令和３年）	黒岩巌志、第２代萌気会理事長に。揺光市議会議員に	
２０２２	萌気会30周年記念事業	

子たち

長女　萌実（もえみ）　1966（S41）10. 13 生
新潟県立六日町高校、大学卒業後、札幌で中学の英語教員に。その後、アメリカで社会学を学び、現在は中高一貫校の教員。生徒たちが「市民」となり社会を変えてくれることを信じている。南アジア探訪が大好き。

長男　宇洋（たかひろ）1966（S41）10. 13 生
新潟県立六日町高校、大学中退後、株式会社アビリティーズケアネットを経て、2002 年小泉旋風に抗して新潟参院補選当選、2009 年第 45 回衆院選新潟選挙 3 区当選（立憲民主党）新発田在住。

次女　海映（みはえ）　1971（S46）2. 2 生
新潟県立六日町高校、大学卒業後、弁護士となり、現南魚沼市で法律事務所開設。

次男　巌志（がんじ）　1972（S47）2. 5 生
新潟県立六日町高校、大学卒業後、内科医師となり現（医）萌気会理事長。

三男　乙水（いつみ）　1974（S49）5. 22 生
新潟県立六日町高校、大学卒業後、株式会社電通入社。その後ビジネスコーチとして独立。南魚沼市に U ターンして、トレイルコミュニティ運営やキャリア教育など様々な地域活動もしている。

三女　帆姿（ほし）　　1975（S50）8. 21 生
新潟県立六日町高校、大学卒業後、酪農ヘルパー、小学校教員を経て、助産院での出産を機に助産師に。現在、助産師仲間と共に地域や学校で包括的性教育を伝える活動を楽しんでいる。滋賀県在住。

四男　揺光（ようこう）1981（S56）1. 12 生
15 歳で米国留学後、転職を繰り返しながら 20 年で 10 か国に滞在し、2016 年に故郷の南魚沼市へ U ターン。2021 年から南魚沼市議会議員。

妻　　秩子（ちづこ）1940（S15）1. 4 生
大学卒業後数学の教員を 6 年、保育所の保育者を 19 年、不登校児や障がい児者を含めた大地塾 8 年、参議院議員繰り上げ当選、社会福祉法人桐鈴会理事長 17 年。

（2024. 8. 19 現在）

黒岩卓夫書籍

①わたしたちの健康医療　1983. 3. 20　現代出版
　　共著　黒岩卓夫、権平達二郎、斎藤芳雄

②地域医療の冒険　1987. 5. 1　日本地域社会研究所
　　黒岩卓夫

③赤ひげは存在するか　1989. 9. 10　同朋社出版
　　編集　（社）全国国民健康保険診療施設協議会　黒岩卓夫

④医者が選んだ越後の方言集　1990.　考古堂
　　共著　黒岩卓夫、横山ミキ

⑤医者の父から七人の子どもたちへいま言いたいこと　1991. 7. 25　教育史料出版会
　　黒岩卓夫

⑥こんな年のとり方をしたい　1992. 1. 5　家の光協会
　　黒岩卓夫

⑦人はいくつまで生きられるか　1992. 4　ポプラ社
　　黒岩卓夫

⑧南魚沼郡医療史　1992 年編

⑨和解ある老いと死　1995. 8. 25　教育史料出版会
　　黒岩卓夫

⑩老いの復権　2001. 10. 15　三輪書店
　　黒岩卓夫

⑪『大地の子』と地域医療　2004. 9　アビリティーズ協会
　　黒岩卓夫

⑫医者との上手なつきあい方　2006. 3. 30　パルシステム生活協同組合連合会
　　共著　黒岩卓夫、太田秀樹、小山信二、大沢誠

⑬まんが「黒岩卓夫一代記」（上・下）　出版予定
　　原作：黒岩卓夫　画：福留慶

著者略歴

黒岩卓夫（くろいわ・たくお）

1937年長野県に生まれる。在宅医療パイオニア

人生をつくってきた歩み

原体験：満州開拓団、戦争、難民、弟・妹の死と引き揚げ者

半農半医：土地なし、家なし、職なしから美麻村で半農半医、58歳で医者になった父

山猿ランプ少年：人生の骨格をつくり、生きる力を育む

挑戦としての進学：高校、大学、医学部

自己革命：学生運動、60年安保闘争、北大路秩子と結婚、七人の子

出発：身軽になって一人旅で雪国へ、「一本の聴診器とかんじき」

地域：新しい関係性から、大和町が変われば国が変わる

人生:「在宅医療」の人間関係の核として「お二人さま」から新しい「ふるさと」へ

アルプス少年　医を拓く

2024年10月21日初版第1刷発行

著　者──黒岩卓夫

発行者──松岡利康

発行所──株式会社鹿砦社（ろくさいしゃ）

●本社／関西編集室

兵庫県西宮市甲子園八番町２－１　ヨシダビル301号　〒663-8178

Tel. 0798-49-5302　Fax.0798-49-5309

●東京編集室

東京都千代田区三崎町３－３－３　太陽ビル701号　〒101-0061

Tel. 03-3238-7530　Fax.03-6231-5566

URL　http://www.rokusaisha.com/

E-mail　営業部◯ sales@rokusaisha.com

編集部◯ editorial@rokusaisha.com

印刷所──中央精版印刷株式会社

本文DTP──株式会社風塵社

装　丁──鹿砦社デザイン室

Printed in Japan　ISBN978-4-8463-1564-1　C0036

落丁、乱丁はお取り替えいたします。お手数ですが、弊社までご連絡ください。